浙江文化研究工程（17WH20022ZD-2Z）成果

国家出版基金项目
NATIONAL PUBLICATION FOUNDATION

# 浙學未刊稿叢編 第一輯

## 書志

◎陳開勇 著

國家圖書館出版社

**圖書在版編目（CIP）數據**

浙學未刊稿叢編．第一輯．書志 / 陳開勇著．— 北京：國家圖書館出版社，2021.2

浙學未刊稿叢編（徐曉軍 李聖華主編）

ISBN 978-7-5013-7065-8

Ⅰ．①浙… Ⅱ．①陳… Ⅲ．①地方叢書—浙江 Ⅳ．① Z122.55

中國版本圖書館 CIP 數據核字（2020）第 184198 號

**書　　名** 浙學未刊稿叢編・第一輯・書志
**著　　者** 陳開勇
**項目統籌** 殷夢霞
**責任編輯** 張愛芳　司領超
**封面設計** 黄曉飛

---

**出版發行** 國家圖書館出版社（北京市西城區文津街 7 號　100034）
（原書目文獻出版社　北京圖書館出版社）
010-66114536　63802249　nlcpress@nlc.cn（郵購）
**網　　址** http://www.nlcpress.com
**排　　版** 北京九章文化有限公司
**印　　裝** 北京科信印刷有限公司
**版次印次** 2021 年 2 月第 1 版　2021 年 2 月第 1 次印刷

---

**開　　本** 787 × 1092（毫米） 1/16
**印　　張** 19.5
**字　　數** 270 千字
**書　　號** ISBN 978-7-5013-7065-8
**定　　價** 98.00 圓

---

# 浙江省文化研究工程指導委員會

主　任：
袁家軍

副主任：
陳金彪　朱國賢　周江勇　陳偉俊　成嶽沖　任少波

成　員：
胡慶國　朱衛江　蔡曉春　魯　俊　來穎傑　盛世豪　徐明華
孟　剛　陳根芳　尹學群　褚子育　張偉斌　俞世裕　郭華巍
鮑洪俊　高世名　蔡袁强　蔣國俊　馬曉暉　張　兵　馬衛光
陳　龍　徐文光　俞東來　李躍旗　胡海峰

# 《浙學未刊稿叢編》學術指導委員會

**顧　問：**

毛昭晰　沈燮元　沈　津　葛劍雄　崔富章

**成　員（按姓氏筆畫排列）：**

王雲路　王巨安　王其煌　王翼奇　仇家京　巴兆祥　江慶柏
杜澤遜　李聖華　李志庭　吳　格　吳　光　谷輝之　沈乃文
范景中　徐吉軍　徐雁平　徐永明　倉修良　黃靈庚　黃　征
畢　斐　陳正宏　陳先行　翁連溪　張涌泉　曹錦炎　童正倫
劉　薔　潘猛補　韓格平　羅　琳　顧志興　龔延明

# 《浙學未刊稿叢編》編輯委員會

主　編：

徐曉軍（浙江圖書館）

李聖華（浙江師範大學）

副主編：

童聖江（浙江圖書館）

陳開勇（浙江師範大學）

杜惠芳（浙江圖書館）

應　暉（杭州圖書館）

廖曉飛（紹興圖書館）

莊立臻（寧波市天一閣博物館）

徐立望（浙江省社會科學院）

# 《浙江文化研究工程成果文庫》總序

習近平

有人將文化比作一條來自老祖宗而又流向未來的河，這是説文化的傳統，通過縱向傳承和橫向傳遞，生生不息地影響和引領著人們的生存與發展；有人説文化是人類的思想、智慧、信仰、情感和生活的載體、方式和方法，這是將文化作爲人們代代相傳的生活方式的整體。我們説，文化爲群體生活提供規範、方式與環境，文化通過傳承爲社會進步發揮基礎作用，文化會促進或制約經濟乃至整個社會的發展。文化的力量，已經深深熔鑄在民族的生命力、創造力和凝聚力之中。

在人類文化演化的進程中，各種文化都在其內部生成衆多的元素、層次與類型，由此決定了文化的多樣性與複雜性。

中國文化的博大精深，來源於其內部生成的多姿多彩；中國文化的歷久彌新，取決於其變遷過程中各種元素、層次、類型在内容和結構上通過碰撞、解構、融合而産生的革故鼎新的强大動力。

中國土地廣袤、疆域遼闊，不同區域間因自然環境、經濟環境、社會環境等諸多方面的差異，建構了不同的區域文化。區域文化如同百川歸海，共同匯聚成中國文化的大傳統，這種大傳統如同春風化雨，滲透於各種區域文化之中。在這個過程中，區域文化如同清溪山泉潺潺不息，在中國文化的共同價值取向下，以自己的獨特個性支撑著、引領著本地經濟社會的發展。

從區域文化入手，對一地文化的歷史與現狀展開全面、系統、扎實、有序的研究，一方面可以藉此梳理和弘揚當地的歷史傳統和文化資源，繁榮和豐富當代的先進文化建設活動，規劃和指導未來的文化發展藍圖，增强文化軟實力，爲全面建設小康社會、加快推進社會主義現代化提供思想保證、精神動力、智力支持和輿論力量；另一方面，這也是深入瞭解中國文化、研究中國文化、發展中國文化、創新中國文化的重要途徑之一。如今，區域文化研究日益受到各地重視，成爲我國文化研究走向深入的一個重要標誌。我們今天實施浙江文化研究工程，其目的和意義也在於此。

千百年來，浙江人民積澱和傳承了底蘊深厚的文化傳統。這種文化傳統的獨特性，正在於它令人驚歎的富於創造力的智慧和力量。

浙江文化中富於創造力的基因，早早地出現在其歷史的源頭。在浙江新石器時代最爲著名的跨湖橋、河姆渡、馬家浜和良渚的考古文化中，浙江先民們都以不同凡響的作爲，在中華民族的文明之源留下了創造和進步的印記。

浙江人民在與時俱進的歷史軌迹上一路走來，秉承富於創造力的文化傳統，這深深地融匯在一代代浙江人民的血液中，體現在浙江人民的行爲上，也在浙江歷史上衆多杰出人物身上得到充分展示。從大禹的因勢利導、敬業治水，到勾踐的卧薪嚐膽、勵精圖治；從錢氏的保境安民、納土歸宋，到胡則的爲官一任、造福一方；從岳飛、于謙的精忠報國、清白一生，到方孝孺、張蒼水的剛正不阿、以身殉國；從沈括的博學多識、精研深究，到竺可楨的科學救國、求是一生；無論是陳亮、葉適的經世致用，還是黄宗羲的工商皆本；無論是王充、王陽明的批判、自覺，還是龔自珍、蔡元培的開明、開放，等等，都展示了浙江深厚的文化底蘊，凝聚了浙江人民求真務實的創造精神。

代代相傳的文化創造的作爲和精神，從觀念、態度、行爲方式和價值取向上，孕育、形成和發展了淵源有自的浙江地域文化傳統和與時俱進的浙江文化精神，她滋育著浙江的生命力、催生著浙江的凝聚力、激發著浙江的創造力、培植著浙江的競争力，激勵著浙江人民永不自滿、永不停息，在各個不同的歷史時期不斷地超越自我、創業奮進。

悠久深厚、意韵豐富的浙江文化傳統，是歷史賜予我們的寶貴財富，也是我們開拓未來的豐富資源和不竭動力。黨的十六大以來推進浙江新發展的實踐，使我們越來越深刻地認識到，與國家實施改革開放大政方針相伴隨的浙江經濟社會持續快速健康發展的深層原因，就在於浙江深厚的文化底蘊和文化傳統與當今時代精神的有機結合，就在於發展先進生産力與發展先進文化的有機結合。今後一個時期浙江能否在全面建設小康社會、加快社會主義現代化建設進程中繼續走在前列，很大程度上取决於我們對文化力量的深刻認識、對發展先進文化的高度自覺和對加快建設文化大省的工作力度。我們應該看到，文化的力量最終可以轉化爲物質的力量，文化的軟實力最終可以轉化爲經濟的硬實力。文化要素是綜合競争力的核心要素，文化資源是經濟社會發展的重要資源，文化素質是領導者和勞動者的首要素質。因此，研究浙江文化的歷史與現狀，增强文化軟實力，爲浙江的現代化建設服務，是浙江人民的共同事業，也是浙江各級黨委、政府的重要使命和責任。

二〇〇五年七月召開的中共浙江省委十一屆八次全會，作出《關於加快建設文化大省的決定》，提出要從增强先進文化凝聚力、解放和發展生産力、增强社會公共服務能力入手，大力實施文明素質工程、文化精品工程、文化研究工程、文化保護工程、文化産業促進工程、文化陣地工程、文化傳播工程、文化人才工程等『八項工程』，實施科教興國和人才强國戰略，加快建設教育、科技、衛生、體育等『四個强省』。作爲文化建設『八項工程』之一的文化研究工程，其任務就是系統研究浙江文化的歷史成就和當代發展，深入挖掘浙江文化底蘊、研究浙江現象、總結浙江經驗、指導浙江未來的發展。

浙江文化研究工程將重點研究『今、古、人、文』四個方面，即圍繞浙江當代發展問題研究、浙江歷史文化專題研究、浙江名人研究、浙江歷史文獻整理四大板塊，開展系統研究，出版系列叢書。在研究内容上，深入挖掘浙江文化底蘊，系統梳理和分析浙江歷史文化的内部結構、變化規律和地域特色，堅持和發展浙江精神；研究浙江文化與其他地域文化的異同，釐清浙江文化在中國文化中的地位和相互影響的關係；圍繞浙江生動的當代實踐，深入解讀浙江現象，總結浙江經驗，指導浙江發展。在研究力量上，通過課題組織、出版資助、重點研究基地建設、加强省内外大院名校合作、整合各地各部門力量等途徑，形成上下聯動、學界互動的整體合力。在成果運用上，注重研究成果的學術價值和應用價值，充分發揮其認識世界、傳承文明、創新理論、咨政育人、服務社會的重要作用。

我們希望通過實施浙江文化研究工程，努力用浙江歷史教育浙江人民、用浙江文化熏陶浙江人民、用浙江精神鼓舞浙江人民、用浙江經驗引領浙江人民，進一步激發浙江人民的無窮智慧和偉大創造能力，推動浙江實現又快又好發展。

今天，我們踏著來自歷史的河流，受著一方百姓的期許，理應負起使命，至誠奉獻，讓我們的文化綿延不絶，讓我們的創造生生不息。

二〇〇六年五月三十日於杭州

# 《浙學未刊稿叢編》前言一

徐曉軍

浙學是淵源於古越、興盛於宋元明清而綿延於當代的學術傳統與人文精神傳統，是浙江寶貴的人文優勢。浙江歷史悠久、英才輩出、人文薈萃，爲我們留下了豐富的歷史文獻資源。這些歷史文獻是浙學的主要載體，亟須系統保護和整理、充分挖掘和揭示，『讓書寫在古籍中的文字活起來』，這對於推動和繁榮浙學研究，展示浙江與時俱進的歷史軌迹，傳承富於創造的文化傳統，具有基礎的、積極的重要意義。

中華人民共和國成立以來，特别是改革開放四十年來，以《中華再造善本》《四庫全書存目叢書》《續修四庫全書》爲代表的一批文獻基礎項目的完成，以及浙江省内《重修金華叢書》《衢州文獻集成》等區域叢書出版，大量的中華典籍影印出版，宋、元、明、清刻本大多被影印出版。然而，省内外藏書機構還有相當數量的清至近代的稿抄校本未影印發布，社會利用仍存在很大障礙。據浙江省古籍普查報告統計，浙江近百家單位藏有稿本五千七百多部、抄本一萬七千多部，其中許多是普查中新發現的、未被各種目録著録，更未曾發布。向社會充分揭示這些祖輩留下的寶貴財産，仍然是古籍保護、整理的重要任務。二〇一二年，由浙江省文化廳等十二個廳局組成的浙江省古籍保護聯席會議，發布《浙江省『中華古籍保護計劃』實施方案》，提出實施『浙江未刊古籍影印工程』。二〇一七年七月，浙江省委、省政府發布《浙江省實施中華優秀傳統文化傳承發展工程工作方案》，提出『整理浙江館藏未刊本（手稿），選輯浙江歷代文人所撰或館藏稿本中主要内容涉及浙江而未出版刊行的文獻資料，發揮其重要的學術價值和藝術價值』。

二〇一五年，浙江省建立了《珍貴古籍名録》保護制度，入選國家和省級《珍貴古籍名録》古籍一千四百八十部（其中入選《國家珍貴古籍名録》八百七十一部）；通過古籍重點保護單位評選，百分之九十一的古籍處於達標庫房保護狀態；建立以浙江圖書館和寧波市天一閣博物館兩家國家級修復中心、四家省級修復中心和十八家修復站組成的浙江省古籍修復網絡；完成全省二百五十萬册古籍普查，建立全省三十三萬部古籍統一的信息數據庫。在浙江古籍保護體系基本建立以後，浙江古籍保護的工作重心就自然轉移到促推古籍的合理利用上來。二〇一六年，浙江省未刊古籍影印項目正式啓動，『兩浙文叢』（浙江未刊古籍整理研究）入選浙江省社科規劃優勢學科重大委託項目（17WH20022ZD）。二〇一七年八月，以『浙江文化研究工程』立項，開展未刊古籍整理工作。二〇一八年，浙江師範大學浙學傳承與地方治理現代化協同創新中心李聖華研究團隊加入項目組，浙江省哲學規劃辦公室加强經費支持，并增設三個子課題。經綜合考慮，出版成果定名爲『浙學未刊稿叢編』（以下簡稱《叢編》）。

《叢編》主要收録範圍爲：浙籍人士著作以及外省人士有關浙學的撰述；一九五〇年後未刊印的稿抄本及價值較高的孤本印本。選目主要原則爲：一、國家和省級珍貴古籍優先選入原則，將第一批至第五批《國家珍貴古籍名録》中浙江圖書館藏未刊印過的稿抄本全部選入，解決珍貴古籍看書難的問題，完善珍貴古籍名録保護制度；二、優先選入《國家珍貴古籍名録》所收人物的其他著述，以方便學界研究，如祁彪佳三種稿本《祁忠敏公稿五種》五卷、《贍族約》不分卷、《贍族簿》附《贍村簿》不分卷，毛奇齡三種稿本《誥授奉直大夫都察院湖廣道監察御史何公墓碑銘》一卷、《何母陳宜人榮壽序》一卷、《越州西山以揆道禪師塔誌銘》一卷、《蕭山三江閘議》一卷。對入選的殘本，儘可能收集完整，如姚燮《復莊今樂府選》，存世稿本分藏於浙江圖書館（一百一十册）、寧波市天一閣博物館（五十六册）、國家圖書館（二册），此次都收集齊全。又如晚清外交官、學者德清傅雲龍的稿本《籑喜廬文初集》十八卷、二集十卷、三集四卷，浙江圖書館藏初集和三集，杭州圖書館藏二集，此次也完璧出版。

《叢編》共收録一百三十餘人著述約四百一十三部，計一千八百一十册，分五輯影印出版。其中稿本三百一十二部一千四百七十八册（分别占總收録量的百分之七十七點四二和百分之八十三點六），原創性著述三百四十三部一千一百三十四册（分别占收録總量的百分之八十五和百分之六十四點一）。爲了便於社會使用，配套編纂出版《浙學未刊稿書志》和《浙學未刊稿圖録》等成果。

《叢編》是浙江圖書館聯合十一家館藏單位，與浙江師範大學等單位合作編輯成書，前期選目工作始於二〇一三年，由浙江省社會科學院歷史所徐立望先生（時任浙江大學歷史系教授）和浙江圖書館吴志堅博士承擔，二〇一六年後，由童聖江、杜惠芳和童正倫等進行審核及底本複製，二〇一八年，項目組補充選目，最終確定全書收書目録，同時確定浙江圖書館周聿丹、杜惠芳、盧繼雯、周會會、曹海花，浙江大學徐立望，紹興王陽明研究會方俞明，分别負責來集之、朱駿聲、管庭芬、王繼香、姚燮、平步青、陶方琦和陶濬宣等專集編輯工作。項目得到國家圖書館、中國科學院文獻情報中心、上海圖書館、雲南省圖書館、天津圖書館、浙江圖書館、浙江省博物館、浙江大學圖書館、浙江師範大學圖書館、寧波市天一閣博物館、西泠印社管委會、杭州圖書館、杭州博物館、温州市圖書館、紹興圖書館、嘉興市圖書館、餘姚市文物保護管理所、海寧市圖書館、嘉善縣圖書館等單位和紹興市王德軒先生的大力支持。項目又得到浙江省社科聯和國家古籍保護中心領導大力支持和關心，浙江師範大學黄靈庚教授、復旦大學吴格教授、浙江大學張涌泉教授、山東大學杜澤遜教授、國家圖書館張志清研究館員等專家爲項目提供了非常有價值的寶貴意見，國家圖書館出版社殷夢霞總編輯和張愛芳主任等編輯爲項目成果的出版提供了專業支持，浙江圖書館原館長朱海閔女士、應長興先生對項目策劃和前期工作提供了强有力領導保障。在此一并表示衷心的感謝。

二〇二〇年五月二十日於浙江圖書館孤山館舍

# 《浙學未刊稿叢編》前言二

李聖華

浙學興於南宋，乃儒學的一次新變。崛起雖晚，却很快成爲傳統學術的重要源流，明代一度標建高幟，蔚爲『顯學』。作爲具有兩浙地域特色的『非地域性』學術，千餘年來，浙學對中華文化産生了廣泛深遠的影響。從生成上看，興於南宋，東萊之學、永康之學、永嘉之學爲其標誌，浙東乃其『祖庭』，故後世稱『浙東之學』。從淵源上看，近接北宋周程之學，遠接漢學，上溯孔孟。朱熹理學、陸九淵心學盛傳兩浙，與東萊之學、永嘉之學合流，并爲浙學源頭。從傳播上看，自南宋至明初，婺州爲中心，明中葉而後，中心移至紹興、寧波。然播傳不限兩浙，影響及於天下，無論東萊之學，還是陽明之學、梨洲之學，海内宗之。從特質上看，雖源出周程，但獨具特質：經史并重，乃至『經史不分』；重經世，强調實學事功；重文獻，并采漢、宋，博收廣蓄；綜會兼容，不避『博雜』。從流派上看，自南宋至晚近成一大學脉，學脉内又有學派之分，如東萊中原道統、永康事功、永嘉經制，又如北山、深寧、東發、陽明、蕺山、梨洲諸學派，各自在中國學術思想史上樹立里程碑。

晚近以來，西學興而舊學衰，學者習新黜故，積久而成傳統學術斷層。百餘年間，浙學血脉若斷若續。新世紀以來，賴吳光、黄靈庚、董平諸先生倡導，浙學研討復興。興復古學，道合日衆，我們進而倡議編纂《浙學文獻集成》，惜艱於施行。浙江圖書館從事《兩浙文叢》之役，首編擬作《兩浙未刊稿叢編》。浙江社科聯邵清先生提議冠名『浙學』，乃删剔叢雜，輯存專門文獻，成《浙學未刊稿叢編》。凡數百册，收明清稿抄本四百餘種，分爲五輯，陸續影印刊行。兹編以專題文獻、專人文獻彙輯方式收録珍稀古籍，限於當前條件，所收範圍暫止於浙人著述，未盡合浙學廣大之義。其間作者或非浙學傳人，然著述涉言浙學，庶幾有裨於浙學發覆，仍録不遺。所收珍稀之本，如入寶山，觸手可珍。於宋、元、明浙學大家名家著述已影印或整理出版者，則力避重複，故收清人著述爲多。兹編爲浙學傳播，深入發掘浙學歷史源流、思想内藴、成就得失提供基礎文獻，雖不足稱浙學復興基石，然『椎輪爲大輅之始』，其價值自當可觀。

## 一、浙學淵源流變

關於浙學的源流，近人何炳松《浙東學派溯源》略及之。朱、陸、吕三家共爲浙學源頭，長期以來如何交叉融合？從金華一派到姚江一派，再到樸學浙派，發生了怎樣的變化？史學、經學如何互相影響，結果如何？浙學與樸學是一種怎樣的關係？諸如此類問題，皆有待探討。《叢編》爲深入發覆浙學源流提供了重要的材料。

浙學源流的梳理，明清已有不少著述。專門之論，有明人陳雲渠撰《浙學譜》一卷、明末劉鱗長輯《浙學宗傳》不分卷、清人許汝稷輯《浙學傳是編》六卷、清末張廷琛撰《浙學淵源述要》不分卷。專論浙學一脉，有明人金賁亨撰《台學源流》七卷、董遵撰《金華淵源録》二卷，清人沈復粲輯《霞西過眼録》八卷。

其合浙學與宋元之學及明學、清學并論，有黄宗羲撰《明儒學案》及其發凡起例、黄百家與全祖望等纂輯補修《宋元學案》、徐世昌等纂輯《清儒學案》等。《宋元學案》《明儒學案》述浙學源流皆詳。《清儒學案》述《南雷學案》《楊園學案》《三魚學案》《西河學案》《竹垞學案》《鄞縣二萬學案》《餘山學案》《堇浦學案》《息園學案》《謝山學案》《抱經學案》《耕崖學案》《實齋學案》《南江學案》《錢塘二梁學案》《鶴泉學案》《秋農學案》《南陔學案》《鐵橋學案》《丹邨學案》《嘉興二錢學案》《柳東學案》《儆居學案》《定盦學案》《壬叔學案》《曲園學案》《越縵學案》《籀廎學案》諸學案，亦云富矣，惜構畫不成體系，源流終有未明。如《南雷學案》僅列梨洲甬上、越中弟子數人，遺查慎行等海昌門人；以爲杜煦、姜炳璋無可歸屬，列入《諸儒學案》；平步青爲一時名家，竟遺其人，實可別立『景蓀學案』；《謝山學案》末附王梓材，而遺并稱之馮雲濠；邵瑛、沈冰壺、黄璋、查揆等人皆有學，《清儒學案》未言及之。

其合浙學與儒學源流并論，有周汝登撰《聖學宗傳》十八卷、黄宗羲撰《理學録》不分卷、姜希轍撰《理學録》九卷、萬斯同撰《儒林宗派》十六卷等。

以上諸書，《浙學譜》《浙學傳是編》不傳；黄宗羲《理學録》傳世有稿本，姜希轍《理學録》傳世有清抄本，沈復粲《霞西過眼録》傳世有稿本，皆未刊，其他數種各有刻本。《宋元學案》除刻本、抄本外，更有稿本數種。《叢編》未能輯得黄宗羲《理學録》稿本，但收録姜希轍《理學録》、沈復粲《霞西過眼録》、黄璋等校補《宋元學案》。

《宋元學案》自清康熙間黄宗羲發凡起例，至道光二十六年（1846）何紹基刻成百卷，成書歷時一百七十餘年，黄宗羲、黄百家、全祖望、黄璋、黄徵乂、王梓材、馮雲濠等十餘人各有功績。所構畫宋元學術史體系，久爲學者問學津筏和學術史撰著依據。黄百家底稿、全祖望底稿大都散佚，黄璋等校補本久鑰藏室，今人習見爲何氏刻本百卷，即王梓材、馮雲濠校補本。黄宗羲、黄百家父子，黄璋、黄徵乂父子，全祖望及王、馮諸子各有何貢獻，纂修思想前後發生怎樣變化，其間得失如何？《叢編》所收餘姚文保會藏《宋元學案》稿本二十册，爲認識這類問題提供了有力的材料。王、馮校補《學案》，未見黃百家原稿，主要采用全祖望歿後散出底稿（大都藏於門人盧鎬家，部分殘稿藏於門人蔣學鏞家），即《宋元學案考略》所説『月船盧氏所藏底稿本』『樗菴蔣氏所藏底稿殘本』，間用黃璋父子校補本，即『餘姚黃氏校補本』[二]。今盧氏、蔣氏藏本罕傳，傳者有黃氏校補本《宋元儒學案》八十六卷（清抄本），其中《宋儒學案》藏中國臺灣傅斯年圖書館，《元儒學案》藏國家圖書館。《宋元儒學案》抄自黃璋等校補稿本《宋元學案》。稿本有全祖望、黃璋、黃徵乂等人手迹，校補以全氏、黃璋爲主，徵乂批校多爲校訂及注明抄寫格式。今詳作考證，知第三本《關中學案》後半部爲全氏底稿，修補於黃百家原本録副上；第五本《道南學案》爲全氏底稿，百家原本録副；第七本《豫章學案》《延平學案》，黃百家、全祖望原未分二案，其《朱松傳》以前爲全氏底稿，《朱松傳》以後爲全氏底稿，百家原本録副；第七本接下《橫浦學案》有兩本，前一種爲黃璋重抄，後一種爲全氏底稿，百家原本録副。第十本《潛菴學案》《雙峰學案》《四明朱門學案》爲全氏底稿，百家原本録副；第十三本《新安學案》《木鐘學案》《鶴山學案》爲全氏底稿，百家原本録副；第十四本《西山學案》爲全氏底稿，百家原本録副；第十九本《鳴道學案》爲全氏底稿。黃氏、全氏底稿，學界久覓不得，不意於此本得見。對讀黃氏校補本、道光刊本，用文獻還原之法，析骨還肉，可以辨析諸家在《宋元學案》成書中思想異同、貢獻得失。如黃百家未立《東萊學案》《深寧學案》《麗澤諸儒學案》；全祖望別立《東萊學案》《深寧學案》；《麗澤諸儒學案》，全氏底稿未見，王、馮采黃璋父子校補，析《東萊學案》部分内容，復自作增補，成《麗澤諸儒學案》。黃百家討論宋元之學，以朱、陸爲綱，全祖望重拈朱、陸、吕并立以變化之，從黃璋到王、馮，大抵用全氏構畫體系，而皆修改未盡。

黃宗羲、姜希轍爲劉宗周高弟子，各撰《理學録》，堪稱《宋元學案》《明儒學案》之嚆矢。黃氏《理學録》，學界久以爲散佚。今人彭國翔先生披閲古籍，發現稿本尚存。是書共録濂溪學派、康節學派、河南學派、關中學派、浙學派、道南學派、湖南學派、金華學派、輔氏學派、江右學派、北方學派、明初學派、河東學派、崇仁學派、白沙學派、甘泉學派等十六學派。專立『浙學派』之目，開篇爲袁溉，注云『程氏門人，已見』。其後録門人薛季宣及後傳五十一人：薛季宣、陳傅良、蔡幼學、曹叔遠、吕大亨、章用中、陳端己、陳説、林淵叔、沈昌、洪霖、朱黼、胡時、周行己、鄭伯熊、吴表臣、葉適、周南、孫之宏、林居安、趙汝鐸、王植、丁希亮、滕宬、孟猷、孟導、厲詳、邵持正、陳昂、趙汝讜、陳耆卿、吴子良、舒岳祥、陳亮、喻偘、喻南强、陳頤、錢廓、郎景明、方坦、陳檜、金濂、凌堅、何大猷、劉範、胡括、章椿、徐碩、劉淵、孫貫、吴思齊。河南學派注云『程氏門人』，録二程門人五十二人，楊時、吕大均、吕大臨、吕希哲、袁溉皆在内[二]。書頗可貴，惜難徵集，本編未收。黄氏《理學録》至甘泉學派止，姜氏《理學録》則始於陽明學派。第一册收陽明及門人錢德洪諸人文録、語録。第二册爲《東林學派》《蕺山學派》。《東林學派》前有《東林學派表》，始歐陽德，下爲歐陽氏傳人李春芳、萬虞愷、王宗沐、何祥、張棨、薛應旂，接爲薛門再傳顧憲成、顧允成、薛敷教，再爲顧憲成門人高攀龍。歐陽德前標『王氏門人』，顧憲成前標『薛氏門人，陽明三傳』，高攀龍前標『顧氏門人，陽明四傳』。按所述，東林學派係出陽明。萬斯同《儒林宗派》卷十五『王氏學派』，述歐陽德一支，下接胡直、薛應旂、何祥、貢安國、沈寵、王宗沐、敖銑、卓邦清；後接薛氏門人薛敷教、顧憲成、顧允成，胡直門人鄒元標；再接顧憲成門人丁元薦、史孟麟，鄒元標門人馮應京[三]。所述與姜多合，然未列高攀龍。《明儒學案》立《東林學派》，首標顧、高。顧憲成傳言及其曾問學於薛應旂，應旂授以《考亭淵源録》，曰：『洙泗以下，姚江以上，萃於是矣。』[四]傳又言『先生深慮近世學者，樂趨便易，冒認自然』，『而於陽明無善無惡一語，辨難不遺餘力，以爲壞天下教法，自斯言始』，『今錯會陽明之立論』，『當時之議陽明者，以此爲大節目，豈知與陽明絶無干涉。嗚呼！天泉證道，龍谿之累陽明多矣』[五]。蓋以爲東林已逸出，故不標陽明後派。由此可見，黄、姜見解不盡合，萬氏之見與乃師亦不同。後世論東林學派，多不歸於陽明後學。就淵源論，東林雖爲陽明別調，亦可稱浙學流亞。《蕺山學派》前有《蕺山學派表》，首列唐樞，下接唐樞傳人許孚遠、錢鎮，再接許孚遠傳人劉宗周、馮從吾。唐樞下標『甘泉門人』，許孚遠前標『唐氏門人，甘泉再傳』，劉宗周前標『許氏門人，甘泉三傳』。《明儒學案》卷六十二《蕺山學案》未專强調『甘泉三傳』。《儒林宗派》卷十五述『王氏門人』，末附劉宗周與『劉氏學派』。『劉氏學派』列吴麟徵、葉廷秀、王毓蓍、祝淵、祁彪佳、何弘仁、傅日炯、劉汋、陳確、章正宸、金鉉、惲日初十二人。王梓材增注本按云：『日初下，當有闕文。』[六]第三册爲《錢緒山學派》《龍溪學派》《鄒氏學派》《劉氏學派》，《明儒學案》分列錢弘緒、王畿入《浙中王學》，鄒守益、劉文敏入《江右王學》[七]。第四册爲《白沙學派》《甘泉學派》，《明儒學案》分歸入《白沙學案》《甘泉學案》。姜氏《理學録》六派前各有學派表，述師承統緒。《明儒學案》所述師承則略，於姜氏所載傳人有未言及者。《儒林宗傳》卷十四歸甘泉一派入『陳氏學派』，湛若水傳唐樞，唐樞傳許孚遠，許孚遠傳馮從吾、劉宗周，卷十五別立『劉氏學派』，所述統緒大抵與姜合。卷十五『王氏學派』，與姜氏所列學派表復多相合，然不標『錢緒山學派』『龍溪學派』『鄒氏學派』『劉氏學派』『東林學派』之名。

黄、姜皆蕺山親炙弟子，交往甚密，萬斯同爲梨洲高足，蕺山再傳，三人論學脉各有側重，乃有此異。諸家之論正可參看，以辨浙學源流。沈復粲《霞西過眼録》八卷，抄撮史部諸書，專録姚江一派，編次叢雜，價值遜於《宋元學案》《理學録》，然用力爬梳搜羅，亦可備鑒觀浙學源流。

## 二、關於『由經入史』

何炳松論浙學興衰，概括爲『由經入史』『由史入文』八字，云：『初闢浙東史學之蠶叢者，實以程頤爲先導』，『傳其學者多爲浙東人。故程氏雖非浙人，而浙學實淵源於程氏。浙東人之傳程學者有永嘉周行己、鄭伯熊，及金華之吕祖謙、陳亮等，實創浙東永嘉、金華兩派之史學，即朱熹所目爲「功利之學」者也』，『唯浙學之初興也蓋由經入史，及其衰也又往往由史入文。故浙東史學自南宋以至明初，即因經史文之轉變而日就衰落。此爲浙東史學發展之第一個時期』，『迨明代末年，浙東紹興又有劉宗周其人者出』，『其學説一以慎獨爲宗，實遠紹程氏之無妄，遂開浙東史學中興之新局』，『其門人黄宗羲承其衣鉢而加以發揮，遂蔚成清代寧波萬斯同、全祖望及紹興邵廷采、章學誠等之兩大史學系。前者有學術史之創作，後者有新通史之主張』，『此爲浙東史學發展之第二個時期』，『唯浙東史學第一期之初盛也，其途徑乃由經而史，及其衰也，乃由史而文。第二期演化之經過亦復如是』[八]。『由經入史』，指由治經而好史；『由史入文』，指由治史而好文。『由史入文』未造成明清浙學之衰，何炳松判斷可疑，但所説浙學之興乃在『由經入史』，則爲確論。不過，浙學學者『經史不分』，不欲使二者相割裂，『史』也終未置於『經』上。且史學一脉發展流變遠較何氏所説複雜，非僅所謂第一時期、第二時期所能概括。

浙學之史學成就，有目共睹，《叢編》收明清稿抄本，也呈現了明清浙學經史繁榮的情况及『經史不分』的特質。

浙學史上號通儒者，首推吕祖謙，次爲王應麟、宋濂、黄宗羲。就經學言，學者長於治《易》《春秋》，《詩》《禮》之學稍可觀，《尚書》罕見專家。因傳朱學，又多擅《四書》學，如金履祥、許謙等。《叢編》收録經解，未如史著富有，亦自不少。如《易》學著作：黄璋《周易象述》不分卷，朱駿聲《易學三種》（《易鄭氏爻辰廣義》《易經傳互卦卮言》《易章句異同》）、《易消息升降圖》、《學易札記》、《六十四卦經解》，陶方琦《鄭易小學》，黄式三《易傳通解初稿》，柯汝霖《平湖柯春塘先生易説》。《春秋》學著作：董守諭《春秋簡秀集》、朱駿聲《春秋左傳識小録》《春秋闕文考》《春秋平識》《春秋三家異文覈》《春秋亂賊考》、陶方琦《春秋左氏古經漢義補證》、王紹蘭《春秋説》。《詩》學著作：沈近思《學詩隅見録》、沈冰壺《沈氏詩醒八牋》、姚燮《詩問稿》、陶方琦《韓詩遺説補》。《禮》學著作：王紹蘭《周人禮説》《儀禮圖》等。此外，經説尚有黄以恭《愛經居經説》，《四書》學著述有方楘如《四書考典》。以上大都清人之作。當然，這并不意味宋、元、明浙學經解少，乃《叢編》專收『未刊稿抄本』使然。總體以觀，清人經解一方面承緒浙學『經史不分』傳統，另一方面深受清代樸學風氣影響，并以小學考據見長。

《叢編》收史著數量、卷帙遠超過經解。由於立意『未刊』，僅收稿抄本，故吕祖謙《大事記》《十七史詳節》、王益之《西漢年紀》、黄震《古今紀要》、王應麟《通鑑地理通釋》、胡三省《資治通鑑音注》《通鑑釋文辯誤》、王禕《大事記續編》、黄宗羲《明儒學案》等經典之作，因有刻本，甚乃宋元珍槧，不復采録。黄宗羲史著多種，整理本《黄宗羲全集》已收，《叢編》不重複收録。清初浙學三部史學名著，即張岱《石匱書》、談遷《國榷》、萬斯同《明史》，未刻行。《石匱書》存稿本（殘）、清抄本（殘）。《國榷》傳清初抄本（殘）、清抄本、清胡蕉窗抄本（殘）等。萬氏《明史》存清抄本四百十六卷，又有清抄本《明史紀傳》三百十三卷（殘），稿本《明史列傳稿》二十二卷，清抄本《明史列傳稿》二百六十七卷。今以《石匱書》《明史稿》已影印，《國榷》已整理，捨而弗録。《叢編》所收稀見文獻，史部諸類幾盡涵蓋，而傳記最多，其次爲政書、地理、金石考、雜史。收録情況如下：

紀傳之史，如杭世駿《金史補》、平步青《宋史叙録》。編年之史，如沈德符《歷代正閏考》。紀事本末，如陶濬宣《通鑑長編紀事本末補佚》。雜史，如朱駿聲《秦漢軍國考》《孔子紀年》、陶濬宣《官階古稱考》《國朝掌故瑣記》。史表，如俞汝言《崇禎大臣年表》。史鈔，如沈赤然《後漢搴英》、傅以禮《史鈔》。史評，如孫德祖《讀鑑述聞》、馬青《史繩》。譜牒，如向洪上等修《向氏家乘》、孫峻《孫氏家乘》。政書，如平步青《星軺便覽》《國朝館選爵里謚法考》、傅以禮《明謚考》《明謚考略》。詔令奏議，如何煟《兩漢制詔》、閔鶚元《奏稿》、王文韶《退圃老人直督丙申奏議》《直督奏議》、林啓《奏議公文遺稿》、吳慶坻《奏稿録要》。地理類，如鄭元慶《湖録》、沈復粲《大善寺志稿》、孫峻《天竺續志備稿》《六和塔志》、許良謨《花溪志補遺》、祝定國《花溪備忘録》、丁丙《杭城坊巷志》、金明全《紹興風俗志》、杭世駿《武林覽勝記》、陶濬宣《東湖記》、管庭芬《越遊小録》。金石考，如吳東發《金石文跋尾》《吳侃叔吉金跋》、管庭芬《錢譜》、傅雲龍《籑喜廬訪金石録》、洪頤煊《倦舫碑目》、陶濬宣《金石隨筆》《稷山所見金石目》。目録，如管庭芬《海昌經籍志略》、陶濬宣《國朝史學叢書目録》。

傳記又以總傳、日記、年譜、職官類爲多。如屠本畯《三史統》、項聖謨《歷代畫家姓氏考》、萬言《明女史》、沈冰壺《勝國遺獻諸人傳》《勝國傳略》《本朝諸公傳》、朱駿聲《吳中朱氏史傳》、平步青《國朝文録小傳》《燃藜餘照》《唐文粹補小傳》《南書房入直諸臣考略》、陶濬宣《國朝紹興詩録小傳》、傅以禮《明史續編》《傅氏先世事實編》、沈景修《禾郡項氏事略》、吳慶坻《辛亥殉難記》、平步青《國子監進士題名碑録》《唐科目考》《五代宋元科目考》、孫德祖《兩朝會狀録》、王繼香《王孝子事略》、查慎行《壬申紀遊》、姚祖同《南歸紀程》《金陵行紀》、管庭芬《日譜》、平步青《南輶紀程》、陶濬宣《海州病中日記》《入剡日記》、王繼香《日記》、沈景修《蒙廬日記》、吳慶坻《使滇紀程》《入蜀紀程》、平步青《西漢宰相考》《東漢宰相考》《五代宰相考》《宋宰輔考》《明宰輔考》《明列輔起家考》《復社姓氏録》《殘明百官簿》、葉嘉棆《葉文定公年譜》、孫衣言《葉文定公年譜》、韓系同《毛西河先生年譜殘稿》、陶方琦《許君年表稿》、嚴烺《自撰年譜》、朱蘭《黄梨洲先生年譜稿》《補讀室自訂年譜》《舜水先生年譜稿》、黄雲眉《南江先生年譜初稿》。

以上史著，稿本居多。《歷代正閏考》《明女史》《湖録》《崇禎大臣年表》《金史補》《武林覽勝記》等皆知名於世。鄭元慶《湖録》一百二十卷，大都散佚，《叢編》收初稿本五卷殘帙，計一百十六葉，另題跋六葉。元慶字子餘，號芷畦，歸安人。沉酣載籍，肆力著述。應聘纂修《湖州府志》，書成未刻。自嘆數十年心力，不忍弃之，遂別成《湖録》[九]，當時僅刻傳二卷。覽者服其精博，全祖望《鄭芷畦窆石志》稱其『苕中文獻之職志』[一〇]。乾隆初年，胡承謀修《湖州府志》，援以爲據。周中孚《鄭堂讀書記》卷三十二云：『其原稿即爲胡《志》所取材，止有初稿在吾鄉楊拙因處，并原稿爲胡氏取去。』[一一]《[雍正]浙江通志》、阮元《兩浙金石志》、陶元藻《全浙詩話》、丁丙《善本書室藏書志》、陸心源《三續疑年録》《吳興金石記》及汪曰楨《湖蠶述》，頗徵述《湖録》。杭世駿《武林覽勝記》未刻，吳慶坻《蕉廊脞録》卷五云：『堇浦先生著《武林覽勝記》四十二卷，無刻本。友石山房高氏藏鈔本，題「仁和杭世駿大宗輯，東里盧文弨召弓校」。』[一二]《叢編》所收即此本。《兩浙經籍志》稱是書『乃攟拾浙中舊志，增益舊聞，而補采搜討之功，獨爲詳備』，『今存此一書，猶見當時典章文物也』。[一三]世駿研治諸史，著《史記考證》七卷、《後漢書百官志》五卷、《漢爵考》一卷、《漢書蒙拾》三卷、《後漢書蒙拾》二卷、《三國志補注》六卷、《晉書補傳贊》一卷、《諸史然疑》一卷等。《叢編》收其《金史補》不分卷，民國二十六年影抄本，封題『影録仁和瞿氏清吟閣原鈔稿本』，共九册。《中國古籍總目》未著録此本。是書與厲鶚《遼史拾遺》二十四卷，皆效劉昭、裴松之注史之法，補正史之闕，爲研治宋、金、遼三史需備舊籍。

有清一代，浙學史學大盛，乃清代史學最重要的一支。其統緒有自，研治明史頗爲顯著，近源可追溯至明末私撰史著風氣，真正發軔則是張岱作《石匱書》，談遷撰《國榷》，查繼佐作《罪惟録》，黄宗羲與門人萬斯同、邵廷采等爲存明史，撰著私史。浙學傳人接緒黄、萬，推轂探研明史之盛。《叢編》所收乏宏製，但可觀者不少。如俞汝言《崇禎大臣年表》、萬言《明女史》、沈冰壺《勝國遺獻諸人傳》《勝國傳略》、傅以禮《明史續編》、平步青校補《殘明百官簿》等，可見浙派史學旨趣所在。俞汝言爲明遺民，其《崇禎大臣年表》稿本一卷，記一朝殿閣、部院大臣，末附弘光南都即位大臣表。《自序》云：『論者以明而過察，信任不專，以致群臣畏罪，相爲欺蔽。然不思人臣委身事主，惟所任使，位卑職輕，則曰非我任也。及都右職，則曰委任不專也。又曰好疑用察，救過不暇也。是則無一之可爲歟？迨至君呼籲而求助，臣邅迴而不前，壞不可支，歸之氣數』，『爲是説者，是左聖明，長奸佞，設辭以助惡也。即無論其他，五十輔臣中，力排衆議、任相十年者有之，起自外僚、特簡政地者有之，奪情召用、出入將相者有之，釋褐三載、即首端揆者有之。任非不專也，察非過用也，而效忠殫職，何鮮聞也？』反思明亡之由、崇禎政亂之故，駁斥時人將亡明歸於崇禎『明而過察，信任不專』。崇禎亡國，實録未作。俞氏此作存史，簡明而確，便於觀覽，可與《國榷》及民間私撰《崇禎實録》《崇禎長編》相發明。

浙學傳人好談明史事，自清初迄晚近胥然。乾嘉間，山陰沈冰壺字玉心，號梅史，熟精於史，尤諳明人物軼事，與同時全祖望等人關注前明舊史，致力存一代文獻。《叢編》收其《勝國遺獻諸人傳》不分卷，黄璋抄本，即《勝國傳略》卷六録出單行者。傳録蔣德璟、張鏡心、李清、姜埰、姜垓、徐復儀、王正中、董守諭、劉汋、柴紹炳、侯玄汸、侯玄涵、傅山、來集之、吴繁昌、吴謙牧、蔣平階、李世熊、梁以樟、林古度、閻爾梅、王弘撰、杜濬、張杉、徐柏齡、李標、范路、來蕃、葉名振、萬泰、徐鼎、陳恭尹、屈大均、文點等五十一人，各有史評。末附清人王復禮、陳廷會、孫治、毛先舒四人傳。其書表彰奇節忠直，所謂『勝國遺獻諸人傳』，即『明遺民傳』，類於黄宗羲、邵廷采記東南遺民，非簡單抄撮舊籍。且多捃摭兩浙遺民，有裨明季史乘。今人謝正光、范金民二先生編纂《明遺民録彙輯》，收邵廷采《明遺民所知傳》、黄容《明遺民録》、佚名《皇明遺民傳》、陳去病《明遺民録》、孫鏡菴《明遺民録》、陳伯陶《勝朝粵東遺民録》、秦光玉《明季滇南遺民録》等七種[一四]，頗具史料價值。今天看來，尚可補葺。沈冰壺《勝國遺獻諸人傳》、侯登岸《勝國遺民録》、張其淦《明代千遺民詩詠》等皆可補録。由於文獻難徵，南明史研治不易，其中甚難的一點即南明職官考録。平步青校補《殘明百官簿》四卷，值得稱道。是書輯者未詳，平氏以卷第殘損、波磔脱落，校而補之，卷一爲《弘光百官簿》，卷二爲《魯監國百官簿》，卷三爲《唐王百官簿》，卷四爲《桂王百官簿》。全祖望嘗見《庚寅桂林百官簿》，考之知寧士仕嶺外者三人：鄞縣余鵾起、任斗墟，奉化陳純來。《題庚寅桂林百官簿》嘆其事難考，鵾起事迹『近始得其始末』[一五]。由此可覘《殘明百官簿》價值。傅以禮輯《明史續編》，從家譜、别集、總集、方志中爬梳大量明季人物傳記，偶收請疏、墓誌銘、墓表等，以補《明史》所未詳，亦可見浙派重文獻的傳統。

《叢編》收清人日記稿抄本十餘種、清人撰年譜近十種。日記别有紀年價值，年譜對學術史研究大有補益。年譜之作興於宋，盛於明清。浙學傳人喜作學者年譜，如吕祖儉爲吕祖謙撰《年譜》，喬行簡爲宗澤作《忠簡公年譜》，袁燮爲陸九淵作《象山陸先生年譜》，錢德洪爲王陽明作《陽明先生年譜》，盧演爲方孝孺作《方正學先生年譜》。《叢編》所收略可見浙學這一風氣。

## 三、樸學之浙派

中國傳統經學有漢學、宋學之分，略言之，漢學重考據訓詁，宋學重性理詮釋。至於清代，學者各有取徑、師承、好尚，尚漢學者有之，好宋學者有之，兼采漢、宋者有之，更有不分漢、宋者。這與清代詩壇分野相類，或宗唐，或宗宋，或兼學唐、宋，或不分唐、宋。清代學風屢生變革，皮錫瑞《經學歷史》述曰：『國朝經學凡三變。國初，漢學方萌芽，皆以宋學爲根柢，不分門户，各取所長，是爲漢、宋兼采之學。乾隆以後，許、鄭之學大明，治宋學者已尟，説經皆主實證，不空談義理，是爲專門漢學。嘉道以後，又由許、鄭之學導源而上，《易》宗虞氏以求孟義，《書》宗伏生、歐陽、夏侯，《詩》宗魯、齊、韓三家，《春秋》宗《公》《穀》二傳。漢十四博士今文説，自魏、晉淪亡千餘年，至今日而復明。實能述伏、董之遺文，尋武、宣之絶軌，是爲西漢今文之學。學愈進而愈古，義愈推而愈高，屢遷而返其初，一變而至於道，學者不特知漢、宋之别，且皆知今、古文之分，門徑大開，榛蕪盡闢。』[一六]總括大抵可信。清儒取捨好尚不同，有清學術遂區分諸派。清初，黄宗羲講學東南，讀書窮經，兼好治史，并采漢、宋，是爲梨洲一派；孫奇逢講學於北，著《理學宗傳》，主於宋學，是爲夏峰一派。南黄北孫，爲一時顯學。此外，顧炎武、汪琬、徐乾學等傳吴中學統，兼采漢、宋；李顒、李因篤等傳關中學統，主於宋學；閻若璩倡導漢學，重於考據。自乾隆以後，漢、宋之争熾，有吴派、皖派之分，又有今文、古文之訟。學者論清學，喜談吴派、皖派，輕於拈説浙派，即使談之，亦多將其歸爲史學一派。事實上，浙學亦清學一大源頭，浙派堪與吴派、皖派相鼎立。

關於吴、皖之分，學者所論多矣。章炳麟云：『其成學著系統者，自乾隆朝始。一自吴，一自皖南。吴始惠棟，其學好博而尊聞；皖南始戴震，綜形名，任裁斷。此其所異也。』[一七]梁啓超有『惠、戴兩家中分乾嘉學派』之説[一八]，謂：『但漢學派中也可以分出兩個支派，一曰吴派，二曰皖派。吴派以惠定宇（棟）爲中心，以信古爲標幟，我們叫他做「純漢學」。皖派以戴東原（震）爲中心，以求是爲標幟，我們叫他做「考證學」。』[一九]錢穆談論稍異：『今考惠學淵源與戴學不同者，戴學從尊宋述朱起脚，而惠學則自反宋復古而來』，『徽學以地僻風淳，大體仍襲東林遺緒，初志尚在闡宋，尚在述朱，并不如吴學高瞻遠矚，劃分漢、宋，若冀、越之不同道也』。又謂『東原論學之尊漢抑宋，則實有聞於蘇州惠氏之風而起也』，贊同王鳴盛所説『惠君之治經求其古，戴君求其是，究之舍古亦無以爲是』，以爲惠、戴非異趨，吴、皖非分幟[二〇]。今人陳祖武先生進而指出吴、皖分派不盡合理，治乾嘉學術，但按地域劃分學派還可商量，不宜以吴、皖兩派或惠、戴二家來概括整個乾嘉學派，其時南北學者争奇鬥妍，『互爲師友，相得益彰，其間本無派别之可言。强分門户，或吴或皖，實有違歷史實際』[二一]。筆者基本贊同這一説法，乾嘉非僅有吴派、皖派，强分門户，有違實際。梁啓超也承認所舉派别『不過從個人學風上，以地域略事區分。其實各派共同之點甚多，許多著名學者，也不能説他們專屬哪一派』[二二]。不過筆者仍略有不同之議：緣師承取法、學術旨趣之異，學者各成一隊，門户亦客觀存在，不必盡黜之。皖派、吴派以地域命名，但皖派非皖人之學，吴派非吴人之説，均超越地域所限，與浙學非浙人之學同理，不必諱疾忌醫。

章、梁論吴、皖之學，也關注到浙學一脉。章炳麟《訄書・清儒》曰：『然自明末有浙東之學，萬斯大、斯同兄弟皆鄞人，師事餘姚黄宗羲，稱説《禮經》，雜陳漢、宋，而斯同獨尊史法。其後餘姚邵晉涵、鄞全祖望繼之，尤善言明末遺事。會稽章學誠爲《文史》《校讎》諸通義，以復歆、固之學，其卓約過《史通》。而説禮者羈縻不絶，定海黄式三傳浙東學，始與皖南交通。其子以周作《禮書通故》，三代度制大定。唯浙江上下諸學説，亦至是完集云。』從史學、《禮》學總述清代浙東之學。梁啓超《中國近三百年學術史》云：『此外尚有揚州一派，領袖人物是焦里堂（循）、汪容甫（中）。他們研究的範圍，比較的廣博。有浙東一派，領袖人物是全謝山（祖望）、章實齋（學誠），他們最大的貢獻在史學。』[二三]章氏不言學派，梁氏明言之，以吴、皖爲主流，以揚、浙爲支流。章氏并談經史，梁氏獨拈一史。

學者關注皖、吴，無可非議，但不應輕視浙派成就和影響。應該説，浙學亦乾嘉之學近源，浙派爲清代樸學重要一支。梁啓超以爲乾嘉『自成一種學風』，稱之『科學的古典學派』[二四]，學者習用説法是清代樸學。清初漢、宋兼采，爲樸學發軔。嘉道而後，沿許、鄭之學導源而上，爲樸學變化。就發軔言，黄宗羲、顧炎武、徐乾學、汪琬、閻若璩、萬斯同皆重要人物。錢穆不贊同近人率推顧炎武爲『漢學開山』：『而亭林漫游河、淮，於江左文史夙習，滌弃若盡，要其辨經學、理學，分漢、宋疆界，則終亦不能遠異於其鄉先生之緒論耳。近人既推亭林爲漢學開山，以其力斥陽明良知之説，遂謂清初漢學之興，全出明末王學反動，夫豈盡然？』[二五]『其語要非亭林所樂聞也。』[二六]駁斥夸大清初漢學，不贊同梁啓超等人以顧炎武爲『漢學開山』。清初學者研習漢學，與乾嘉學者立意、路徑頗異，簡單將顧炎武認作『漢學開山』，未妥。不過研治漢學乃清初學風轉變一大關捩，學者兼采漢、宋或漢、宋不分，是學術史客觀存在，追溯乾嘉之學近源，可推至黄宗羲、萬斯同、顧炎武、汪琬、徐乾學、閻若璩等人。

黄、萬之學源出姚江一脉而自爲變化，閻若璩則自稱梨洲私淑弟子。梁啓超稱『大抵清代經學之祖推炎武，其史學之祖當推宗羲』，還指出宗羲『又好治天算，著書八種。全祖望謂「梅文鼎本《周髀》言天文，世驚爲不傳之秘，而不知宗羲實開之」。其《律吕新義》，開樂律研究之緒。其《易學象數論》，與胡渭《易圖明辨》互相發明』，『故閻、胡之學，皆受宗羲影響。其他學亦稱是』[二七]。樸學發軔，不離吴越。浙學盛於兩浙，并傳吴中。黄、顧商證學問，各有助益。惠棟標榜專門之漢學，自稱四世漢學，實則惠氏家學源出汪琬等吴中學者。以淵源論，樸學與浙學大有關係。統觀南宋之學，諸儒未嘗專詮義理而不事訓詁考據。吕學與朱學一大不同，即吕學兼采漢學、北宋之學，重於訓詁、文獻。『東萊文獻』『經史不分』，奠立浙學基調。陽明一派崛起，浙學新變，訓詁考據非所長，爲談説性理所掩。至梨洲一派，風氣一變，讀書重於經解，經史側於文獻，遥接東萊之緒，兼事義理、考據。非僅浙派繼之，吴、皖二派究未逾於此外。漢、宋之争日熾，惠、戴傳人各標門户，方東樹作《漢學商兑》爲宋學護法，江藩作《國朝漢學師承記》爲漢學護法。有調和漢、宋者，更有跳出漢、宋而標『清學』者，龔自珍即其人。《與江子屏箋》云：『大著曰《國朝漢學師承記》，名目有十不安焉。改爲《國朝經學師承記》，敢貢其説』，『實事求是，千古同之』，『非漢人所能專』，『本朝自有學，非漢學。有漢人稍開門徑而近加邃密者，有漢人未開之門徑，謂之漢學，不甚甘心』，『瑣碎餖飣，不可謂非學，不得謂漢學』，『漢人與漢人不同，家各一經，經各一師，孰爲漢學乎』，『若以漢與宋爲對峙，尤非大方之言。漢人何嘗不談性道』，『宋人何嘗不談名物訓詁』，『本朝别有絶特之士，涵泳白文，創獲於經，非漢非宋，亦惟其是』，『國初之學，與乾隆初年以來之學不同。國初人即不專立漢學門户，大旨欠區别』[二八]。龔氏立論即『漢宋不分』，非兼采漢、宋。其既厭弃藉漢、宋立門户，又不喜將清儒之學比爲漢、宋附庸，故昌言『清學』。按所説，乾嘉專立漢學門户，并不比清初學者高明。這一觀點與其傳承浙學不無關聯。浙學『經史不分』，并重義理、考據，乃至『漢宋不分』。龔氏跳出漢、宋門户之訟，重新審視古今之變，發抒己見，欲重開兼容并蓄、經史不分、經世致用之學[二九]。錢穆推尊龔氏開風氣之功，以爲清儒因政治威劫鮮談政治，乾嘉經學一趨於訓詁考索，嘉、道以還乃稍稍發爲政論，『而定菴則爲開風氣之一人』[三〇]。又謂：『常州之學，起於莊氏，立於劉、宋，而變於龔、魏，然言夫常學之精神，則必以龔氏爲眉目焉。何者？常州言學，既主微言大義，而通於天道、人事，則其歸必轉而趨於論政。否則何治乎《春秋》？何貴乎《公羊》？亦何異於章句訓詁之考索？故以言夫常州學之精神，其極必趨於輕古經而重時政，則定菴其眉目也。』[三一]復謂：『然則定菴之爲學，其先主治史通今，其卒不免於治經媚古；其治經也，其先主大義通治道，其卒又不免耗於瑣而抱其小焉。自浙東之《六經》皆史，一轉而爲常州《公羊》之大義微言；又自常州之大義微言，再折而卒深契乎金壇、高郵之小學訓詁，此則定菴之學也。以定菴之才，遇定菴之時，而遂以成其爲定菴之學。』[三二]其説頗具隻眼，惜忘龔氏乃浙學傳人，融貫諸家，變化常州之學，亦自有故，且治經非爲媚古，蓋以『經史不分』也。

抛開純粹門户諍訟不論，乾嘉時期吴派、皖派、浙派可稱三足鼎立，揚州一派聲勢稍遜。浙學之興貫穿清學終始。清學始興，黄宗羲啓其端緒，清學之告一段落，章炳麟爲重要人物，被梁啓超推爲清學正統派『殿軍』。

樸學浙派源出梨洲一派，又爲吳、皖二派風氣鼓動，在嘉道後也因時發生相應的變化。

今以樸學浙派專指乾嘉樸學興起後，浙學發生新變一脉。代表人物爲全祖望、章學誠、邵晉涵、杭世駿、厲鶚、盧文弨、齊召南、嚴可均、姚文田、龔自珍、俞樾、李慈銘、朱一新、洪頤煊、黄式三、黄以周、孫詒讓、章炳麟等。重要人物有董秉純、盧鎬、蔣學鏞、沈冰壺、吳騫、陳鱣、黄璋、黄徵乂、馮登府、吳東發、王梓材、馮雲濠、管庭芬、姚燮、戚學標、平步青、陶方琦、陶濬宣、沈曾植、張作楠、王紹蘭、朱蘭、孫衣言、丁丙、孫鳴鏘、傅以禮、王棻、龔橙等。其中全祖望、章學誠、邵晉涵爲開啓風氣者，儼然宗主。浙派雖以浙人爲主，但非僅浙人之學，一時霑溉甚廣。

浙學凡經數變，浙派之興爲清代浙學的一次重要變化。其在經學、史學、小學、金石學、校勘學、輯佚學等方面都取得很高的成就。梁啓超《清代學術概論》談樸學成就，舉隅屢及浙學傳人。『經史考證』方面，例舉孫詒讓《周禮正義》、邵晉涵《爾雅正義》；其研究之書，例舉金鶚《求古録禮説》、黄以周《禮書通故》。清儒以小學爲治經途徑，蔚爲大觀，俞樾《古書疑義舉例》稱精鑿，章炳麟《小學答問》多新解。音韻學爲小學附庸，清代特盛，例舉姚文田《説文聲系》、嚴可均《説文聲類》、章炳麟《國故論衡》。典章制度一科，號爲絶學，例舉洪頤煊《禮經宫室答問》，又謂晚清黄以周《禮書通故》『最博贍精審，蓋清代禮學之後勁矣』。史學方面，黄宗羲、萬斯同以一代文獻自任，乾隆以後，傳此派者，全祖望最著。考證之學及於史，有洪頤煊《諸史考異》；專考證一史，有梁玉繩《史記志疑》《漢書人表考》、杭世駿《三國志補注》。自萬斯同力言表志重要，著《歷代史表》，此後表志專書可觀者多，例舉齊召南《歷代帝王年表》，考證古史又舉錢儀吉《補晉兵志》。其專研究史法，有章學誠《文史通義》，價值可比劉知幾《史通》。私撰之史，萬斯同《明史稿》『最稱巨製』。學術史，則以《宋元學案》爲著。『水地與天算』方面，清代地理學偏於考古一途，著者有全祖望《水經注校正》、趙一清《水經注釋》，齊召南《水道提綱》《漢志水道疏證》，以水道治地理。外國地理，丁謙博爲考證，成書二十餘種。天文算學，例舉張作楠、李善蘭，作楠有《翠微山房算學叢書》，善蘭有《則古昔齋算學》。『金石學、校勘學和輯佚學』方面，金石學甚盛，例舉洪頤煊《平津館讀碑記》、嚴可均《鐵橋金石跋》，『考證精徹』。梨洲一派以金石研究文史義例，宗羲著《金石要例》，其後梁玉繩、馮登府各有續作（梁玉繩有《誌銘廣例》二卷，馮登府有《金石綜例》四卷）。『自金文學興，而小學起一革命』，例舉孫詒讓《古籀拾遺》，以爲與莊述祖《説文古籀疏證》并著。『最近復有龜甲文之學』，例舉孫詒讓《名原》。清儒校勘學成專門之學，成績可紀者，例舉盧文弨校《逸周書》《春秋繁露》，全祖望校《水經注》，孫詒讓校《墨子》，梁玉繩校《呂氏春秋》，嚴可均校《慎子》《商君書》，洪頤煊校《竹書紀年》《穆天子傳》，丁謙校《穆天子傳》，浙派人物占據所列諸家三分之一。研究諸子學，例舉俞樾《諸子平議》、洪頤煊《管子義證》、孫詒讓《墨子閒詁》[三三]。梁氏分類以述，例舉著者，雖甚簡略，大體不誤，浙派成就由此可概見。惜梁氏側重吳、皖二派，述及浙派往往『側鋒』出之，可爲一憾。

《叢編》所收稿抄本以清人著述爲多，清人又以樸學浙派之作爲多。其作者爲《清儒學案》采入者亦自不少。如陶方琦、陶濬宣、王繼香、朱一新，《清儒學案》卷一百八十五列入『越縵學案』；杭世駿，《清儒學案》卷六十五立『堇浦學案』，厲鶚以交游附焉；王紹蘭，《清儒學案》卷一百十六立『南陔學案』；錢儀吉，《清儒學案》卷一百四十三立『嘉興二錢學案』，管庭芬附焉；黄式三，《清儒學案》卷一百五十三立『儆居學案』，黄以恭附焉；吳東發、洪頤煊，《清儒學案》列入阮元『儀徵學案』；吳慶坻，《清儒學案》卷一百九十列入王先謙『葵園學案』；俞汝言，《清儒學案》卷二百一列入『諸儒學案七』；杜煦，《清儒學案》卷二百二列入『諸儒學案八』。《清儒學案》所未及言者，平步青可立『景孫學案』，葉嘉棆傳盧鎬之學，可入『謝山學案』；龔橙可附龔自珍『定盦學案』。邵瑛、沈冰壺、查揆、黄璋等人，可載入諸案，或附入諸儒學案。

浙派經史考證之書，以孫詒讓《周禮正義》、邵晉涵《爾雅正義》、黃以周《禮書通故》等名著刻本、整理本已多，兹編僅收罕見者，如黃璋、沈冰壺、姚燮、王紹蘭、陶方琦、黃式三、柯汝霖、黃以恭著述，已臚列於前。《説文》成就，朱駿聲甚著，其《説文通訓定聲》乃常見之書，兹編不録，而收《説文段注拈誤》一卷。又收邵瑛《説文經訓偶箋》《説文解字羣經正字》、姚覲元校補《説文解字考異》、李宗蓮《説文經字録》、汪厚昌《説文引經録》。其以訓詁家會通群書，俞樾《古書疑義舉例》、章炳麟《小學答問》已廣傳，兹收洪頤煊《平津筆記》。文字學專門之作，收平步青《古字發微》、陶方琦《埤蒼考異》《廣倉》等。音韻學之作，收陶方琦《説文古讀考》、朱一新《同音集釋要》《浙垣同音千字文》，其價值固難比姚文田《説文聲系》、嚴可均《説文聲類》。

史學爲浙派大宗，以全祖望、邵晉涵、章學誠諸家著述習見，兹編不録，亦未收洪頤煊《諸史考異》、梁玉繩《史記志疑》《漢書人表考》、杭世駿《三國志補注》、齊召南《歷代帝王年表》。其專考證一史，收杭世駿《金史補》、王紹蘭《袁宏後漢紀補證》。學術史，如梁啓超所説，以《宋元學案》爲最著，《叢編》收黃璋等校補稿本。

水地與天算之學，乃浙派所長。《叢編》收録不多，全祖望《水經注校正》、趙一清《水經注釋》、齊召南《水道提綱》、洪頤煊《漢志水道疏證》等不收録。張作楠《翠微山房算學叢書》，以《重修金華叢書》已采録，此編不重複收録。

金石學之書，兹編收録稍富。梁氏所舉洪頤煊《平津館讀碑記》、嚴可均《鐵橋金石跋》，未收。如梁氏所説『自金文學興，而小學起一革命』。《叢編》所收龔橙《古金石文字叢著》，最可爲代表。

清儒校勘學，浙派功績亦著。兹編收陶方琦《淮南許、高二注異同考》《淮南許注異同詁續補》《淮南參正殘草》、陶濬宣《校讎之學》。朱一新批校《漢書》《魏書》，《重修金華叢書》已收，不重複收録。梁氏例舉盧文弨校《逸周書》、全祖望校《水經注》、孫詒讓校《墨子》、梁玉繩校《吕氏春秋》、嚴可均校《慎子》《商君書》、洪頤煊校《竹書紀年》《穆天子傳》，以及俞樾《諸子平議》、洪頤煊《管子義證》、孫詒讓《墨子閒詁》，以其多有印本、整理本，不收録。

《叢編》彙輯浙派文獻，初具規模，且於數家著述搜羅較賅備，如朱駿聲、平步青、陶方琦、陶濬宣著述，接近竭澤而漁。儘管梁啓超例舉諸名作罕録，但此編絶非「邊角料」。除杭世駿著述外，他如王紹蘭、陶方琦、黄式三、龔橙之作，皆不當輕覷。陶方琦從學李慈銘，通經學，邃於訓詁，所著《鄭易小學》《韓詩遺説補》《爾雅漢學證義》《淮南許、高二注異同考》《淮南許注異同詁》及《續補》俱可稱道。龔橙爲龔自珍長子，湛深經術，精小學。纂著《古金石文字叢著》，收《器銘文録》《六典理董許書》《古俗一覽象義》《秦漢金石録文》《秦漢金石篆隷記誤》《漢隷記誤》《漢石録文補遺》《魏晉南北隋唐石刻録文》《漢碑用經傳異字》《石刻字録》《金石文字録》《石刻文録》《金石文録識餘》《詩三百五篇》《六經傳記逸詩周書韻表》《鄭典》《論語諸子韻》諸書，由金石而入小學，考證多有發明。略可遺憾的是，本編以徵訪不易，浙派著述尚多可補輯，如齊召南、戚學標、張廷琛、喻長霖、王棻、王舟瑶諸家稿抄本，可進而采録。

皮錫瑞《經學歷史》謂輯佚書、精校勘、通小學爲「國朝經師有功於後學者有三事」[三四]。舉隅諸家，浙派人物僅列盧文弨精校勘，嚴可均通小學。綜觀之，浙派輯佚、校勘、小學三方面的成就足媲美吴、皖二派。還應看到浙派自成風氣：一是循「經史不分」之統，「《六經》皆史」，經史互證，史學成就卓著。二是重訓詁考證，同時不廢性理詮釋。正由主於「漢宋不分」，不喜參與漢、宋門户之爭。三是重用實，考證史實，明於治亂，既爲學問一途，又存治世之意。錢穆嘆説：「蓋亭林論學，本懸二的：一曰明道，一曰救世」，「後儒乃打歸一路，專守其『經學即理學』之議，以經術爲明道，餘力所匯，則及博聞。至於研治道，講救世，則時異世易，繼響無人，而終於消沉焉。若論亭林本意，則顯然以講治道救世爲主。故後之學亭林者，忘其『行己』之教，而師其『博文』

之訓，已爲得半而失半。又於其所以爲博文者，弃其研治道、論救世，而專趨於講經術、務博聞，則半之中又失其半焉。』[三五] 乾嘉學者一趨於訓詁考索，有着社會政治的因素。浙派不離此大勢，但由治史而通於世用，故與吴派、皖派有所不同。章學誠《文史通義·浙東學術》云：『或問：「事功、氣節果可與著述相提并論乎？」曰：「史學所以經世，固非空言著述也。且如《六經》同出於孔子，先儒以爲其功莫大於《春秋》，正以切合當時人事耳。後之言著述者，捨今而求古，捨人事而言性天，則吾不得而知之矣。學者不知斯義，不足言史學也。」』『求古』尊漢，『言性天』尊宋，章氏以爲若『捨今』『捨人事』，皆有未當。錢穆《中國近三百年學術史》第九章《章實齋》列『經學與史學』條目，評云：『實齋《文史通義》唱「《六經》皆史」之説，蓋所以救當時經學家以訓詁考覈求道之流弊。』[三六] 四是遥接東萊、深寧，近承黄、萬，重視文獻搜輯、網羅、編輯。五是綜會博采，往往一人兼長諸學，經學訓詁、史學考據、小學音韻、金石文字、校勘輯佚、天文曆算，多所涉獵，平步青等皆是，不似吴派、皖派多專門之家。

當然，樸學浙派存在較明顯的地域性，以兩浙爲中心，傳播未如陽明學派、蕺山學派廣泛。自清初始，浙西之學興，浙東爲主流的格局已發生變化。至浙派興起，浙東、浙西并盛，成就相埒。

在學術史上，樸學浙派未受到足够重視。江藩《國朝漢學師承記》僅論及盧文弨、邵晋涵，謂盧文弨『官京師，與東原交善，始潛心漢學，精於讎校。歸田後二十餘年，勤事丹鉛，垂老不衰』[三七]，以爲盧氏爲戴震所轉，『潛心漢學』，竟忘其傳浙學一脉。而戴震在浙講學，受浙學影響也頗深。謂邵晋涵聞錢大昕談宋史，乃撰《南都事畧》，『以續王偁之書，詞簡事增，正史不及也』。後稍言及『君少從山陰劉文蔚豹君、童君二樹游，習聞蕺山、南雷之説。於明季黨禍緣起，奄寺亂政，及唐、魯二王本末，從容談論，往往出於正史之外。自君謝世，而南江之文獻亡矣。』[三八] 晋涵傳浙東史學一脉，江藩未審之。章炳麟、梁啓超、錢穆對浙派的認識雖未全面，但無疑遠超江藩。

黄宗羲《理學録》列十六學派，浙學派與金華學派、明初學派相并立。黄百家纂輯《宋元學案》，立《金華學案》，全祖望改題《北山四先生學案》。黄百家《金華學案》以宋濂爲金華嫡傳，案語云：『金華之學，自白雲一輩而下，多流而爲文人。夫文與道不相離，文顯而道薄耳。雖然，道之不亡也，猶幸有斯。』[三九]所謂自許謙而下『多流而爲文人』，後世學者多襲其説。何炳松論浙學興衰，以南宋至明初爲第一期，明末至清中葉爲第二期，於其前後衰落之由總曰『由史入文』。事實上，『由史入文』未造成浙學之衰。何氏又説：『金華本支則曾因由史入文，現中衰之象；至明初宋濂、王禕、方孝孺諸人出，一時乃爲之復振。』[四〇]由於偏重史學，論金華一脉衰而復振，竟忘宋濂、王禕、方孝孺皆文章名家，被後世推許爲『明文正宗』。

## 四、關於『由史入文』

浙東文章興於南宋，與浙學并起。理學家好薄文章爲『小道』，詩爲『小技』，壯夫不爲。浙學初興，吕祖謙、陳亮、葉適未鄙弃詩文，吕祖謙好三蘇，有《標注三蘇文選》五十九卷，又編《皇朝文鑒》一百五十卷、《古文關鍵》二卷。陳亮編有《歐陽先生文粹》二十卷、《蘇門六君子文粹》七十卷，態度與邵雍不同。三人頗工文章，陳亮更擅詩詞。宋末元初，王應麟、黄震、胡三省、舒岳祥俱能文，舒岳祥更工詩。南宋學者開啓浙學尚文風氣，此爲浙東文派初興。總體以觀，浙學傳人工文者多，擅詩詞者少。『四先生』傳朱、吕學脉，詩文詞非其所長。如金履祥好詩文，難稱名家。元中葉至明初，黄溍、柳貫、吴萊、楊維楨、宋濂、王禕、蘇伯衡、劉基、戴良、貝瓊、方孝孺爲名家，浙東文派再興。宋濂爲明開國文臣之首，與門人方孝孺并稱『宋方』。其時以文鳴世者多，能詩者猶少，僅楊維楨、劉基、戴良、貝瓊等數人號名家。陽明傳人衆多，不乏能文工詩輩，此爲浙東文派三興。當然，陽明一派詩大都不脱理學之氣。明末清初，兩浙詩文大盛，浙西詞派崛興，稱浙東文派四興。黄宗羲爲文章祭酒，朱彝尊爲詞壇領袖，查慎行爲詩壇大家。乾嘉間，全祖望、厲鶚、杭世駿爲一代文學之士，繼有龔自珍領袖文壇。此爲浙東文派五興。

陽明學派、梨洲學派、樸學浙派之興，足見學者好文未造成浙學之衰。好文對浙學變革還是産生一定的影響，黄百家所説『文顯而道薄』有其道理，但不必誇大之。且在浙學傳人看來，文不離學之根本。宋濂作《文原》，王禕作《文訓》，蘇伯衡作《空同子瞽説》，述明文章本原《六經》，經史并重。如《文訓》稱文必『主之以氣』『一本於道』[四一]。至於詩，則以爲關乎世運，乃追踪風雅，提出詩爲『文之精』，欲合詩、文、道爲一。蘇伯衡《雁山樵唱詩集序》云：『言之精者之謂文，詩又文之精者也。』[四二]胡翰《缶鳴集序》云：『物生而形具矣，形具而聲發矣。因其聲而名之，則有言矣。因其言而名之，則有文矣。故文者，言之精也，而詩又文之精者。』[四三]劉基《蘇平仲文集序》云：『文以理爲主，而以氣攄之。理不明，爲虚文；氣不足，則理無所駕。文之盛衰，實關時之泰否。是故先王以詩觀民風，而知其國之興廢，豈苟然哉！文與詩，同生於人心，體製雖殊，而其造意出辭，規矩繩墨，固無異也。』[四四]所謂『文之精』，重於詩文同源。宋濂《題許先生古詩後序》稱詩文『本出於一原』，『沿及後世，其道愈降，至有儒者、詩人之分』[四五]，不滿於詩人自别於儒者，儒者自别於詩人。學者又强調『文章正宗』。如宋濂門人鄭柏編《文章正原》，方孝孺門人王稌纂《續文章正宗》，黄宗羲纂輯《明文案》，選録《明文授讀》，皆重『文章正宗』。黄氏《明文案序下》論明文正宗始自宋濂、方孝孺，繼爲楊士奇、解縉，而後李東陽、吴寬、王鏊雄起南北，王陽明、羅玘追配前賢，歸有光、唐順之、王慎中稱大纛，趙貞吉、趙時春不愧作者，郭正域、葉向高、焦竑、王錫爵不失矩矱，婁堅、唐時升、錢謙益、顧大韶、張大復能拾歸有光『墜緒』。復古四子、公安三袁、竟陵鍾譚不在其列。《明文案序上》提出『明文三盛』：一盛於明初，宋、方等爲表率，無意功名，埋身讀書；再盛於嘉靖，歸、唐、王振頽起衰，不爲擬古及科舉功名牢籠；三盛於崇禎，婁、唐、錢等爲表率，『通經學古』[四六]。世人關注陽明心學及事功，疏於談説文章，即使論之，多歸於『末技』。黄宗羲不然，并推陽明學問與文章。《李杲堂文鈔序》云：『余嘗謂文非學者所務，學者固未有不能文者。今見其脱略門面，與歐、曾、《史》《漢》不相似，便謂之不文，此正不可與於斯文者也。濂溪、洛下、紫陽、象山、江門、姚江諸君子之文，方可與歐、曾、《史》《漢》并垂天壤耳。蓋不以文爲學，而後其文始至焉。當何、李爲詞章之學，姚江與之更唱疊和，既而弃去。何、李而下，嘆惜其不成，即知之者亦謂其不欲以文人自命耳，豈知姚江之深于爲文者乎？使其逐何、李而學，充其所至，不過如何、李之文而止。今姚江之文果何如，豈何、李之所敢望耶？』[四七]以學衡文，黄氏得出『餘姚之醇正，南城之精煉，掩絶前作』的結論。於南宋以後文章，其歷推朱熹、陸九淵、吕祖謙、真德秀、黄榦、王柏、何基、金履祥、姚燧、虞集、黄溍、柳貫、吴師道、宋濂、王禕、方孝孺、王陽明，學統一望即知。與宋濂一樣，宗羲力斥學者、文人相割裂之説，海昌講學告誡門人：『夫一儒也，裂而爲文苑，爲儒林，爲理學，爲心學』，其弊甚重，學者當求『歸一』[四八]。

《叢編》收明别集甚少，不足概觀明代浙學學者之文學成就。清代大家之集又避出版重複，故所收亦不足觀清代浙學學者之文學成就。雖然如此，猶可據以見其文學好尚與創作風氣，且以多收珍稀之本，别具認識價值。如第一輯收陳選《恭愍公遺稿》清抄本、豐坊《南禺外史詩》稿本、屠勳《太保東湖屠公遺稿》清抄本、王石如《兀壺集》稿本二種、吴農祥《梧園詩文集》稿本、孫在豐《孫閣部詩集》稿本、祝定國《南山堂近草》稿本、趙昱《小山乙稿》稿本、杭世駿《全韻梅花詩》稿本、陳兆崙《陳太僕詩草》稿本、羅繼章《惜陰書屋詩草》稿本、沈冰壺《古調自彈集》清抄本、金德輿《金鄂巖詩稿》稿本、曹大經《襟上酒痕集》稿本、《么絃獨語》稿本、《唧薑集》稿本、《後咏懷》稿本、查揆《菽原堂初集》稿本、《菽原堂詩》稿本、《江行小集》稿本、王樹英《古槐書屋詩文稿》稿本、王衍梅《笠舫詩文集》稿本、杜煦《蘇甘廊手翰》稿本、《蘇甘廊先生詩稿》稿本、《蘇甘廊詞集》稿本、錢儀吉《衎石齋遺牘》稿本、《旅逸續槀》清抄本、《定廬集》清抄本、章鋆《章鋆詩文稿》稿本、吳仰賢《小匏庵詩草》稿本、鮑存曉《癡蟲吟稿》稿本、嚴辰《達叟文稿》稿本、楊象濟《白鶴峰詩屋初稿》稿本、《欲寡過齋存稿》稿本、陶在銘《寄槃詩稿》稿本、戴穗孫《春到廬詩鈔》稿本，都屬首次公布印行。第二輯至第五輯重在網羅諸家著述，合而編之。如第二輯收來集之《來集之先生詩話稿》《倘湖手稿》《倘湖遺稿》，朱駿聲《臨嘯閣文集補遺》《臨嘯閣詞》《庚午女史百詠》，皆稿本。平步青、陶方琦、陶濬宣、王繼香之集，網羅幾於殆盡。這些珍稀之集，也是撰著《兩浙詩史》《兩浙文史》《兩浙詞史》的基本材料，可藉以發覆作者文心、詩境、詞藝，補文學史載述所未備，并與浙學經史之學相發明。以下試舉數例以觀：

臨海陳選以精《小學》著聞，金賁亨撰《台學源流》，自宋徐中行迄明陳選，凡得三十八人，有明傳及郭檟、方孝孺、陳選三人，稱『三先生』[四九]。陳選字士賢，號克菴，與父員韜并從陳璲學。天順四年（1460）成進士。授監察御史，巡按江西，貪殘吏屏斥殆盡。時人語曰：『前有韓雍，後有陳選。』督學南畿，患士習浮誇，範以古禮。累遷廣東左布政使，以剛直忤市舶中官韋眷，誣奏朋比貪墨。被徵，病歿於道。正德中，謚恭愍。著有《小學集注》六卷、《孝經集注》一卷、《冠祭禮儀》一卷。海瑞《題尊鄉録贊》云：『克菴之學，屹爲儒宗。』詩文有《丹崖集》，未刻傳。《叢編》收浙圖藏清初抄本《恭愍公遺稿》不分卷。臨海博物館又藏清光緒十八年（1892）張廷琛輯抄本《陳恭愍公遺集》一卷、《外集》一卷。《[民國]台州府志》著録《丹崖集》：『舊省、府、縣志俱不著録，蓋佚已久。今天台張廷琛搜其詩文，輯爲《陳恭愍公遺集》一卷，冠以《明史》本傳，又附録表、記、序、跋、論、贊，爲《外集》一卷。』張廷琛《叙》云：『第念藏書鮮渺，遺集之篇數既稀，集外之搜羅未備，將毋貽疎漏之譏乎！然考當日羅東川太守最好先生文，僅僅以三稿見示；張楊園先生寄凌渝安書，屬訪求《陳恭愍集》而無從，則此編亦正無容見少也。詩文雖不及《遜志集》之富，而先生秉性之剛正，持己之端方，事君之忠愨，教人之精詳，愛民之慈惠，以及安貧樂道之實，陟明黜幽之公，亦大畧可見矣。』《遺集》一卷收文九篇，詩十五首。所輯多録自方志、宗譜及《三台詩録》。廷琛用力雖勤，惜未見清初抄本《遺稿》，故得詩僅隻鱗片羽。《遺稿》爲劉承幹舊藏，存《自省》《寫真有作》《姑蘇校文示諸生》《詠古》等一百三十八題一百五十六首。詩後佚名《跋》：『右稿以公卒於官，多亡失者。今所輯或以人所記憶，或以別集互見。其家藏者往往雜以他作，雖加刪校，猶疑未盡，覩者幸得之。』張廷琛輯本《除夕》《遊金鰲山》二詩不見於《遺稿》。《遺稿》較《遺集》多出一百四十餘首。《遺稿》收文七篇，題作《克菴遺稿》。《遺集》輯文十一篇，對勘二集，《遺稿》所收《結黨害民疏》爲《遺集》所無，《遺集》所收《請止狻猊入貢疏》《陳氏宗譜序》《逸像自贊》《對鏡》《修譜諭》不見於《遺稿》。合二集，存陳選文十二篇。《遺集》不足論定陳選詩，《遺稿》則可矣。合二集，又略可論定其文。盛明多士，陳選與羅倫、張元禎、吳寬、黄孔昭、謝鐸相率砥礪名節，時稱『硬漢子』。幼受陳璲『文必關於世教』之教，《小學集注自序》云：『夫爲學而不嚴諸己，不踐其事，誦説雖多，辭章雖工，皆空文也，於吾身何益哉，於國家天下何補哉，於聖人之道何所似哉！』謝鐸《廣東左布政使陳君墓誌銘》云：『君學博而深於經，詞章非其所好。』陳選自謙不善爲文，然所作善養氣，明道言志，遠勝虚飾空文。其詩亦然。如《註小學有感》：『早年弄筆作虚文，贏得虚名悟却身。底事如今不知悔，又傳文筆誤他人。』《對鏡》：『方圓長短各形模，鼓鑄元從一大爐。但使行藏皆順理，謾從色相話榮枯。』《三台詩録》云：『克菴深心理境，爲文明白純正，而七古壯激排宕，造句奇特，出入杜蘇。安必直白迂腐，然後爲儒者之詩耶！』

鄞縣豐坊與臨海王宗沐俱浙學中人，詩文染習復古。豐坊字存禮，號南禺。舉鄉試第一，嘉靖二年（1523）

成進士。授禮部主事，從父豐熙争大禮，下獄。後出爲南京吏部考功主事，謫通州同知，免歸。博學工文，摛詞藻麗，并擅書法。詩文生前未經編次，多散佚。《［雍正］浙江通志》著録《南禺集》二卷，《［雍正］寧波府志》著録《萬卷樓集》《南禺摘稿》，皆不標卷數。今傳世有二本，一爲萬曆四十五年刻《萬卷樓遺集》六卷，一爲浙圖藏《南禺外史詩》手稿一卷。刻本前二卷爲文，後四卷爲賦、諸體詩，按體編排。《南禺外史詩》存詩二十五首，前二首詩題殘闕，以下爲五律《宿清道觀》《春晚感懷二首》《登清涼山絶頂》《夏日即事》《納涼》《山菴》《月下有懷》《湖遊》，七律《觀音閣餞公次次韻》《辟支洞次公次韻》《續夢中句》《焦山》《元夕鎮海樓》《雲居喜雨》《夢吕純陽聯句》《松花》《陳道復粉團花墨戲》《度育王嶺》《碧沚納涼》《紫陽菴》《星宿閣》《城隍廟》《肅愍墓》《僧樓避暑》。末爲豐坊嘉靖二十七年長至日跋：『約山董子可遠，前少宰中峯先生冢嗣也，美質好學，自齠齔已識其偉器，别來二十五年矣。兹過會稽，因留款叙，而以此卷索書。爲録舊作如右，固詞札陋劣，皆由衷之言，可爲知己者道爾。』《宿清道觀》《觀音閣餞公次次韻》《陳道復粉團花墨戲》《肅愍墓》等四首，俱見《萬卷樓遺集》卷五，分題作《蓬萊軒》《餞高侯於觀音閣，次宗伯昭韻》《陳道復畫粉團花》《謁于公少保祠》，字句時異。其他諸詩，未見《萬卷樓遺集》收録。蓋温陵蔡獻臣選録《萬卷樓遺集》，屠本畯校之，未見此手卷。豐坊録舊作贈友，擇其得意者，手書有自選之意。其嘗輯李夢陽《空同精華集》三卷，又從陽明門人季本遊，與唐順之諸子交好，詩恃於才氣，既染習復古，復得陽明一派沾熏，雖不獨自成家，但論明詩不當遺之。

有明一代，浙西多才子，浙東多學者。浙西學者好詩，浙東學者尚文。清代不盡然，浙東學者尚文如故，而能詩者衆；浙西學者好詩不減，而長於詞，且學問不下浙東。兩浙學者傳承浙學，因其『土風』，各禀其氣，同枝而才情有異。清初朱彝尊、查慎行號詩壇大家，朱彝尊又儼然一時詞宗，浙西詞派延綿二百餘年，彬彬稱盛。查慎行師事黄宗羲，爲梨洲高弟子，論詩『不分唐宋』，自成『初白體』。同時浙西文士知名者不少，《叢編》所收毛奇齡、吴農祥皆其人。吴農祥字慶百，號星叟，又號大滌山樵，錢塘諸生。薦試博學鴻儒，大學士馮溥延之館舍，與陳維崧、毛奇齡、吴任臣、王嗣槐、徐林鴻并稱『佳山堂六子』。博鴻不第，入李之芳幕府。黄士珣《北隅掌録》稱其著作五百六卷，藏蕭山王小穀家。同治間，丁丙從三元坊包氏得集二十九册。《叢編》所收浙圖藏《梧園詩文集》，即丁丙舊藏。農祥文章最優，詞勝於詩。詩作甚富，袁枚《隨園詩話》卷十六云：『古人詩集之多，以香山、放翁爲最。本朝則未有多如吾鄉吴慶伯先生者，所著古今體詩一百三十四卷，他文稱是，現藏吴氏瓶花齋。』[五〇]蓋貪多而不精，與朱彝尊同病。朱氏詩稱大家，農祥遠不及，時有可觀。如五律《問庭梅》二首，其一云：『昨夜東風裏，枝枝到地生。爲嫌經尾礫，不敢問簷楹。壁上留花影，窗中悟雪聲。冰絲與水色，爲爾一含情。』[五一]海寧查慎行、查嗣瑮、查容、查昇皆能詩，查氏後人頗傳慎行家法，查揆即其一。查揆字伯葵，號梅史，海寧人。嘉慶九年（1804）舉人，累官灤州知州。通經史。《叢編》收其稿本《菽原堂初集》一卷、《菽原堂詩》一卷、《江行小集》一卷。所作有初白餘風，如《慨予》四首，其二云：『慨予家中落，蓬蒿三徑生。愁多銷意氣，貧亦損才名。賦罷病梨樹，餐餘秋菊英。窮年聊落感，不獨爲商聲。』[五二]《吕城次頻伽韻》：『擊汰吴波并兩船，風流二老白漚然。心如隄水多縈帶，詩逼禪機欲竪拳。烏鵲依枝猶永夜，白衣摇艣定何年。江湖一種閑懷抱，除却窮愁我亦仙。』[五三]其《和淵明飲酒二十首》《兔牀先生墓家初白老人蘆塘放鴨圖屬題，即用橘社集自題原韻四首》，憑弔查繼佐故居所作《黄泥潭訪家伊璜先生故居，同胡秋白元杲作》《是日感舊》，及與郭麐唱和詩，俱可誦讀。沈濤《匏廬詩話》云：『梅史《落葉》詩云：「低頭一笑渾相識，見汝春風緑上時。」此意爲前人所未道。』[五四]吴衡照曰：『梅史得初白之雄健而加警，得樊榭之清峭而加動，是謂能轉法華，不爲法華轉者。』[五五]查慎行身後，浙學傳人厲鶚、龔自珍詩號大家，皆浙西産。杭世駿與厲鶚同時，詩亦不俗，與全祖望并不愧名家。《叢編》收世駿《全韻梅花詩》一卷，已見刻本《道古堂全集》之《外詩》，但此本係手稿，末題：『全韻詩成，書奉玉几詞丈郢正。堇浦杭世駿脱稿。』全韻詩録爲單册，可見舊貌，且書法精美，與詩境相發。元、明作者百韻梅花詩纍纍，幾已極其窮工。《全韻梅花詩》猶能獨出心裁，如上平十灰韻一首：『豐姿綽約絶塵埃，世眼誰憐閬苑才。莫道東風渾美意，不催花謝祇催開。』下平三肴韻一首：『爲訪名花出近郊，攜筇踏遍水雲坳。眼前冰雪都知己，莫祇東風説舊交。』境韻横生，不讓前人。

學術『流而爲文人』，『由史入文』，未致浙學之衰。元末以後學者好文辭，乃風尚變化，不關涉浙學興衰。綜觀浙學文學一脉，因時而變，非盡株守一端，其變化終不離於學問本根。以文章言，名家輩出，重浙學統緒，乾嘉而後變化始著。以詩言，重風雅之遺，詩文合道，自宋至明末，理學氣甚濃，入清以後，因朱、查之倡，詩風一變，遂成清詩浙派。以詞言，始有陳亮稱大家，後數百年鮮杰出作者，迄於清初，朱彝尊爲首『浙西六家』崛起詞壇，開清詞浙派。

《叢編》所收稿抄本内容豐富，不啻浙學百科圖景呈現，具有巨大的學術與文獻價值，也有很高的文物與藝術價值，同時又是古代歷史、學術、文化、社會研究的重要資料。稿抄本作爲書法史文獻，藝術價值顯而易見，不必多言，這裏略及其文獻整理價值。茲編所收相當數量的稿抄本，乃真正意義上的孤本，未曾刊印，即使有印本，也多散佚。如陳選《恭愍公遺稿》、祁彪佳《祁忠敏公稿五種》、姜希轍《理學録》、吳農祥《梧園詩文集》、查慎行《壬申紀遊》、萬言《明女史》等。浙學著述不亡，實多賴之。在古籍整理中，孤本是唯一可據底本，具有不可替代性。即使偶有其他寫本或印本，《叢編》所收者也是整理校勘不可或缺的資料。他本或未盡良善，仍當以《叢編》收者爲底本。他本或可爲底本，《叢編》收者往往是主要校本。《叢編》還爲整理名家全集或全書提供了豐富的資料，尤其是第二輯、第三輯，徵輯一家著述，儘量網羅全面，可藉此整理平步青、陶方琦、陶濬宣、王繼香等人全書。第四輯擬專收姚燮輯《復莊今樂府選》稿本，第五輯擬專收黄澄量輯《明文類體》稿本，部帙繁富，可作專門整理。這些文獻大都散藏各地圖書館，資料分散，珍貴難獲，合璧不易，《叢編》力求完善，以成專題。整理者利用此次專題彙輯，難成之事轉爲易成。

浙學東置高閣時也已久，如今傳承浙學非易事，需要一個漸進的過程。就當前來説，浙學研究還處在起步階段，有必要展開廣泛深入的研究。兹編纂輯不易，賴諸同仁竭力從事數年，方有成效，今陸續刊行，以饗學者，嘉惠士林。是編列入第二期『浙江文化研究工程』，得到邵清先生和浙江省社科聯的大力支持，黄靈庚先生亦多贊襄之功。筆者得與其事，幸莫大焉。千里之行，始於足下，唯冀兹編能推轂浙學復興。至於補輯續編，則俟來日，然亦將有望矣。

二〇二〇年五月校定

【注釋】

[一]（清）黄宗羲、黄百家撰，（清）全祖望等補編《宋元學案》，中華書局，1986年，第15—20頁。

[二]參見彭國翔《黄宗羲佚著〈理學録〉考論》，《中共寧波市委黨校學報》2011年第4期。

[三]（清）萬斯同《萬斯同全集》第五册，方祖猷主編，寧波出版社，2013年，第169頁。

[四]（清）黄宗羲《明儒學案》卷五十八，沈芝盈點校，中華書局，1985年，第1376頁。

[五]（清）黄宗羲《明儒學案》卷五十八，第1379頁。朱熹撰有《伊洛淵源録》。《四庫全書總目》著録明宋端儀撰、薛

應旂重修《考亭淵源録》二十四卷。

[六]（清）萬斯同《萬斯同全集》第五册，寧波出版社，2013年，第173—174頁。

[七]《錢緒山學案》，《明儒學案》歸錢弘緒入卷十一《浙中一》。《龍溪學派》，《明儒學案》歸王畿入卷十二《浙中二》。

[八]何炳松《浙東學派溯源·自序》，上海古籍出版社，2012年，第3頁。

[九]（清）翁方綱《補録鄭芷畦窆石志》，《復初齋文集》卷十四，清李彦章校刻本。

[一〇]（清）全祖望《鮚埼亭集》卷十九，《全祖望集彙校集注》，朱鑄禹彙校集注，上海古籍出版社，2000年，第239—240頁。

[一一]（清）周中孚《鄭堂讀書記》，民國《吴興叢書》本。

[一二]（清）吴慶坻《蕉廊脞録》，民國《求恕齋叢書》本。

[一三]（清）杭世駿《武林覽勝記》集前題識，清抄本。

[一四]謝正光、范金民編《明遺民録彙輯》，南京大學出版社，1995年。

[一五]（清）全祖望《鮚埼亭集外編》卷二十九，《全祖望集彙校集注》，第1346頁。

[一六]（清）皮錫瑞《經學歷史》，中華書局，2008年，第341頁。

[一七]章炳麟《訄書·清儒》，清光緒三年重訂本。

[一八]梁啓超《中國近三百年學術史》卷十三《清代學者整理舊學之總成績（一）》，中國書店，1985年。

[一九]梁啓超《中國近三百年學術史》卷三《清代學術變遷與政治的影響（中）》，第22頁。

[二〇]錢穆《中國近三百年學術史》第八章《戴東原》，《錢賓四先生全集》第十六册，聯經出版事業股份有限公司，1998年，第403—408頁。

［二一］陳祖武《關於乾嘉學派的幾點思考》，《清儒學術拾零》，湖南人民出版社，1999年，第167—169頁。
［二二］梁啓超《中國近三百年學術史》卷三《清代學術變遷與政治的影響（中）》，第22頁。
［二三］梁啓超《中國近三百年學術史》卷三《清代學術變遷與政治的影響（中）》，第22頁。
［二四］梁啓超《中國近三百年學術史》卷三《清代學術變遷與政治的影響（中）》，第22頁。
［二五］錢穆《中國近三百年學術史》第四章《顧亭林》，《錢賓四先生全集》第十六册，第171頁。
［二六］錢穆《中國近三百年學術史》第四章《顧亭林》，《錢賓四先生全集》第十六册，第179頁。
［二七］梁啓超《清代學術概論》，上海古籍出版社，1998年，第17頁。
［二八］參見錢穆《中國近三百年學術史》第十一章《龔定菴》，《錢賓四先生全集》第十七册，1998年第695頁。
［二九］（清）龔自珍有《賓賓》之説，謂：『孔子述《六經》，則本之史也。史也，獻也，逸民也，皆於周爲賓也，異名而同實者也。』見錢穆《中國近三百年學術史》第十章《龔定菴》，《錢賓四先生全集》第十七册，第704—705頁。
［三〇］錢穆《中國近三百年學術史》十一章《龔定菴》，《錢賓四先生全集》第十七册，第691頁。
［三一］錢穆《中國近三百年學術史》十一章《龔定菴》，《錢賓四先生全集》第十七册，第689頁。
［三二］錢穆《中國近三百年學術史》十一章《龔定菴》，《錢賓四先生全集》第十七册，第714頁。
［三三］梁啓超《清代學術概論》，第55—61頁。
［三四］（清）皮錫瑞《經學歷史》，第330—331頁。
［三五］錢穆《中國近三百年學術史》第四章《顧亭林》，《錢賓四先生全集》第十七册，第177—178頁。
［三六］錢穆《中國近三百年學術史》第九章《章實齋》，《錢賓四先生全集》第十七册，第499頁。
［三七］（清）江藩《國朝漢學師承記》，中華書局，1983年，第91頁。

[三八]（清）江藩《國朝漢學師承記》，第95—96頁，稿本。
[三九]（清）黄璋等校補《宋元學案》第十七册。
[四〇]何炳松《浙東學派溯源·自序》，第3頁。
[四一]（明）王禕《王忠文公集》卷十九，明刻本。
[四二]（明）蘇伯衡《蘇平仲文集》卷五，明正統七年刻本。
[四三]（明）胡翰《胡仲子集》卷四，明洪武十四年王懋温刻、明重修本。
[四四]（明）劉基《太師誠意伯劉文成公集》卷五，明刻本。
[四五]（明）宋濂《宋學士先生文集》卷十三，明天順五年刻本。
[四六]（清）黄宗羲《黄宗羲全集》第十册，平慧善校點，浙江古籍出版社，1993年，第18—20頁。
[四七]（清）黄宗羲《黄宗羲全集》第十册，第26—27頁。
[四八]（清）黄宗羲《留别海昌同學序》，《黄宗羲全集》第十册，第627—628頁。
[四九]（明）金賁亨《台學源流》，清金文煒刻、光緒八年陳樹桐補修本。
[五〇]（清）袁枚《隨園詩話》，清乾隆間刻本。
[五一]（清）吴農祥《梧園詩文集》第二十三册《星叟心蘇集》，稿本。
[五二]（清）查揆《菽原堂初集》，稿本。
[五三]（清）查揆《江行小集》，稿本。
[五四]（清）潘衍桐編《兩浙輶軒續録》卷二十二，清光緒間刻本。
[五五]（清）潘衍桐編《兩浙輶軒續録》卷二十二。

# 凡例

一、本書志爲《浙學未刊稿叢編·第一輯》（以下簡稱《叢編》）之書志，故所志典籍及其名稱、順序等與之一致。

二、本書志内容有：

（一）題名、卷數、著者、版本、册數、行款。

（二）著者小傳：學界已有較爲充分研究者略述之，未有研究或研究不充分者稍詳述之。不管是哪種情況，在介紹著者經歷時，側重介紹其經歷中與《叢編》所收稿抄本内容有關的方面，以便讀者閲讀稿抄本時可以互相參照。

（三）稿抄本内容構成：描述稿抄本的主要内容及其編排布置情况，按照《四庫全書總目》的分類確定其内容的性質，并進行述評。

（四）著録情况：注明《叢編》所收稿抄本在《中國古籍善本書目》《中國古籍總目》中是否著録。若有著録，照録其條目信息；若其著録有誤，亦不辨析，讀者自可將其與本書志所録《叢編》題名信息對照。倘無著録，則此項徑直略去。倘若《叢編》各書之前所收《提要》有可議之處，則稍辨析之。

（五）鈐印：一些稿抄本鈐印極夥，書志有所選擇，選擇著録的原則是：優先著録原作者的，次抄寫整理者，次收藏者。若已著録前者，則後者之印一般不再著録；對於收藏者或閲鑒者，擇名家著録。若無鈐印，此項亦徑直略去。圖書館等公立機構之印一概不予著録。

（六）《叢編》所收稿抄本現藏地。

三、古人書籍，其中尤其是稿抄本，由於遞經修補，形態極其複雜。書衣、書名葉、扉葉或者顛倒錯亂，或者新舊粘貼爲一。書志一律針對現今所見之本予以描述。儘管從紙色、筆迹可明顯見出原封與新封之别，但一律不作區分，稱書衣爲外封，外封裏面題書名者爲内封，有多個内封者則稱内封一、内封二等，封面無書名而題有其他内容者爲扉葉。若僅有一封，則徑云封葉。

四、古人用字，正俗混雜，稿抄本尤盛。引用時一般徑録原文，不作改動。然極個别地方，稍事更革。非引用者，一律使用通行正字。

五、原文脱漏，用「□」表示，脱漏幾個字就用幾個「□」。漫漶無法録出者用「▨」，有幾字漫漶就用幾個「▨」。補字用「〔〕」符號圈起來，并置於「□」或「▨」之後。

六、古籍篇名一般遵循今日古籍著録規則，不加標點，然對於一些題名較長、文意曲折且需要其中信息以爲考據佐證者，適當施加標點，以便利用。

七、引用文獻

（一）書志引用古籍居多，由於無法注明具體葉碼，加之地方志和一些别集在内容安排上層次極其複雜，倘若僅僅注明卷次，讀者很難檢核原文，故本文一概著録到所引篇章名的層次。即使如《明史》《清史稿》這樣耳熟能詳的典籍，也依這樣的方式，爲的是前後格式一致。

（二）書志末所附《引用書目》是按照撰者姓名漢語拼音音節順序編列的，這樣便於將同一作者的多種文獻歸置一處，故正文中在引用諸典籍之前不得不加上撰者姓名。對於少數幾種典籍，這樣的方式稍有不精確之弊。同時，正文中引用文獻，對於撰者『撰』『著』『編』等表示寫作性質的字省略。最完整的信息可參文末所附的《引用書目》。

（三）經今人整理過的古籍，其點校有誤者，引用時徑改，不注明。

# 目録

# 恭愍公遺稿不分卷　（明）陳選撰　清抄本

二册。每半葉九行，行二十字。無版框、界行。

陳選，字士賢，號克庵，臨海人。生於明宣德四年己酉（1429），卒於成化二十二年丙午（1486），年五十八。天順四年庚辰（1460）會試第一。授監察御史，巡按江西。憲宗即位，劾馬昂、吴復、齊政，救羅倫、倪謙、錢溥。成化三年（1467）督學南畿。成化六年（1470）遷河南按察司副使，改提學副使，進按察使。丁母憂，服除，擢廣東右布政使，轉左布政使。因中官韋眷誣告，被逮，行至南昌病發，不得醫治而亡。正德中，謚恭愍。著有《孝經注》《冠祭禮儀》《小學句讀》等，行於世。事迹詳見謝鐸《桃溪净稿》卷十二《廣東左布政使陳君墓誌銘》、張元禎《東白張先生文集》卷十九《廣東左布政使陳公墓表》、吴寬《家藏集》卷五十九《布政使陳公傳》、李贄《續藏書》卷二十《清正名臣·光禄卿陳恭愍公》、黄宗羲《明儒學案》卷四十五《布政陳克庵先生選》、張廷玉等《明史》卷一六一《陳選傳》、喻長霖《［民國］台州府志》卷一〇一《陳選傳》等。

抄本無封葉題名。卷前抄鄭曉《吾學編·陳選傳》。次《恭愍公遺稿目》，分『詩』『文』兩目編排詩文題目。正文實有二：一爲《恭愍公遺稿》。卷端題『恭愍公遺稿』，次行題『臨海陳選士賢撰』，收録詩歌近一百四十題，末綴編者識語。二爲《克庵遺稿》。卷端題『克庵遺稿』，收録文，凡七篇。

謝鐸《廣東左布政使陳君墓誌銘》言陳選亡後，『有《丹崖集》若干卷，藏於家』。本稿編者識語云：『右稿以公卒於官，多亡失者。今所輯，或以人所記憶，或以別集互見，其家藏者往往雜以他作，雖加删較，猶疑未盡，觀者幸得之。』則陳選卒時，其家藏《丹崖集》曾被本稿編者審閲，其可靠部分已被選入本集之中；由於本稿編集者曾見到過陳選家藏之稿，故其編集或在陳選亡後不久。

抄本行間及天頭間有墨筆批校。考《自寓》詩『歸彩柳影花香裏』句上天頭有墨筆批校『「歸彩」二字疑誤』。《思家》詩『官辦送歸舡』句上天頭墨筆批校『「舡」疑作「船」』。《有所思》詩『薄酒午醉深布被朝眠熟傍人咲寂寞吾所欲終老』句上天頭墨筆批校『「傍人」二句中脱二字』。《贈張東白先生家壽圖》『天恩煌煌昭閭里』句上天頭墨筆批校『「閭」一作「間」』。從編者識語和這些校語來看，批校者與編集者似非同一人。

陳選文集之編纂，除本稿之外，尚有清光緒十八年張廷琛輯《陳恭愍公遺集》一卷《外集》一卷。《［民國］台州府志》卷七十八《藝文略十五》於陳選『丹崖集』條下云：『是集見謝鐸撰《墓誌》……舊省、府、縣志俱不著録，蓋佚已久。今天台張廷琛搜其詩文，輯爲《陳恭愍公遺集》一卷，冠以《明史》本傳，又附録表、記、序、跋、論、贊，爲《外集》一卷。』又，明夏良勝《［正德］建昌府志》卷二《山川・新城縣・日山》、卷十一《古迹・新城縣・遺愛亭》，清洪若皋等《［康熙］臨海縣志》卷十五《藝文志四》，明李時漸《三臺文獻録》卷十《序》、二十《五言律詩・五言排律》、二十三《五言絶句》，清陳田《明詩紀事》丙籤卷四《陳選》，清陶元藻《全浙詩話》卷三十一《陳選》等皆録有陳選詩文。雖本稿乃陳選最爲重要、最爲豐富之詩文集，其他文獻所載多見於本稿，然亦有爲本稿所不具，或字句有異者。如《［正德］建昌府志》所載『晴峰高聳翠稜崢』『驛騎凌晨出遠林』『循行無德布春陽』三詩不見於本稿。《［康熙］臨海縣志》載《贈陳大參用璣致政歸用璣予家君門人也復同官閩藩》，其中有句『忽動蓴鱸憶』，本稿題作《贈長友陳六參用璣致政歸田里用璣予家君門人復同官閩藩》，其中句作『忽動弃鱸憶』，題中『六參』『弃鱸』顯誤，而以《［康熙］臨海縣志》爲正。陳田《明詩紀事》丙籤卷四陳選《雨阻》

詩云：『篷響聞雨至，淒然生旅愁。遥尋晚林磬，暫駐寒塘舟。窗下□僧老，林間曲徑幽。誰言阻行者，翻使得佳游。』然此稿作：『沙響聞雨來，淒然生旅愁。遥尋晚林磬，暫駐寒塘舟。窗下一僧老，林間諸鳥幽。誰言阻遠者，翻使得佳游。』就詩義言，《明詩紀事》長於稿本。要之，其他文獻所載皆可爲本稿校補之資。

陳選乃明初理學家，宗奉程、朱理學。他曾刊印《宋史道學傳》，并在《道學傳序》裏倡言藉《宋史·道學傳》『以資進學』，『深考程、朱師友之淵源，求至乎聖人之道哉。小用則善一家，大用則善天下』（稿本《道學傳序》），可見其思想之歸宿。其特别之處，在於要求當事而主敬存理，故其於政治中重實行，潔持操，遇物峻。所謂『其學粹然一出於正，其操履恪然一出於誠，其居此官即欲盡此職，其行此事即欲盡此心，其視去就升沉甚輕，心一在於生靈國家，餘不恤也』（張元禎《廣東左布政使陳公墓表》）。在學術上『學博而深於經，詞章非其所好』（謝鐸《廣東左布政使陳君墓誌銘》），然亦有所作，此即其詩文集。《三臺詩録》云：『克庵深心理境，爲文明白純正，而七古壯激排宕，造句奇特，出入杜、蘇，安必直白迂腐然後爲儒者之詩耶？』（《[民國]台州府志》卷七十八《藝文略十五》『丹崖集』條下引）然就現存詩文而言，詩之藝術超出其文遠甚。

民國周子美編《嘉業堂鈔校本目録》載：『《恭愍公遺稿》二卷。明陳選著。舊抄本。二册。』即此本。《中國古籍善本書目·集部·明别集類》：『《恭愍公遺稿》不分卷。明陳選撰。清抄本。』《中國古籍總目·集部·别集類·明代之屬》：『《恭愍公遺稿》不分卷。明陳選撰。清抄本。浙江。』

鈐印：『劉承幹字貞一號翰怡』白文方印、『吳興劉氏嘉業堂藏書印』朱文方印。

現藏浙江圖書館。

## 太保東湖屠公遺稿七卷 （明）屠勳撰 清抄本

四册。每半葉十二行，行二十二字。無版框、界行。葉心題卷數及當卷葉碼。

屠勳，字元勳，别號東湖，平湖人。生於明正統十一年丙寅（1446），卒於正德十一年丙子（1516），年七十一。成化五年己丑（1469）進士。初授工部都水主事，次改刑部，先後歷員外郎、郎中、南京大理寺丞、大理左少卿、都察院右副都御史、刑部侍郎、刑部尚書等。因忤劉瑾引疾求去，加太子太保致仕，卒贈太保，謚康僖。著有《東湖遺稿》《太和堂集》等。事迹詳見屠勳《屠康僖公文集》卷末附楊一清《（屠公）墓誌銘》、靳貴《戒庵文集》卷十四《資政大夫太子太保刑部尚書致仕進階榮禄大夫贈太保屠公神道碑銘》、顧清《東江家藏集》卷二十八《故刑部尚書致仕東湖屠公行狀》等。

抄本前無序、後無跋。正文分作七卷，每卷卷端皆題「太保東湖屠公遺稿卷之某」；卷尾一般亦有此題，然第三、第七卷卷尾闕如。卷下按照詩體分類，卷一爲「五言古詩」，卷二「七言古詩」，卷三「五言排律」，卷四「七言排律」，卷五「七言絶句」，卷六「五言律詩」，卷七「七言律詩」。所作七言律詩特多。因嚴格按照詩體編卷，故亦有顯然過於拘泥之處，如卷三中五言排律僅二首即成一卷，而七言律詩占兩册半約五百六十首亦成一卷，殊不匀稱。

案：以屠勳《屠康僖公文集》刻本照之，二者詩歌編排順序相同，然分卷有異。《屠康僖公文集》將五古、七古合爲卷一，五排、七排、七絶、五律、七律之一部分合爲卷二，七律餘下部分分作卷三、卷四。抄本《巖獅隱霧》《松鶴圖》歸於七律，刻本則移入卷一七古。刻本卷三之七律末增補《保安寺僧房》，抄本闕。刻本卷四七律《謝職方于吉過訪寓精嚴方丈次舊韻三首》之後增補《訪嘉善薛惟斅喜其衣冠之盛賦此以贈》《雨庵爲費處士賦》《贈費柳西五十》《賞芍藥分韻》《次伍二守感懷之作》《宿嚴克永宅值雪》《鴻洲》《鷗川》《次黄元德韻》《訪徐克剛》《訪嘉善陸汝嘉》《寫懷三首》，抄本皆闕；刻本卷四卷首目録《雨庵爲費處士賦》與《贈費柳西五十》之間尚有《癸酉八月九日京闈第一場憶坤子》《十二日第二場》《望日第三場》之名，刻本正文實脱，然抄本之中尚存，徑接於《謝職方于吉過訪寓精嚴方丈次舊韻三首》之後：《癸酉八月九日京闈第一場憶坤子》《十二日第二場》詩題名刻本目録與抄本同；惟刻本目録之《望日第三場》，抄本作《望日第三場是日曉雨晝晴》。又，七絶《六橋煙柳》，刻本卷二目録注『遺』，正文亦脱，然抄本實存。總體而言，刻本與抄本可互補之處甚多，不可偏廢。

屠勳學在經史，亦擅詩，清沈季友《檇李詩繫》卷十《屠康僖公勳》云：『勳穎敏好學，尤善詩歌諸體，高凝整練，不愧作手，然素無詩名者，以功業掩也。』諸體皆擅，固於是集可見之，然『皆和平之音』（屠勳《屠康僖公文集》卷首明王鏊《檇李屠東湖太和堂集序》）。

《中國古籍善本書目·集部·明别集類》：『太保東湖屠公遺稿七卷。明屠勳撰。清抄本。』《中國古籍總目·集部·别集類·明代之屬》：『太保東湖屠公遺稿七卷。明屠勳撰。清抄本。國圖。』

現藏國家圖書館。

## 南禺外史詩一卷　（明）豐坊撰　稿本

一長卷。一九六行，行字不等。

豐坊，字人叔、存禮，後改名道生，字人翁，號南禺外史，鄞縣人。據佚名《嘉靖二年進士登科録》及豐坊《萬卷樓遺集》卷首徐時進明萬曆四十五年丁巳（1617）所撰《刻豐南禺先生遺稿序》之記載推斷，約生於弘治七年甲寅（1494），卒於隆慶元年丁卯（1567），年七十四。嘉靖二年癸未（1523）進士。除禮部主事，與父并諫大禮，受杖，改南京吏部考功主事，尋謫通州判官，免歸。後坐法竄吳中。晚年貧病而死。著有《古易世學》《魯詩世學》《書訣》《萬卷樓遺集》等。事迹詳見黄宗羲《南雷詩文集·豐南禺別傳》、張廷玉等《明史》卷一九一《豐坊傳》、徐時進《刻豐南禺先生遺稿序》、陳田《明詩紀事》丁籤卷十一下《豐坊》等。

稿本録詩二十餘首。末有跋，云：『約山董子可遠，前少宰中峰先生冢嗣也，美質好學，自齠齔已識其偉器，别來二十五年矣。兹過會稽，因留款叙，而以此卷索書，爲録舊作如右。固詞札陋劣，皆由衷之言，可爲知己者道爾。』尾署『嘉靖戊申長至日南禺外史道生』。

考豐坊今傳之《萬卷樓遺集》刻本，刻本有數詩存於是卷，然有微異。刻本《蓬萊軒》《餞高侯於觀音閣次宗伯昭韻》《牛首次高瓦屋韻》與卷子不僅詩題不同，内容亦有異；刻本《謁于公少保祠》《陳道復畫粉團花與卷子詩題不同，然内容相同。至於其他如《登清涼山絶頂》《納涼》《湖遊》《月下感懷》《元夕鎮海樓》《夢呂純陽聯句》《度育王嶺》《紫福庵》《星宿閣》《城隍廟》等近二十二首詩皆不見於《萬卷樓遺集》刻本。故此詩卷爲豐坊極其重要之詩歌文獻。

豐坊詩、書、畫兼擅。徐時進《刻豐南禺先生遺稿序》論其詩云：『詩骨蒼神遠，悲壯沉雄，雖閒豁谺岈，而幽閒獨奇。』（豐坊《萬卷樓遺集》卷首）詹景鳳《詹氏小辨》論其書：『南禺外史爲人逸出法紀外，而書學極博，五體并能。諸家自魏、晉以及國朝，靡不兼通。規矩盡從手出，蓋工於執筆者也。以故其書大有腕力，特神韻稍不足。』陶宗儀《書史會要》：『豐坊草書自晉、唐而來，無今人一筆態度。唯喜用枯筆，乏風韻耳。』（俱見陳田《明詩紀事》丁籤卷十一下《豐坊》）於此長卷皆可見爾。

《中國古籍善本書目·集部·明別集類》：『南禺外史詩一卷。明豐坊撰。稿本。』《中國古籍總目·集部·別集類·明代之屬》：『南禺外史詩一卷。明豐坊撰。稿本。浙江。』

鈐印：『豐氏人翁』白文方印、『南禺外史』朱文方印、『可遠甫印』白文方印、『約山子印』白文方印。

現藏浙江圖書館。

## 剋敵武畧熒惑神機十卷 （明）佚名撰 明抄本

四册。每半葉九行，行二十二字，小字雙行同。藍絲欄，文武邊。白口，單魚尾。上書口題書名及卷數；書口中間題葉碼，卷一至卷四、卷五至卷十分別連續編葉碼。

是書作者，僅卷前劉基《剋敵武畧熒惑神機序》云『余舊得是書』，然不言作者姓名。與《剋敵武畧熒惑神機》性質相同且内容有關聯之著作《火龍神器陣法》《火龍經》《元戎濟陣風雷集》：其卷前或有東寧焦玉永樂十年壬辰（1412）《火龍神器陣法授受序》，云焦玉少涉獵儒書，精研將略，遨游湖海，參訪有道。一日在天台上清玉平洞天，遇一道士，自號止止道人，焦玉以師禮事之，從游三年，遂於至正十三年癸巳（1353）得其授火攻一册，即《火龍神器陣法》；青田劉伯温云，止止道人即葛長庚（見焦玉《火龍神器陣法》卷首《火龍神器陣法授受序》）。或題署『漢武侯著，明誠意伯劉基、東寧伯焦玉仝校』（諸葛武侯《火龍經》卷端）。考諸本之序與撰述者署名，實際上都關涉劉基。或劉基曾傳是書，然既無法確證，亦無法證僞。謝國楨《江浙訪書記·〈剋敵武畧熒惑神機〉十卷》云：『在元末明初，戰争多用石炮，火器尚未盛行。劉基以機智著名，如《推背圖》等書，託名青田劉伯温（劉基的號）著，民間流傳頗廣。這部書恐亦係明中葉以後，外患頻仍之際，有心人士依託劉基之名，而編造成爲是書。可是書中所記載的用兵器火攻的方法和技術，却是經過人民的精心創造，流傳有自的。』姑存疑。

抄本卷前首爲《尅敵武畧熒惑神機序》，尾署『時洪武三年歲次庚戌八月望日青田劉基撰』；次『尅敵武畧熒惑神機目録』。正文分十卷。每卷卷端皆題『尅敵武畧熒惑神機卷之某』。卷二至卷十大題卷次下皆有小題，依次爲：衝陣火器、遠攻火器、近攻火器、水攻火器、埋伏火器、劫營火器、攻城火器、防守火器、火器藥品；每卷之中，各立條目述之，有的條目有圖，共約六十餘幅。唯卷一無小題，其下立火攻風候、火攻地利、火攻器制、火攻藥法、火攻兵戒、五火玄機歌等條目，相當於全書總論。全書主要内容是記載火器製作使用之法，實爲我國軍事史、科技史之重要文獻。

《中國古籍善本書目・子部・兵家類》：『尅敵武畧熒惑神機十卷。明抄本。』《中國古籍總目・子部・術數類・占卜之屬》：『尅敵武畧熒惑神機十卷。□□輯。明抄本。浙江。』

鈐印：『吕晚邨家藏圖書』朱文長印、『友信』朱文方印。

現藏浙江圖書館。

**［慈谿］向氏家乘十卷** （明）向洪上等纂修　明抄本　存八卷（卷一至二、四至七、九至十）

一册。每半葉行數、行字不等。裝裱葉無邊欄，抄寫葉四周朱紅單邊。

向洪上，行世曰向上，字子尋，明嘉靖間人。因抄本卷首洪上撰《向氏家乘叙》署時『嘉靖乙丑八月』，在《族訓第九》『廉州府君』條末云『時年二十有四』，則其大約生於嘉靖二十一年壬寅（1542）。邑庠生。博學，工詩文，有史才。教授吳、楚間，與王世貞、王穉登、周天球等善。事迹詳見馮可鏞等《［光緒］慈谿縣志》卷二十七《向欽傳》附《向上傳》。

抄本前有『向氏流芳』之匾題，次吳與儉、葉本敦、薛應旂、向洪上序。正文：『義例第一』述纂修凡例。『恩命第二』録向敏中以來歷代朝廷所頒誥敕，時間自北宋至道訖明萬曆。『世系第四』列世系總圖及小宗圖。『世譜第五』，内容爲辨宗支、序昭穆。『世傳第六』述向能祖、向墀等十餘位向氏男性事迹。『内傳第七』述徐氏、桂氏等十餘位向氏家族女性事迹。『族訓第九』述向敏中、向子韶、向子諲等十餘人言行。『藝文第十』，首録他人所作有關向氏之詩文，後録向敏中、向子諲等向氏人物所作詩文。脱第三、第八。然據其『義例第一』所載，或當有『畫像第三』，内容乃向敏中以下十八幅家族人物畫像及文字題記；『墳塋第八』，圖畫向氏墳塋方位并加文字説明。

葉本敦明嘉靖四十四年乙丑（1565）序、薛應旂隆慶四年庚午（1570）序皆鈐有各自圖章，且爲裝裱狀，當是其時本人所寫。向洪上之嘉靖乙丑叙、『義例第一』及『族訓第九』末尾署其名，亦鈐有其圖章。然其他部分皆不鈐向洪上之印，當是向氏後人後來抄寫并略有補充。考《［光緒］慈谿縣志》卷二十七《向欽傳》附《向上傳》云：『《向氏譜》：欽子上，字子尋。諸生。博學，工詩文，有史才。教授吳、楚間，所交皆當世名流，如王世貞、王穉登、周天球輩尤親密。』此《向氏家乘》闕此。據此推斷，此《家乘》有脱，《［光緒］慈谿縣志》所節録之《向上傳》即其所脱内容之一。

案：《［光緒］慈谿縣志》卷二十七《向墀傳》：『向墀字汝升，號西澗。幼敦厚穎敏，長通經史，喜賦詩，興之所至，援筆立就，輒爲邑人傳誦。與碧溪張鈇、半齋周旋雅相好，結社賦詩，以娛晚景。性澹於利，惟蓄書以教子爲務，見孜孜作生産計以貽後者，輒曰非遺安之術也。（《家傳》）』《向時正傳》：『向時正字德昭，號竹泉。有聞於庠，與外弟湯葵峰以文章氣節相引重。嘗以策謁王守仁於南贛，適兄鍾官安遠尉，卒於軍，扶柩歸老於家。（《家傳》）』二傳所據『家傳』，即見於本譜『世傳第六』。抄本卷首、『恩命第二』『藝文第十』所録，皆爲他人或向氏之人所撰詩文序跋，其中多不見於其文集者，如卷首吴節《向氏宗譜序》不見於其文集《吴竹坡先生文集》。『藝文第十』録王守仁《與竹坡向郡伯書》不見於其集，向子諲《和歸去來兮辭并引》亦不見於其集，豐坊《禎園詩并序》不見於《萬卷樓遺集》。故抄本不僅是極其重要之人物史料，亦爲重要文學輯佚材料。

《中國古籍善本書目·史部·傳記類二》：『向氏家乘十卷。明向洪上纂修。明嘉靖抄本。明薛應旂序。存八卷（一、二、四、六至七、九至十）。』《中國古籍總目·史部·譜牒類》：『［浙江慈谿］慈谿向氏家乘十卷。明向洪上纂修。明嘉靖間抄本（書名據明薛應旂序題，存卷一至二、四至七、九至十）。浙江。』

鈐印：『葉氏敦叔』白文方印、『秋官玄夫之章』朱文長印、『己未會魁兩浙文宗』朱文長印、『九子山人』白文朱文長印、『四明向氏家藏』朱文鼎形印。

現藏浙江圖書館。

## 三史統三十六卷　（明）屠本畯纂輯　明屠氏霞爽閣抄本

三十六册。每半葉十行，行二十二字。烏絲欄，四周單邊。白口，無魚尾。版心作四節，第一節題『三史統』，第二節題一『卷』字，最下一節題『屠氏霞爽閣藏』。

屠本畯，字田叔、紹豳，號憨先生、豳叟，鄞縣人。據張美翊《甬上屠氏宗譜》卷八載，生於明嘉靖二十一年壬寅（1542），卒於天啓二年壬戌（1622），年八十一。以蔭授刑部檢校，遷太常典簿，歷南禮部郎中，終辰州知府。歸鄉後，以讀書著述爲樂。史載他『年即老，好學不倦。或曰：「先生老矣，奚自苦爲？」答曰：「吾於書，飢以當食，渴以當飲，欠伸以當枕席，愁寂以當鼓吹，未嘗苦也。」』（錢維喬等《〔乾隆〕鄞縣志》卷十六《屠本畯傳》）著有《毛詩鄭箋纂疏補協》《閩中海錯疏》《茗笈》《屠田叔詩草》，編有《情采編》等。事迹詳見錢維喬等《〔乾隆〕鄞縣志》卷十六《屠本畯傳》，張美翊《甬上屠氏宗譜》卷二十三《誌狀下》所録王穉登《屠田叔先生壙表》、王嗣奭《漢陂先生生狀》、周應賓《漢陂屠公生壙誌》、全天叙《憨壙生銘》、屠繼序《生壙誌表銘補》等。

是書乃本畯所編史學著作。雖闕序言、凡例以交待編集之思想與體例，然考全書，乃是將三史即《史記》（包括《補史記》部分内容）、《漢書》、《後漢書》之本紀、世家、列傳所載人物，重新歸類編排。其子目，有帝紀、后妃、外戚、分封、宗室、輔相、名將、邊將、良將、驍將、裨將、叛將、敗將、謀臣、才臣、良臣、辯臣、議臣、循吏、能吏、嚴吏、酷吏、阿諛、詭詐、驅除、剛暴、姦邪、竊據、死直、死節、死義、死事、死亂、死黨、勁直、骨鯁、忠諒、諫諍、占卜、占候、陰陽、巫術、方士、醫方、儒學、通儒、文學、道德、隱逸、孝友、明經、文苑、曠達、名高、獨行、豪俠、滑稽、佞幸、宦者等。有的子目上設有類目，如名將、邊將、良將、驍將、裨將、叛將、敗將等上設『諸將』，循吏、能吏、嚴吏、酷吏等上設『諸吏』，阿諛、詭詐等上設『盭臣』，死直、死節、死義、死事、死亂、死黨等上設『貞遇』，勁直、骨鯁等上設『直鯁』，忠諒、諫諍等上設『忠諫』，隱逸、孝友等上設『列士』，豪俠、滑稽、佞幸、宦者等上設『列傳』，占卜、占候、陰陽、巫術、方士、醫方等上設『藝術』。其子目下將三史人物傳記分别按照時間順序進行歸類著録。即編者力圖以人爲綱，將三史人物傳記賅括爲一體，以便檢視。

然因此稿乃尚未定稿之本，故其多有尚待改善之處。首先，抄録三史人物傳記時有誤抄，如『后妃』之『伏皇后（西漢書）』實當爲『伏皇后（東漢書）』；『解經』之『周澤』云：『周澤自稚都』，『自』當作『字』；

『佞幸』之『淳于長』，卷前《目録》中誤作『淳于常』，等等。其次，類目與子目關係不盡合理，子目不太清晰，同時，亦有瑣碎之嫌。另外，本稿存有『卷五目録』『卷十四目録』『卷十五目録』『卷十七目録』『卷二十目録』『卷二十一目録』『卷三十六目録』，然其他各卷目録皆佚，正文多有裝倒之弊，故其總體順序布局存有暗昧之處，稍有礙利用。

《中國古籍善本書目・史部・傳記類一》：『三史統不分卷。明屠本畯撰。明屠氏霞爽閣抄本。』《中國古籍總目・史部・傳記類・總傳之屬》：『三史統不分卷。明屠本畯撰。明屠氏霞爽閣抄本。浙江。』

鈐印：『子猷』朱文方印、『李沅之印』白文方印、『焚稿寓客』白文朱文印、『四明碱街李氏』朱文圓印、『潄園』朱文橢圓印、『小蓮藏過』白文方印、『吳嘉謨印』朱文方印、『愛日精廬藏書』朱文方印、『堯峰山館』白文方印。

現藏浙江圖書館。

## 歷代正閏考十二卷　（明）沈德符撰　清抄本

四冊。每半葉九行，行二十一字。有版框，無界行，文武邊。白口，單魚尾。

沈德符，字景倩、虎臣，秀水人。生於明萬曆六年戊寅（1578），卒於崇禎十五年壬午（1642），年六十五。萬曆四十六年戊午（1618）舉人，然『累舉不得第而死』（見錢謙益《列朝詩集小傳》丁集下）。著有《萬曆野獲編》《清權堂集》等。事迹詳見錢謙益《列朝詩集小傳》丁集下《沈先輩德符》、朱彝尊《静志居詩話》卷十七《沈德符》、袁國梓等《[康熙]嘉興府志》卷十七《沈德符傳》等。

是書乃沈德符史學著作。外封有西諦即鄭振鐸題識。卷前有沈德符萬曆四十二年甲寅《正閏考釋例》。卷題皆作『歷代正閏考卷之某』，次行皆署『明繡水沈德符景倩著』。卷一列三皇、五帝、唐、虞、夏、商，卷二列周，卷三列戰國、後秦（即秦始皇即皇帝位至子嬰被殺）、楚，卷四列西漢、東漢、蜀漢、魏、吳，卷五列西晉，卷六列東晉、南朝，卷七列北朝，卷八列隋，卷九、卷十列唐、五代，卷十一列宋、遼、金，卷十二列元，各明其政權傳授之次，又各於其下附録内部簒奪自立者及周邊少數民族政權。

《正閏考釋例》云：『或問正閏之義何居？曰：「此即歐陽子有天下之説而精言之廣言之者也。」何謂精言之？統之正者，三代而下，惟漢、唐、宋，迄我大明，始得當之。雖秦、隋不得而與焉，況其他乎！何謂廣言之？統之閏者，無論六朝五代，即拓跋、蒙古，亦得承其乏，且前有五胡，後有遼、金，以至僭僞叛亂，偏據夷狄，俱得厠其間。寬于閏乃所以嚴于正也。』正即今日所言合法政權，閏即非合法政權，故此書雖然内容爲歷代政權授受之考釋，實乃沈氏藉此表達明正統、斥簒奪的思想之作。

案：沈德符撰有《臆史雜言一百四十首》皆咏歷史事實，以《臆史雜言一百四十首》與《歷代正閏考》可參互較之。《臆史雜言一百四十首》詩序云：『庚申之夏，養疴吳下，僦宅城東，奚囊不携一書，長晝偃卧，尋繹史册，而腹笥空疎，僅如王荆公所稱斷爛朝報者，伸紙輒録，不次時代，亦不訂訛謬也。』（沈德符《清權堂集》卷二十一《賃春草·臆史雜言一百四十首》）然《歷代正閏考》有清晰之體系層次。《臆史雜言一百四十首》中有詩云：『喬琳七十誅因叛，李昪歸降賜藥亡。諱日誕辰俱七夕，難將天道問牽郎。』所謂喬琳，乃唐德宗時人，新、舊《唐書》并有傳；李昪，當作李煜，南唐君主。抄本《歷代正閏考》『南唐』：『煜：字重光，璟第六子，後稱王。……煜以天福二年七月七日生，以太平興國二年七月七日薨，年四十二。后周氏先葬懿陵。李昪與錢俶俱以生日亡，皆宋太宗賜酒遇酖。』詩以喬琳、李煜二人及其生日亡日同時合言之，《歷代正閏考》則將李煜、錢俶二人同在其生日亡合言；尤需注意者，詩稱李昱，而《歷代正閏考》前稱李煜後則稱李昱。故其撰述之情形，或沈德符《臆史雜言一百四十首》作於前，其後更爲之梳理歷代政權之更迭，而成《歷代正閏考》。

丁丙《善本書室藏書志》卷十四『歷代正閏攷十二卷（舊鈔本）』條云：『是書前、後無序、跋。卷一三皇、五帝、唐、虞、夏、商，卷二周，卷三戰國、秦、楚，卷四西漢、東漢、蜀漢、魏、吴，卷五西晉，卷六東晉、南朝，卷七北朝，卷八隋，卷九、卷十唐、五代，卷十一宋、遼、金，卷十二元，各附以僭僞諸寇。簡要詳明，朗若列眉，洵史才也。』所評甚爲得當。

抄本乃鄭振鐸舊藏。鄭振鐸外封題識云：『此沈德符《歷代正閏考》鈔本，甚舊，余於一九五六年春得之杭州古書肆，亦一罕見書也。』《西諦書目》卷一有著録。

《中國古籍善本書目・史部・編年類》：『歷代正閏考十二卷。明沈德符撰。清抄本。鄭振鐸跋。』《中國古籍總目・史部・編年類・通代之屬》：『歷代正閏考十二卷。明沈德符撰。清抄本。國圖（鄭振鐸跋）。』

鈐印：『長樂鄭振鐸西諦藏書』朱文方印。

現藏國家圖書館。

## 典類四十二卷　（明）劉光亨纂輯　稿本

二十八册。每半葉十行，行字不等；小注多爲雙行，行字亦不等。無版框、界行。

劉光亨，字貞父，永嘉人。據《典類》卷首《叙》尾署『順治十一年桂月前正秋中三日七十五老人受泰子録』推算，約生於明萬曆八年庚辰（1580），卒年不詳。泰昌元年（1620）恩貢，授進賢縣丞。又曾在榕城、毗陵等地宦游。能詩，《東甌詩存》卷二十七録其詩七首。事迹詳見曾唯等《東甌詩存》卷二十七《劉光亨》、《典類·叙》。

稿本各册偶有内封題名，題『典類』二字。卷前首爲『叙』，尾署『順治十一年桂月前正秋中三日七十五老人受泰子録』；次爲『典類總目』。卷題皆作『典類卷之某』，次爲該卷目録及正文。全書分門别類纂集有關事典：卷一象緯；卷二形勝；卷三脱，因『形勝』内容最多，故卷三或亦爲『形勝』；卷四宫闕；卷五人倫；卷六品望；卷七瑰瑣；卷八女侍；卷九品秩；卷十夷戎，《典類總目》作『戎夷』；卷十一鬼神；卷十二仙迹；卷十三文籍；卷十四字法；卷十五刑刲，正文首題『刑陛』，《典類總目》作『五刑』，然『五刑』實際上僅爲其中一個條目；卷十六祭典；卷十七樂器；卷十八樂曲；卷十九博戲；卷二十形體，《典類總目》與卷首目録皆同，然正文首題『身體』；卷二十一夢，《典類總目》作『夢寐』，當以『夢寐』爲是；卷二十二工藝；卷二十三器具，末附《格古論要》曹昭《玉璽考》；卷二十四兵備；卷二十五陣列；卷二十六文寶；卷二十七服御；卷二十八錦綺；卷二十九珍錯；卷三十供饌；卷三十一瑞草；卷三十二歡伯；卷三十三五穀；卷三十四百卉；卷三十五花卉；卷三十六竹；卷三十七藥名、藥石，《典類總目》作『藥』；卷三十八植木；卷三十九獸羣；卷四十羽族；卷四十一鱗介；卷四十二蟲豸。共計四十二門。一些門下如『形勝』、『樂曲』下還有分類，如『形勝』下實際列形勝、山、石、水、海、河、江、淮、濟、洛、渭、涇、漢、湖、驪山湯、池、井、城郭、橋梁、墻共二十類。門或類下立具體條目，條目下摘録四部典籍，亦有少部分直接解釋其義而不摘録。天頭、行間有批語。偶有脱葉。

此稿内容有特異者，即卷二『形勝』門『海』類下，列有『四海』『裨海』『大瀛海』乃至『重溟』『巨浸』諸條，其末附『李卓吾四海論』，直抄李贄《焚書·四海》；又卷二十三『器具』門末附曹昭《玉璽考》，注云抄自《格古論要》，據今曹昭等《新增格古要論》卷十一所載《玉璽考》比較，不僅後者作者題作『王佐』，且文字與篇幅亦不同。

以性質言，此書乃因科舉目的而編集之類書。據《叙》中記載，作者編纂此書，是因爲自己『質鈍寡穎，强記未遑』，所以，每得一典，即『隨收之片楮，或粘案壁，或束巾笥』。崇禎十四年辛巳（1641）從榕城回家，乃取舊稿而繕草成一編。順治八年辛卯（1651）又進行補充，直到順治十一年甲午（1654）纔編成，名之曰《典類》。然從全書看，實際上尚未最後編定。

《中國古籍善本書目・子部・類書類》：『典類四十二卷。清劉光亨輯。稿本。』《中國古籍總目・子部・類書類・類編之屬》：『典類四十二卷。清劉光亨輯。稿本。浙江。』

鈐印：『劉光亨印』白文方印、『赤厈』朱文長印、『周赤錫印』白文方印。

現藏浙江圖書館。

## 一笑録一卷續一笑録一卷 （明）王欽豫撰　稿本

一册。每半葉九行，行二十五字。藍絲欄，四周單邊。白口，單魚尾。

王欽豫，初名欽履，後改今名，字與謙，號樵貴山人、海野遺民，永嘉人。生於明萬曆二十四年丙申（1596），卒於清順治十五年戊戌（1658），年六十三。廪生。明亡隱居不出。著有《翼正初編》《經德録》等。事迹詳見孫延釗《明季温州抗清事纂》五《遺民彙傳・王處士欽豫》。

稿本内封題『一笑録』三字。正文前有『一咲録題辭』，尾署『順治□□□□□海野遺民與謙氏識』，所脱五字據抄本當補作『乙未季冬月』。正文不分卷，實有前後兩部分：前部分爲《一笑録》，其卷端題『一咲録』，其下另有墨筆書『永嘉王欽豫著（字與謙）』；後部分爲《續一笑録》，卷端題『續一咲録』，其首爲小序一段。

是書乃王欽豫自撰之年譜。起自明萬曆二十四年丙申（1596）出生，訖於清順治十五年戊戌（1658）。其撰述之内容與旨趣，《一笑録題辭》云：『間竊仿年譜之例，聊識夫生平，而意之所存，交游之所及，并詳次之，足見志焉。』要之，記録生活、學習、交友酬唱等事，其間不無寄託。

《一笑録》詳細記載諸如讀書赴舉事、守城據海寇事、編纂《翼正初編》《經德録》緣起、賑濟稱貸度饑救荒事等，皆爲珍貴確實之史料。又，曾唯《東甌詩存》卷三十收録王欽豫詩《對月詠懷》《林太乙舅氏藏書甚富失盜幾空感此漫賦》《秋夜讀書（十一歲作）》《同友人話西湖舊遊志感二首》《偶吟》《偕友人憩普濟寺憶讀書於此三十年矣風物依然舊僧舉亡在者感而題壁》《石林夜雪早起登眺村童竊笑口占紀事》凡七題八首，薛鐘斗《東甌詞徵》卷五亦録王欽豫詞《百字吟（贈武林張蒓洲）》。考之《一笑録》，《秋夜讀書（十一歲作）》當爲十二歲時事，尚有另一詩；且《東甌詩存》末二句作『遥思太乙燃藜處，一片清心近玉堂』，《一笑録》則作『遥思太乙燃藜處，一片清心近玉皇』，《東甌詩存》誤。《石林夜雪早起登眺村童竊笑口占紀事》，據《一笑録》，爲二十四歲時事，《東甌詩存》所録内容亦有誤。《東甌詞徵》所録《百字吟（贈武林張蒓洲）》，其寫作緣起則見於《一笑録》四十一歲時。《一笑録》皆可補證《東甌詩存》《東甌詞徵》。又，《一笑録》載：『己巳，三十四歲。與性兄讀書予家。予于群從中，惟兄追隨最早，且少喜同調。丙辰以來，聚而散，散而復聚，今三聚首矣，相得益甚。一日，念少時賡咏之樂，乃彙諸舊作，將是正而存之。顧見庸淡殊甚，因思作者如林，視予何啻蟻垤，而沾沾矜一得，真遼豕之珍也。於是悉以焚之，所存惟《翼正》一書，自是絶意古文辭、詩歌。』四十一歲載：『予仍主其家，張君專使問予，并寄予詩云……予深感其意，欲一酬和，而難于破戒，臨行，作《百字令》一詞以代詩。』即王欽豫於崇禎二年己巳（1629）三十四歲之後已不作此類非關科舉試帖制義之詩文，則《東甌詩存》所録其他不見於《一笑録》諸詩，或爲己巳年前之作，可補其年譜之闕。

是稿另有抄本，藏温州市圖書館。今人陳光熙編《明清之際温州史料集》，收有『《一笑録》（王欽豫著）』整理本，云『以鄉著會抄本爲底本，校以龍泉精舍抄本與王希逸抄本』（《明清之際温州史料集·前言》），視此本爲王希逸抄本。

鈐印：『褱古情深』白文方印、『永嘉王氏希逸珍藏書畫印』白文長印。

《中國古籍善本書目·史部·傳記類一》：『一笑録一卷。清王欽豫撰。稿本。』《中國古籍總目·史部·傳記類·年譜之屬》：『一笑録一卷續録一卷。清王欽豫自撰。稿本。温州。』

現藏温州市圖書館。

## 春秋簡秀集三十四卷又六卷 （明）董守諭撰 稿本

二册。每半葉十一行，行三十三字。無版框、界行。

董守諭，字次公，學者稱長嘯先生，鄞縣人。生於明萬曆二十四年丙申（1596），卒於清康熙三年甲辰（1664），年六十九。天啓四年甲子（1624）舉人。曾爲魯王户部貴州司主事。著有《讀易一鈔》《二鈔》《卦變考略》《易韻補遺》《公車録》等。事迹詳見黄宗羲《南雷詩文集·户部貴州清吏司主事兼經筵日講官次公董公墓誌銘》、全祖望《續甬上耆舊詩》卷二十《東林四先生之一·董户部守諭》、趙爾巽等《清史稿》卷五〇〇《董守諭傳》等。

稿本二册外封分别題『春秋簡秀集（上）』『春秋簡秀集（下）』。前有《春秋列國名臣彙集總序》，尾署『董守諭慎思氏譔』；次列國名臣目録，包括『春秋簡秀集列國名臣目録共計三十人』『列國閨秀目録共計七人』『列國孔門高弟目録共計八人』，連綴書寫之。每卷卷端題『春秋簡秀集卷之第某』，唯卷三十脱一『第』字。行間有朱、墨圈點，天頭及左右空白處有評點，然顯非一人所評。

《春秋列國名臣彙集總序》云：『是《春秋》之作，雖本魯史而始義，殆括六經之奥，而挈三綱之元，立天地，扶宇宙，殫大聖人一生之志力性能以垂教，誠如班氏所謂非空言説經也。然《春秋》之後，三傳并持，惟丘明得於親授，不若公、穀傳述之浮。……每觀列國君臣之間，或忠孝節義，有契於吾心者，雖不及先儒之創議演經衷所許可，亦不容無語取證焉。古之諸侯猶今政府諸公。余少賤無權，未敢狂詘獲戾。惟取烈士名卿、賢人淑女，雖有小疵，無妨大節者，彙録其事，一人合一傳，一傳首一論。不能爲墨守之箴，亦聊寄管窺之續。即分析傳史，冒罪先民，意在明揚素臣之烈，任聽諸呶呶者而已。……至於叙論之際，不無任情凌節，無非推本忠孝之忱。莊言危語，要令讀是集者，知余猶有不忘天下之感。特世厭君平，非君平厭世也。則余得藉左氏之書，以解嘲於江東父老矣。』故是書乃董氏對於春秋時期人物評論之作，所據史料主要是《春秋左傳》。一般而言，皆先論其人，次録《左傳》有關史料。其中所論，不乏卓識，亦有現實寄託及個人情緒之宣泄。

案：此書有稿本傳世，張壽鏞《約園雜著三編》卷三『春秋簡秀集六卷』條載：『《春秋簡秀集》六卷：明董守諭撰。守諭，鄞人也。余既刻其《讀易一鈔》於《四明叢書》第一輯矣。考《鄞・藝文志》，《春秋簡秀集》六集列入史部。此傳鈔本也，於壬申秋得諸海上。……意在恕君而罪臣。蓋鑒於明之亡也，君非亡國之君，臣實亡國之臣也。……惟是集其傳則條達有餘，其論則振厲不足，然要可以爲垂世之作。乙酉春約園。』《中國古籍善本書目・經部・春秋類》：『《春秋簡秀集》三十四卷又六卷。明董守諭撰。清抄本。』《中國古籍總目・經部・春秋類・春秋總義・傳説之屬》：『《春秋簡秀集》三十四卷又六卷。明董守諭撰。清抄本。國圖。』

鈐印：『董守諭印』白文方印、『次公氏』白文方印。

現藏國家圖書館。

## 歷代畫家姓氏考四卷 （明）項聖謨撰 清抄本

四册。每半葉十行，行二十二字。無版框、界行。

項聖謨，字孔彰，號易庵，又有胥山樵等多個别號，秀水人。生於明萬曆二十五年丁酉（1597），卒於清順治十五年戊戌（1658），年六十二。聖謨從小就開始學習文學寫作、繪畫等，『余髫年便喜弄柔翰，先君子責以制舉之業，日無暇刻，夜必篝燈，着意摹寫，昆蟲草木，翎毛花竹，無物不備，必至肖形乃止』（安岐《墨緣彙觀録》卷三《項聖謨松濤散仙圖卷》）。明末曾爲太學生，不久南歸。易代之後，隱於故里，家貧志潔，鬻畫自給。其造詣在詩歌、繪畫、書法諸方面皆有表現。許瑶光等《［光緒］嘉興府志》卷五十三《項聖謨傳》説他『薰習風雅，尤長畫』。名作有《松濤散仙圖》《大樹風號圖》等（今有項聖謨《中國畫大師經典系列叢書·項聖謨》），并輯有《墨君題語》等。一九三五年楊霽雲請魯迅手書屏條，魯迅書云：『風號大樹中天立，日薄滄溟四海孤。杖策且隨時旦暮，不堪回首望菰蒲。此題畫詩忘其爲何人作。亥年之冬録應霽雲先生教。魯迅。』（顧農《與魯迅有關·魯迅手書項聖謨題畫詩》）於此對魯迅感召之處亦可見項氏之人格精神與著述旨趣。事迹詳見彭藴璨《歷代畫史彙傳》卷四十一《項聖謨》、陳田《明詩紀事》辛籤卷二十七上《項聖謨》、張庚《國朝畫徵録》卷上《項聖謨項玉筍項奎》等。

抄本卷前有『歷代畫家姓氏考項孔彰原序』，尾署『崇禎甲戌三月既望繡水項聖謨謹識』。卷端皆題作『歷代畫家姓氏考卷之某』。其内容，乃項氏彙集歷代繪畫人物之作。據卷前《歷代畫家姓氏考項孔彰原序》，是書首爲項聖謨之祖父項元汴（即序中的墨林公）所撰，要求其子即項聖謨之父項新德續補，迨其父過世，項聖謨再續之。

其凡例，《歷代畫家姓氏考項孔彰原序》載項元汴云：『今予是編，排列姓氏，叙次時代，每人各綴一小傳，事約而該，文質而確，凡千百年之流風餘韻可以一覽無遺。』考之今本，在寫作體例上完全依照了項元汴原來的框架格局。總體而言，以姓氏爲經，而以時代爲緯；在姓氏下，按照歷史朝代，著録有關人物，撰其小傳。詳言之，可分爲三：其一，卷一述歷代帝王，附后妃、諸王，以時間先後爲序，起自軒轅氏，訖於明。其二，卷二至卷四大部分，述歷代有姓名之畫家，以姓氏爲經，以時代爲緯述之。前部分包括卷二自『趙』姓訖於『祝』姓，卷三自『董』姓訖於『儲』姓，卷四自『靳』姓訖於『宇文』姓，皆據傳統《百家姓》排列；次一部分包括卷四之『商』姓至『和禮』姓，乃《百家姓》所不備之姓，有商、來、牟、檀、員、暢、敬、陽、蘧、展、跋、令、修、南、鐔、卑、臺、妙、兼、戰、執、洗、樓、睢、彩、苑、大、佟、郯、信、鎦、旦、歸、岱、睦、保、壺、真、惲、過、移、肅、公輸、莫侯、閭丘、勾龍、水丘、耶律、完顔、伯顔、赤盞、南宫、和禮五十三新附之姓。其三，卷四末標明『附』之『佚姓』『道家』『釋氏』『閨秀』『妓女』，亦以時間先後爲序。『佚姓』自周代訖明代。『道家』自唐代訖明代。『釋氏』自晉代訖明代。『閨秀』自唐代訖明代。『妓女』自唐代訖明代。各時代之下雜列人物。

案：清朱方增《求聞過齋文集》卷三《李若谷畫姓韻編序》云：『古今畫家衆矣，古今論畫家書亦衆矣，然皆以歷代世次爲序。其名家大家，固易於搜考；若偶一託興者，往往泛而莫稽。明長水王與鷗曾有《歷代畫家姓氏考》八卷，首著歷代帝王后妃，其次俱以姓分類編之。小長蘆顧仲清復作《歷代畫家姓氏韻編》六卷，蓋以韻編姓，各注里籍出處大略，其孫秀虎復補輯之，較爲詳備，然尚有遺漏者。余友李君若谷博雅嗜古，家藏名畫甚多，間出示余，皆其精者。嘗取仲清本，益加搜采，釐爲二十四卷，以我朝宸翰列於簡端，其釋道閨秀向所別附者亦俱以姓相次，體例該洽，足爲考古家所取則。』顧仲清，清浙江嘉興人。朱方增，清浙江海鹽人。長水王與鷗，史料乏載，然疑爲嘉興人，因嘉興古稱長水。以朱方增所言，據姓著録書畫人物之體例始於明王與鷗《歷代畫家姓氏考》，其特色在於：首爲歷代帝王后妃，次爲『以姓分類』編録歷代畫家人物，次爲『釋道閨秀』別附。就著者之籍貫、著述之名、著述體例而言，王與鷗《歷代畫家姓氏考》、項聖謨《歷代畫家姓氏考》同，僅卷數與著者姓名有別，二者定有一定之關係。尤需注意者，項聖謨《歷代畫家姓氏考》著録明代各姓畫家，於『王』姓中未存王與鷗是名，故即使有王與鷗其人，亦當在項聖謨之後。設若云項聖謨《歷代畫家姓氏考》於著録體例有開創之功，當不違理太甚。然項氏此作每條皆不注出處，姓氏亦因宋《百家姓》不包而不得不附録其後，是其體例未盡善處。至清彭蘊璨《歷代畫史彙傳》，乃一依韻編次其姓名，其《例言》前三條云：『古來珍襲名品，記人記藝，諸史百家，載述良多，但群書記載浩繁，一時難以遍閲。今特按古今時代分姓分韻，彙爲編次，開卷瞭如指掌，因以《歷代畫史彙傳》名書。』『帝王家天下未便以姓分也，今以皇朝聖製王公宗室冠前爲卷首，次古帝王，次庶姓，次列女，分甲乙，而后妃仿帝王例冠列女之上。』『分姓彙爲編次，謹遵《欽定佩文齋書畫譜》，依朝代次先後，如五代時有不能實指爲何朝，作爲五代附録。近有所見之筆未能詳實，另作附録於後，俟考據得實，再爲增注。』此體例方爲善焉（彭蘊璨《歷代畫史彙傳》卷首）。

又，清葛嗣浵《愛日吟廬書畫續録》卷一於『宋陳容雙龍軸』條中記載：『按容字公儲，自號所翁，福州長樂人。以國子監主簿出守莆田。善畫龍，得變化之意。時爲松竹，學柳誠懸鐵鈎鎖之法，名重一時。垂老筆力簡易精妙，絳色者可并董羽。詳見項氏《歷代畫家姓氏考》。』以之與此清抄本比較，惟陳容之籍貫，葛嗣浵作『福州長樂人』，而《歷代畫家姓氏考》作『福堂人』，或清代尚另傳有抄本，不獨此本。

《中國古籍善本書目·子部·藝術類》：『歷代畫家姓氏考四卷。題明項聖謨撰。清抄本。』《中國古籍總目·史部·傳記類·總傳之屬》：『歷代畫家姓氏考四卷。題明項聖謨撰。清抄本。國圖。』

鈐印：『王肇奇印』白文方印、『芬遠』朱文方印、『師周』白文長印。

現藏國家圖書館。

## 祁忠敏公稿五種五卷　（明）祁彪佳撰　稿本

五册。每半葉行數、行字不等。無版框、界行。

祁彪佳，字弘吉、虎子、幼文，號世培，山陰人。生於明萬曆三十年壬寅（1602），卒於清順治二年乙酉（1645），年四十四。明天啓二年壬戌（1622）進士。授福建興化府推官。崇禎元年戊辰（1628）丁憂，服滿，考授福建道監察御史。五年壬申奉旨巡視京城。六年癸酉實授御史，奉旨巡按蘇、松諸府。八年乙亥以病告歸。十五年壬午召掌計典，於十二月初方抵京覲見，旋莅任。十六年七月刷卷南畿，乞休不允，八月出都，十月便道還家。十七年甲申聞變，謁福王於南京。擁福王監國，遷大理寺丞，旋擢右僉都御史，巡撫蘇、松，年末，稱疾去官。清順治二年乙酉（1645），家居，至閏六月初六日，端坐水池中而死。唐王謚忠敏。事迹詳見王思任原著，梁廷枏、龔沅補編《祁忠敏公年譜》。

稿本第一册外封簽題『忠敏公在籍公疎原稿』，其旁小字注『附殘稿』，其下小字注『崇禎十六年癸未十二月爲許逆危浙請敕按臣監軍會剿事』。内有疏兩通。第一通内封題『疏稿』二字，疏名爲『爲臣鄉巨寇突起全浙

▨〔勢〕□□泣請聖明亟敕按臣監軍會師合剿以保東南▨〔重〕地事』。第二通內封題『公疏稿』三字，疏名爲『浙江紹興府在籍鄉官原任禮部尚書兼翰林院學士今致仕臣姜逢▨等謹題爲臣鄉巨寇突起東南阽危可虞籲請聖明亟敕按臣監軍合師會剿以保彊圉事』。

第二册外封簽題『忠敏公按吴請留州守疏原稿』，旁注『殘』，其下小字注『崇禎七年甲戌』；外封背有祁子明中華民國二十五年丙子（1936）題識。內收疏一通。

第三册外封簽題『忠敏公書贈文載公居官要類附引殘稿』。正文前首爲《小引》。正文爲《令譜管窺》：首爲《令譜管窺一・居官四要》，次爲《令譜管窺一・簽押之類》。

第四册外封簽題『忠敏公公私雜件原稿』。內收許多貼黄疏稿、揭帖、旌善罰惡稿等，內容較雜。末爲書衣背上之題簽『忠敏公尺牘原稿』，其下雙行小字注『崇禎十七年甲申。第十二册』。

第五册外封簽題『忠敏公撰翁賢書思貽先生贊原稿』，其下小字注『殘』。外封背有祁子明中華民國二十五年丙子題識。正文內容乃祁彪佳與翁思貽書，尾署時間爲癸未季秋，即崇禎十六年（1643）。

案：考《爲臣鄉巨寇突起全浙▨〔勢〕□□泣請聖明亟敕按臣監軍會師合剿以保東南▨〔重〕地事》所寫事乃東陽許都起義事，事發於崇禎十六年癸未（1643）十二月。疏則議於十七年甲申（1644）正月初四日、初五日，初草於初五日，再改於初六日，《祁彪佳日記》卷十四《甲申日曆》記載，『初四日……及晚婺紳倪株山、姜端公過訪，株山居浦江，以邑破移武林。端公守婺府城，因賊札大營迫府，端公出請援兵，謁直指，同自武林來，詢端公知孝順街之戰初捷復敗，因言賊勢頗盛，非乞師南樞及應撫、閩撫不可，非拜疏不可以乞師』；祁彪佳疏初草於初五，『初五日，督鄉兵至沉釀堰，便與倪株山至偏門外，邀于穎長、沈二守兩公祖，及余武貞、姜光揚晤，予因以備錢糧、器具再三叮嚀之。府公祖去，留諸老飯，商公疏事。錢聖霑父母出晤於止水巷，予即與株山放舟歸。

舟中草公疏，請按君左三山監軍會師。再作公啓，告急於倪鴻寶、吴震崆』，再改於初六日『初六日，吴祖洲過訪。得陳卧子公祖報，言義烏已無賊，於初二日入之，會紳民，斬通賊二人，脅從皆勿問，東陽於初一日，邑民擁姚令入城收印，賊據南巖尚萬人，陳司理進兵雙林寺以迫之。予再改削公疏稿，合余武貞所擬者，又作書致吴磊齋。午後，與陶去病、子猶及季超兄至寓山，方返棹，余武貞、金楚畹以公請按君至武林，便道過予，乃以公疏、公啓與閱而去』。以此而言，外封簽題下小注『崇禎十六年癸未十二月爲許逆危浙請敕按臣監軍會剿事』，或『崇禎十七年甲申正月爲許逆危浙請敕按臣監軍會剿事』有誤，可改爲『爲崇禎十六年癸未十二月許逆危浙請敕按臣監軍會剿事』。第一册所收兩疏，所言實爲同一事，即當日記中所言初稿、再改稿。『忠敏公按吴請留州守疏原稿』則係重出手稿，祁允敬題識云：『謹按：忠敏公按吴《申飭漕兑疏》全文見《宜焚抄》卷七第九封，其原稿在遺墨第□。此係重出殘稿。既爲先世手澤，子孫并宜珍藏，故編列遺墨第□號。』總之，稿本所收諸文，有見於祁彪佳他著者，亦有僅見於此稿本者，皆有補正之用。

《中國古籍善本書目·集部·明别集類》：『祁忠敏稿五卷。明祁彪佳撰。稿本。在籍公疏稿一卷、按吴請留州守疏稿一卷、居官要類稿一卷、翁賢書思貽先生贊一卷、公私雜稿一卷。』《中國古籍總目·史部·詔令奏議類·奏議之屬》：『祁忠敏公疏稿五種。明祁彪佳撰。稿本。浙江。在籍公疏稿一卷、按吴清留州守疏稿一卷、居官要類稿一卷、翁賢書思貽先生贊一卷、公私雜稿一卷。』《中國古籍總目·集部·别集類·明代之屬》：『祁忠敏稿五卷（在籍公疏稿、按吴請留州守疏稿、居官要類稿、翁賢書思貽先生贊、公私雜稿各一卷）。明祁彪佳撰。稿本。浙江。』

現藏浙江圖書館。

## 贍族約不分卷　（明）祁彪佳撰　稿本

二册。每半葉五行，行字不等。無版框、界行。

祁彪佳事迹見前《祁忠敏公稿五種》。

稿本内容有前後兩部分：前爲《贍族約》後爲《約》。

《贍族約》，封葉題『贍族約』。内容略可作兩部分：其一爲叙緣起。其二首爲開列先後所置田畝字號，其中分爲『原置田』『新置田』，『原置田』按照『稱』『鳥』『咸』『海』的順序，『新置田』按照『稱』『代』『乙』的順序，其下皆列字號及其各號的面積大小，最後總計其租銀數量；次爲『糧額附後』。

《約》，封葉題『約』。内容是『約』一通。其云『立贍族約：黄裳。先於崇禎十三年捐助贍族銀六十二兩，見在放息資贍。今又願增捐鳥字號田四畝叁分』云云，後另筆書云『計開鳥字六十五號』云云，尾署『崇禎十四年十二月』。考前『原置田』下，確有『鳥字六十五號：田四畝三分』。

現藏浙江圖書館。

## 贍族簿附贍村簿不分卷　（明）祁彪佳撰　稿本

一册。每半葉八行，行字不等。無版框、界行。

祁彪佳事迹見前《祁忠敏公稿五種》。

稿本外封題『贍族簿（贍村附）』。乃祁彪佳所訂賑贍族人及鄰村人之規約、具體賑濟執行情况之記録。其內容約爲前後兩大部分：前爲《贍族簿》，後爲《贍村簿》。

《贍族簿》，其前首爲『贍族約』：首載此事始末，彪佳云先後三次捐資，以金錢生息或買田收租的方式賑贍族中之貧者；次爲『條例』十三條，具體説明賑贍對象及其情況。其後是壬辰（1652）、癸巳（1653）、甲午（1654）、乙未（1655）、丙申（1656）、丁酉（1657）、戊戌（1658）、己亥（1659）、庚子（1660）、辛丑（1661）的賑贍情況，每年之下按照五服内上助、五服内次助、五服外上助、五服外次助的順序羅列被賑濟者的姓名、錢物數量。

《贍村簿》，其前首爲『贍村新約』：首載賑贍鄰村非祁氏族人之原因；次爲『條例』八條，亦具體説明賑贍對象及其情況。其後是癸巳、甲午、乙未、丙申、丁酉、戊戌、庚子歲的賑贍情況，闕己亥年（1659）。

《贍族簿》《贍村簿》後皆有祁彪佳印章，然所書具體賑濟情況的年代皆在祁彪佳逝世之後，故稿本實際上有祁彪佳原稿和祁氏家族後人續書兩部分。又，稿本中記載庚子歲對鄰村非祁氏族人的具體賑濟情況的簿葉誤置於『贍村新約』之前，當移置於戊戌年之後；蓋戊戌年之後，本册已無剩葉可書，故書者筆於卷中之空白葉耳。

鈐印：『世培之章』朱文方印。

現藏浙江圖書館。

**兀壺集二種**　（清）王石如撰　稿本

二册。每半葉八行，行十六字。無版框、界行。

王石如，亦稱王知介，上虞人。生卒年不詳，然據其《示子詩》『有鰥白頭翁，稀年就衰朽』，《與次子書》『予不幸，半百之年即喪汝母。……反因室内無人，屢遭誹謗，至於今，七八十歲之老人，尚騰謗口。……予自膺家變廿年以來，有死之憂，無生之樂』推斷，大約卒於清康熙十九年庚申（1680）以後數年内，年約七十餘。早鰥，有四子。喜作詩。著有《猗蘭集》《嘯歌集》《蚓喉集》《崇川漫興集》等。事迹詳見《兀壺集》卷前俞得鯉《兀壺集叙》、《兀壺集》卷中《與次子書》、唐熙春等《［光緒］上虞縣志》卷三十六《經籍志》『崇川漫興集□卷』條所收俞得鯉《崇川漫興集序》等。

此稿乃作者詩集。一本大約編成於康熙十五年丙辰（1676）。外封、内封皆題『兀壺集』。卷前首有《兀壺集自叙》，尾署『丙辰春仲焉文子王石如漫題』。次《兀壺集叙》，尾署『康熙十五年丙辰冬仲朔表弟俞得鯉天赤甫題于種月軒』；俞得鯉，字天赤，會稽人，著有《全史簡覽》《種月軒遺草》。正文内不分卷，有詩約八十題。後無跋。天頭多朱筆評點。以其詩觀之，多性情之語，有氣骨。俞得鯉《兀壺集叙》云『讀其詩，純乎陶、柳；覽其序，形骸放浪，似滿腹有不合時宜者』。

又一本，外封題『兀壺集』。首亦爲王石如《兀壺集自叙》，與康熙十五年丙辰俞得鯉題叙稿本同。次康熙十九年庚申三山豪客題識，乃新增。正文内容乃俞得鯉題叙稿本謄寫而益之以作者他作，大約編成於康熙十九年庚申，然删去三十餘原題，新增二十題左右。詩歌正文之後有《與次子書》一封，乃研究其生平之重要材料；次抄《倪鴻寶先生三疏》，并有評語。倪鴻寶即倪元璐，鴻寶爲其號，明末上虞人。天啓進士。其三疏見於倪元璐《倪文貞奏疏》卷一，題曰《首論國是疏》《駁楊侍御疏》《請燬要典疏》。將《倪文貞奏疏》與王石如所録對照；二者有異。王石如文末云：『詳觀倪太史公三疏，真千古大經濟、大文章也。今《皇明通紀》僅載數語，苦不見全帙，故録之。』然王石如所録，并非出自倪元璐之集，而是出自民間傳抄之本，因其文字與明清間江左樵子編輯《樵史演義》第二十四回《慰忠魂褒封特旨　毁要典采納良言》所録倪元璐奏章相近。相較而言，此本所透露的作者生平信息較康熙十五年丙辰俞得鯉題叙稿本爲多。

《中國古籍總目·集部·別集類·清代之屬》：『兀壺集一卷。清王石如撰。清康熙十五年稿本。紹興。』

鈐印：『王知介印』朱文方印、『知介印』朱文白文方印、『得鯉』朱文方印。

現藏紹興圖書館。

## 崇禎大臣年表一卷　（清）俞汝言撰　稿本

一册。每半葉九行，行二十五字。多圖表。無版框、界行。

俞汝言，字右吉，秀水人。生於明萬曆四十二年甲寅（1614），卒於清康熙十八年己未（1679），年六十六。父母見背甚早，孤貧力學，十九歲補秀水諸生，以詩古文辭擅瑒，著名於復社。崇禎十七年甲申（1644）國破之後弃去，遍游四方，搜羅載籍，讀未讀之書。歸家後，閉户著述，因爲用功過勤，以致失明，然猶口授不輟，病卒。經學著述有《春秋平議》《春秋四傳糾正》，史學著述有《晉軍將佐表》《漢官差次考》《品級廣考》《卿貳表》《寇變略》《明世家考》，理學著述有《先儒語要》，文學著述有《漸川集》等。事迹詳見魏禧《魏叔子文集外篇》卷十八《處士俞君墓表》、袁國梓等《［康熙］嘉興府志》卷十七《俞汝言傳》、沈季友《檇李詩繫》卷二十四《漸川老人俞汝言》、佚名《清史列傳》卷六十八《俞汝言傳》等。

俞汝言精明史，朱彝尊《經義考》卷二〇八於『（俞氏汝言）春秋四傳糾正』條下引繆泳云，汝言『研精經史之學，尤熟於明代典故，擬成一書，僅先就《宰輔列卿年表》而已』。此《崇禎大臣年表》正是其中之一種。作者之撰是作，乃藉此觀政治盛衰，探討治亂所由，《崇禎大臣年表序》云：『烈皇帝御極，首鋤璫逆，汛埽混濁，蓋得太祖之威；宵衣旰食，日昃不遑，并孝皇之勤；威福不移，拔賢簡能，未嘗拘擬常格，同世宗之明；劉覽篇章，揮洒宸翰，又兼章帝之文：誠一代之英主也！其在左右輔弼，非無養交持禄、辱身禍國者，而公忠體國、直節不撓，亦在高位而持政柄。乃十七年間，戎馬生郊，内外交訌，卒至枉矢射天，殉國於萬歲之山。豈君德之不章？臣工之不職？抑陽九百六之厄，賢聖莫能回耶？』即追問崇禎朝禍亂之因由，實有深切之關懷。

此本前有俞汝言《崇禎大臣年表序》。大題曰『殿閣部院大臣年表』。首書『天啓七年八月烈皇帝即位』，接下爲圖表，列『丁卯』即天啓七年、『崇禎元年戊辰』至『十七年甲申』；次書『崇禎十七年五月聖安皇帝監國南都即位』，接下爲圖表，列『甲申』『弘光元年乙酉』：各於年下列殿閣大學士、吏部尚書、户部尚書、禮部尚書、兵部尚書、刑部尚書、工部尚書、都察院都御史等殿閣部院大臣之姓名、籍貫、科舉、官職之升遷予奪。

謝國楨《增訂晚明史籍考》云：『此則統記崇禎朝殿閣部院大臣，自内閣六部以及都察院、都御史等職，升遷予奪，記其起罷，繫其履歷。汝言生於明季，據其見聞，撰爲是表，當爲可信，與平步青編之《殘明百官簿》，同爲考史之資。』

《中國古籍善本書目・史部・傳記類二》：『崇禎大臣年表一卷。清俞汝言撰。稿本。』《中國古籍總目・史部・傳記類・職官録之屬》：『崇禎大臣年表一卷。清俞汝言撰。稿本。上海。』

鈐印：『景鄭藏書』朱文方印、『丁丑目後景奠所得』朱文方印、『無著菴』朱文長印。

現藏上海圖書館。

# 庭訓録一卷 （清）沈珩撰 清乾隆吴重意抄本

一册。每半葉十行，行二十字。無版框、界行。

沈珩，字昭子，號耿巖，海寧人。生於明萬曆四十七年己未（1619），卒於清康熙三十四年乙亥（1695），年七十七。康熙三年甲辰（1664）會試第一。十七年戊午（1678）薦舉博學鴻詞，十八年己未御試擢授翰林院編修，與修《明史》。二十年辛酉順天主考。後乞歸，閉門息機，以窮經研理爲務，手不停披，著述極爲繁富，有《耿巖文鈔》初集、二集及《龍山會語》《齊安會語》《武原會語》《學宫會語》等，著述名目見許傳霈等《［民國］海寧州志稿》卷十三《藝文志·典籍六·沈珩》中所列。事迹詳見錢儀吉《碑傳集》卷四十四趙士麟《翰林院編修沈珩傳》、佚名《清史列傳》卷七十《沈珩傳》等。

抄本内封題『庭訓録』。卷端題『庭訓録　家昭子公訓子語』，旁書『開勛書』。内容乃家訓，主要是關於讀書成人、舉業作文方面之教説，其性質與當時其他家訓并無太大差異，祇不過在此家訓中，傳授了許多制藝技巧，爲其特異爾。末有跋，云：『右沈耿巖先生誡其子嵩士書，其後玄孫開勛孝廉從舊稿録出見視。爰令次兒重意手録數則，以見前輩義方之訓有如此云。』尾署『甲辰閏三月槎客』。槎客，吴騫之字，清海寧人，其《愚谷文存》卷十二、卷十三存有《桐陰日省編》，與沈珩此文性質相近。

許傳霈等《［民國］海寧州志稿》卷十三《藝文志·典籍六·沈珩》引《吴氏備考》，云沈珩裔孫開勛輯有《耿巖集拾遺》《耿巖家訓》，則此數條或當爲其《耿巖家訓》中之一部分。

案：沈珩言讀書之意義，云：『人無不愛其子，况我年衰子稚，幸汝天資可造，期望之心迫切異常，且汝孤立無依，基薄勢難，若非讀書有成，做人向上，將來便無站脚之處。無論遇强悍者受其欺爍，雖僕隸下賤亦得而淩辱之，衙官里胥亦得呵推之，親戚羞與往還，年家世誼愛莫能助，其狼狽之狀，落薄之狀，人皆得指而笑之曰：「此當日某鄉紳之子也，其不肖一至此乎！」念及于此，豈不寒心酸鼻！』又言時文作法，云：『塲期旦夕工夫要極簡極熟。温習之後，須閉目静思三篇四篇文字，如何一氣貫成，淋漓精滿。一着想時，便得三四篇現成在眼，隨來隨去，有參前倚衡之象。至文期下筆，或三篇，或四篇，詞源滚滚，一揮而就，方可打點進塲。』與《耿巖文鈔》所載關乎成人、爲文之冠冕堂皇之論相比，此教誡皆極親切有味。

《中國古籍善本書目・子部・雜家類》：『庭訓録一卷。清沈珩撰。清乾隆四十九年吴重意抄本。清吴騫跋。』《中國古籍總目・子部・雜學類・雜學雜説之屬》：『庭訓録一卷。清沈珩撰。清乾隆四十九年吴重意抄本（清吴騫跋）。國圖。』

現藏國家圖書館。

## 海寧查嗣堪暨配丁太君墓誌銘不分卷　（清）沈珩撰　清陳奕禧抄本

一册。每半葉五行，行字不等。烏絲欄，四周單邊。

沈珩事迹見前《庭訓録》。

抄本外封簽題『陳香泉書查君暨夫人丁氏墓銘』，下署『固始張氏所收』。内封簽題『查封翁丁太君合葬墓誌銘』，下署『澹遠堂珍藏』。内容前爲《皇清敕封徵仕郎翰林院庶吉士石丈查公墓誌銘》，後爲《皇清敕封孺人查母丁太君墓誌銘》。末爲陳奕禧附記。

案：此墓誌的墓主是查嗣堪。查嗣堪，字肇五，號石丈，海寧人。師劉宗周，擅文章，工書法。其子查昇，康熙二十七年戊辰（1688）進士，詩文有盛名，尤工書法。查嗣堪妻丁孺人爲沈珩表姐。沈廷文，字原衡，秀水人，康熙二十七年戊辰（1688）狀元，授翰林院修撰。陳奕禧，字子文、六謙，號香泉，海寧人，翰墨妙當時。上述之人皆有姻親關係，其人、其文或其字皆有聞於時。墓誌乃沈珩撰文、沈廷文篆額、陳奕禧書丹，合諸聞人於一體，而此本乃其墓誌之底本，此正是其所含獨特價值之所在。

又，考沈珩《耿巖文鈔》二集中有《封徵仕郎翰林院庶吉士查公墓誌銘》，即此抄本之正文前半部分，然《耿巖文鈔》中并無《皇清敕封孺人查母丁太君墓誌銘》（見《耿巖文選》），則此抄可補沈珩《耿巖文鈔》之闕。

《中國古籍善本書目・史部・傳記類一》：『海寧查嗣堪暨配丁太君墓誌銘一卷。清沈珩撰。清陳奕禧抄本。清陳奕禧跋。』《中國古籍總目・史部・傳記類・別傳之屬》：『海寧查嗣堪暨配丁太君墓誌銘一卷。清沈珩撰。清陳奕禧抄本（清陳奕禧跋）。復旦。』

鈐印：『陳奕憙印』白文方印、『武烈王孫』朱文方印、『農官大夫』白文方印、『固始張氏鏡菡榭印』白文長印、『映山珍藏』朱文方印。

現藏復旦大學圖書館。

## 張閣學文集二卷　（清）張煌言撰　（清）傅以禮校輯　清抄本

一册。每半葉十一行，行二十一字，小字雙行同。正文用『祥符周氏勉憙堂校録本』緑格紙。

張煌言，字玄著，號蒼水，鄞縣人。生於明萬曆四十八年庚申（1620），卒於清康熙三年甲辰（1664），年四十五。明崇禎十五年壬午（1642）舉人。迎保魯王，授翰林院編修，後加兵部右侍郎。桂王遥授兵部左侍郎，加兵部尚書、東閣大學士。康熙三年解兵而隱，旋被執，從容受戮。乾隆四十一年丙申（1776），賜謚忠烈。著有《張蒼水集》等。事迹詳見黄宗羲《南雷詩文集・兵部左侍郎蒼水張公墓誌銘》、全祖望《鲒埼亭集内編》卷九《明故權兵部尚書兼翰林院侍講學士鄞張公神道碑銘》、張煌言《張蒼水集》附録全祖望《張忠烈公年譜》及趙之謙《張忠烈公年譜》等。

抄本内封題『張閣學集（《乾坤正氣集》本）』，旁書題記：『癸酉秋日，從潘茂如觀察借得文慎公刊本，屬范鏡谿少府録副。録竟，校讀一過，因記。時佐郡臺陽。節庵學人。』節庵學人即傅以禮。卷前首有『重編張尚書集總目』；次『重編張尚書集目次』，然墨筆改作『張尚書集卷上目次』，末題『皇朝賜謚忠烈明贊理恢剿機務察視浙直水陸兵馬兼理糧餉兵部尚書兼東閣大學士鄞張煌言撰，鄉後學傅以禮節子編集』；次題『依湖州李氏抄本增』，次列所增文章目録；次『目録』。第一卷卷端題『張閣學文集卷一』。乾坤正氣集』，次行題『明張煌言著。涇縣潘錫恩校』，其次收張煌言文。第二卷卷端題『張閣學文集卷二』，次行題『明張煌言著。涇縣潘錫恩校』，其次首收張煌言文，末題『癸酉長至前二日燈下校勘訖。節子識于臺灣郡丞官廨之緑天書屋』；次『續增』，收張煌言《自用硯銘》《楹聯》。兩卷卷尾皆題『張閣學文集卷某。涇縣潘錫恩校』。

案：張煌言之著述，對其進行編集者，有全祖望曾編成《張尚書集》十二卷，『其奏疏書檄諸種曰《冰槎集》，其古今體詩曰《奇零草》、曰《采薇吟》，其已亥紀事曰《北征録》，共十二卷，附以《鄉薦經義》一卷。予又爲作《詩話》二卷、《年譜》一卷，以詳其集中贈答之人與其事云』（張煌言《張忠烈公集》卷首全祖望《原序》）。然未刊刻，僅有一些抄本流傳，散佚頗爲嚴重。道光二十五年乙巳（1845）、二十六年丙午間潘錫恩編《乾坤正氣集》，其中有《張閣學文集》二卷，同治四年乙丑（1865）印成數十部流傳。光緒十年甲申（1884），傅以禮據丁丙所得全祖望殘本，并湖郡李氏所抄潘錫恩本，編成《張忠烈公集》十二卷并附以《鄉薦經義》《年譜》《舊跋》《墓誌》等，即今存之大興傅氏長恩閣抄本（見《張蒼水集》附録傅以禮《跋》及《張忠烈公集》傅氏長恩閣抄本）。

據題記，此清抄本來自潘錫恩刻本，所收篇目及其順序與潘錫恩刻本全同（見《乾坤正氣集》本《張閣學文集》）；天頭行間有多處墨筆校記，除此之外，行間還有大量朱筆校改。然據題記，傅以禮云『校讀一過』，揆諸實際，至少經過兩次校勘：墨筆之校或屬他人，爲范鏡谿歟？朱筆者，傅以禮所爲。此本編成之後，傅以禮又有《張忠烈公集》之編，本抄本内容全部存於《張忠烈公集》中，然文章具體内容并不完全相同（見《張忠烈公集》傅氏長恩閣抄本）。

《中國古籍善本書目·集部·明别集類》：『張閣學文集二卷。明張煌言撰。清傅氏長恩閣抄本。清傅以禮校并跋。』《中國古籍總目·集部·别集類·明代之屬》：『張閣學文集二卷。明張煌言撰。清傅氏長恩閣抄本（清傅以禮校并跋）。浙江。』

現藏浙江圖書館。

## 理學録九卷　（清）姜希轍輯　清抄本

四册。每半葉十行，行字不等，小字雙行同。烏絲欄，文武邊。白口，無魚尾。上書口題書名。

姜希轍，字二濱，號定庵，會稽人。生年不詳，卒於清康熙三十七年戊寅（1698）。明崇禎十五年壬午（1642）舉人。順治初，除温州教授。歷元城知縣、工科給事中、兵科給事中、禮科給事中、户科都給事中等。遷順天府丞，遭父喪歸。十七年，授奉天府丞。乞養母歸，卒於家。著有《左傳統箋》。事迹詳見錢儀吉《碑傳集》卷五十四毛奇齡《奉天府府丞前禮科都給事中姜君希轍行狀》《姜司諫治外事狀》《誥授中憲大夫奉天府丞前禮科都給事中定庵姜公神道碑銘》、趙爾巽等《清史稿》卷二八二《姜希轍傳》等。

是書内容之構成，首爲《陽明先生宗印録》，乃劉宗周崇禎十二年己卯（1639）所編，分爲三卷，即語録第一、文録第二、《傳習録》第三。其後列東林學派、蕺山學派、錢緒山學派、龍谿學派、鄒氏學派、劉氏學派、白沙學派、甘泉學派以展示王學之支脉流衍。每個學派之中，首爲該學派師承源流表，展示其學侶、門人、再傳、三傳，乃至四傳之情況。其後即據源流表所示次第，分而述之，各列小傳；對於其中重要人物，小傳前還有語要或文集摘録，小傳後還有『臣希轍曰』進行評述。學派之末，常有『臣希轍曰』對於該學派情況進行總體評述。然以上格局并不劃一，偶有不具者。天頭有墨筆批語，偶有朱筆批語，行間多朱、墨筆旁圈旁點。

以内容論之，是書可謂明代王學學案（姜希轍認爲，東林學派亦源自王學），性質與黄宗羲《明儒學案》相同。考李鄴嗣《杲堂詩内鈔》卷五《丁未除夕四首》第一首小注：『姚江黄先生方輯《理學録》。』則黄宗羲編纂《明儒學案》之前，於康熙六年丁未（1667）已開始編纂《理學録》。黄之《理學録》所録，有關乎宋代理學者濂溪學派、康節學派、河南學派、關中學派、浙學派、道南學派、湖南學派，關乎元代理學者金華學派、輔氏學派、江右學派、北方學派，關乎明代理學者明初學派、河東學派、崇仁學派、白沙學派、甘泉學派。其後，黄宗羲方先後編輯《明儒學案》《宋元儒學案》。由三書編輯時間與内容布置看，黄宗羲《理學録》内容具體展開并完善於二學案。姜希轍、黄宗羲皆爲劉宗周弟子，『同爲子劉子之弟子，同輯子劉子之遺書，同續子劉子之講席』（黄宗羲《南雷詩文集・姜定庵先生小傳》）。故黄氏編輯《明儒學案》，姜希轍亦預其力，黄宗羲《南雷詩文集・明儒學案序（改本）》云：『余於是分其宗旨，别其源流，與同門姜定庵、董無休撮其大要，以著於篇，聽學者從而自擇。』不獨如此，黄氏《理學録》亦有直接采録姜希轍《理學録》之處。簡言之，姜希轍之編《理學録》，黄宗羲之編《理學録》《明儒學案》，二人所見雖有異，然其間聲氣實相通焉。

《中國古籍善本書目·子部·儒家類》：『理學録不分卷。清姜希轍輯。清抄本。』《中國古籍總目·子部·儒家類·儒學之屬》：『理學録不分卷。清姜希轍輯。清抄本。浙江。』

現藏浙江圖書館。

## 誥授奉直大夫都察院湖廣道監察御史何公墓碑銘一卷何母陳宜人榮壽序一卷 （清）毛奇齡撰

稿本　清沈秉鈺題簽并觀款

一卷。《誥授奉直大夫都察院湖廣道監察御史何公墓碑銘》《何母陳宜人榮壽序》各爲一，然今本將二者粘合裝裱而成一長幅卷子。原爲經摺裝。每葉十二行，行字不等。前、後護葉各半葉。無版框、界行。

毛奇齡，一名甡，字大可、于一等，號秋晴、初晴等，學者稱西河先生，蕭山人。生於明天啓三年癸亥（1623），卒於清康熙五十五年丙申（1716），年九十四。康熙十八年己未（1679）舉博學鴻詞科，授翰林院檢討，充《明史》纂修官。以葬親假歸，得痺疾，遂不復出，講學著述以終。著有《西河全集》。事迹詳見佚名《清史列傳》卷六十八《毛奇齡傳》、趙爾巽等《清史稿》卷四八一《毛奇齡傳》、全祖望《鮚埼亭集外編》卷十二《蕭山毛檢討别傳》、阮元《揅經室續集》卷二《集傳録存·毛奇齡》等。

稿本首爲《誥授奉直大夫都察院湖廣道監察御史何公墓碑銘》：前護葉題『墓碑銘藁』并鈐撰者之印。卷端題『誥授奉直大夫都察院湖廣道監察御史何公墓碑銘』，内容首爲何嘉祜撰寫墓銘緣起，次何嘉祜之生平事迹，尾署『欽召博學鴻儒科御試太和殿賜宴體仁閣取中上卷授翰林院檢討充史館纂修官編撰明史以覃恩敕授文林郎賜宴瀛臺賜彩緞表裏三次御試保和殿拔取上卷乙丑會試同考領十八房官年家眷同學弟毛奇齡頓首拜譔文』。後護葉鈐三藏者之印。次爲《何母陳宜人榮壽序》：前護葉題『壽序』并鈐撰者之印。卷端題『何母陳宜人榮壽序』，尾署與前文尾署大同。後護葉鈐印亦與前文後護葉鈐印同。二文之後，托裱上書『道光六年歲次丙戌清明後五日後學沈秉鈺敬觀於玉峰旅舍』并鈐二印。是稿之内容雖無足稱，然富有書法及文獻之價值。

案：《誥授奉直大夫都察院湖廣道監察御史何公墓碑銘》稿本原題作『奉直大夫湖廣道監察御史何公墓碑銘』，墨筆改作『誥授奉直大夫都察院湖廣道監察御史何公墓碑銘』，即於『奉』字旁、『夫』『湖』二字之間分别書『誥授』『都察院』二語。正文中有校改，書寫方式亦如題目。此銘亦見於《西河文集・墓誌銘十二》，然其題名作『誥授奉直大夫都察院湖廣道監察御史何君墓誌銘』。以修改稿、《西河文集》本相較，修改稿於初稿有所修改，《西河文集》本於修改本又有所修訂。初稿、修改稿、《西河文集》本之間嬗變之迹甚明。《何母陳宜人榮壽序》一文，則不見於《西河文集》。

《中國古籍善本書目・史部・傳記類一》：『誥授奉直大夫都察院湖廣道監察御史何公墓碑銘一卷何母陳宜人壽序一卷。清毛奇齡撰。稿本。』《中國古籍總目・史部・傳記類・别傳之屬》：『誥授奉直大夫都察院湖廣道監察御史何公墓碑銘一卷何母陳宜人壽序一卷。清毛奇齡撰。稿本。浙江。』

鈐印：『毛奇齡印』白文方印、『文學侍從之臣』朱文方印、『秉鈺之印』白文方印。

現藏浙江圖書館。

## 越州西山以撥道禪師塔誌銘一卷 （清）毛奇齡撰　稿本

一卷。每葉六行，行字不等。無版框、界行。

毛奇齡事迹見前《誥授奉直大夫都察院湖廣道監察御史何公墓碑銘何母陳宜人榮壽序》。

稿本外封簽題『越州西山以揆道禪師塔誌銘』。卷端題『越州西山重開古真濟禪寺傳曹洞正宗第三十世以揆道禪師塔誌銘』。尾署『康熙二十九年歲次庚午嘉平月欽召博學宏詞科御試太和殿賜宴體仁閣取中授翰林院檢討充史館纂修官分撰明史以覃恩敕授徵仕郎賜宴瀛臺賜綵段表裏御試保和殿拔置高等乙丑分考會場充十八房領房官法弟毛奇齡頓首拜譔』。

案：銘主釋智道，字悟通，又字以揆，本姓胡，仁和人。生於明崇禎二年己巳（1629），滅於清康熙二十四年乙丑（1685），年五十七，僧臘三十九。初從静與寺曹洞宗離愚出家，後隨離愚遷駐道林寺，爲監院。康熙六年丁未（1667），主道林寺。後退院，居蕭山東山接引精舍，并重修西山真濟禪寺。康熙二十四年滅於東山，弟子迎龕至西山歸塔。毛奇齡於康熙二十九年庚午（1690）撰此銘。

此銘見於《西河文集·塔誌銘二》，題名與稿本卷端題名完全一致。二者相較，《西河文集》本脱此稿本末尾毛奇齡之署時與題銜，且其中亦有少許字詞之異，如稿本『師諱智道，字悟通，號以揆』句中『號』，《西河文集》本作『又字』；稿本『且驟遭兵亂，杭係繁華地』句中『遭兵亂』『係』，《西河文集》本分別作『丁喪亂』『故』；稿本『位下傳法者十餘人』句中『十』，《西河文集》本作『二十』。

尤須注意者，稿本有脱葉，於『乃危坐一室，越三日，夜』與『同父亦同法，仍命師監院，如舊職』之間，脱去『分，風大作，門扇忽自闔，聲如轟雷，師大驚汗下，似有省。往見道林師，呈偈曰：「倏聞門響若雷聲，打破當前一座城。驀地歸來重顧盼，此聲依舊是門聲。」道林師不許，但笑曰：「子從此悟入，可通矣。」即於是日令薙染，字曰悟通。順治辛卯，三宜和尚講《首楞嚴經》於鐵佛寺，師往聽講，并具戒，喜之，請侍和尚，和尚更字曰以揆。既而離愚還道林。道林者，蕭山河上店山頂寺也。離愚初居之，名道林寺，又名兜率寺。至是，住静久。蕭山檀越重請道林師還山，乃招師并還，遂署師理監院事。師乃變俗産爲常住用，且開闢道場，增設一切佛藏，并種種法仗，如是三年。會道林師從弁山埽祖塔還，示寂於北關之紫雲庵，師迎龕至道林建塔。是時道林繼席者爲鏡愚和尚，鏡愚即離愚弟也』，約兩葉。

《中國古籍善本書目・史部・傳記類一》：『越州西山以揆禪師塔誌銘一卷。清毛奇齡撰。稿本。』《中國古籍總目・史部・傳記類・别傳之屬》：『越州西山以揆禪師塔誌銘一卷。清毛奇齡撰。稿本。浙江。』

鈐印：『西河』朱文長印。

現藏浙江圖書館。

## 蕭山三江閘議一卷 （清）毛奇齡撰　稿本

一册。每葉六行，行字不等。無版框、界行。

毛奇齡事迹見前《誥授奉直大夫都察院湖廣道監察御史何公墓碑銘何母陳宜人榮壽序》。

稿本外封簽題『鄉官毛西河墨迹（三江議）』。卷端題『蕭山縣請假在籍鄉官毛奇齡議（八十八歲）』。卷尾題『康熙庚寅秋三江議鹵河存藁』。

三江閘即『山陰、會稽、蕭山洩水閘也』（毛奇齡《請罷修三江閘議》），在紹興府北三十八里，山陰、會稽、蕭山皆藉之防止水患。據張廷玉等《明史》卷二八一《湯紹恩傳》記載，湯曾爲紹興知府。當時，『山陰、會稽、蕭山三邑之水，匯三江口入海，潮汐日至，擁沙積如丘陵。遇霪潦，則水阻沙不能驟洩，良田盡成巨浸，當事者不得已決塘以瀉之。塘決則憂旱，歲苦修築』。紹恩遍行水道，至三江口，見兩山對峙，故於此修建水閘，

『修五十餘尋，爲閘二十有八，以應列宿。於内爲備閘三，曰經漊，曰撞塘，曰平水，以防大閘之潰。閘外築石隄四百餘丈扼潮，始不爲閘患。刻水則石間，俾後人相水勢以時啓閉。自是，三邑方數百里間無水患矣』。清康熙四十七年戊子（1708），山陰人李師曾等言閘座將圮，請改修（見徐元梅等《［嘉慶］山陰縣志》卷二十『三江應宿閘』）。毛奇齡於康熙四十七年、康熙四十九年、康熙五十一年三上議，反對起修。事遂寢。其所上三議，見毛奇齡《西河文集·議三·請罷修三江閘議》、方觀承等《敕修兩浙海塘通志》卷十八。此稿本相當於康熙四十九年之議，但與所上正式文本相比，差異甚大。

考稿本此議首即云：『三江閘一事，蒙兩院大公祖發勘，藩臺大公祖親驗明白，諸所發憲票既已至詳至晰，何容再議？乃猶關文下詢，必求至當而後已，此真己飢己溺之懷，老實商量者，忝在治末，何敢不仰伸管見，以上副大公祖急切爲民至意？按關文題目，惟應脩應停，或大脩或小脩治。竊以爲不可大脩，祇可小脩，而不必脩；此時不應脩，祇應停者。』據之《西河文集》及《兩浙海塘通志》卷十八，第一次議在康熙四十七年戊子（1708），《西河文集》叙議之起因：『康熙四十七年，山陰居民有無賴者，妄言閘座將圮，不經改修，必有坍坐崩塌之害。遂估計修費，需銀一萬三千五百八十六兩有奇。分派三縣，三縣大驚。本府上之督撫，兩臺發藩憲勘驗，且下憲票，關請三縣鄉官會議。』毛議首云：『月日。關到。以三江閘改修等事。蒙兩臺發勘，敕藩憲親詣閘所勘驗應否，其合行合止，諸一切事宜，自具騐狀，何庸下議？乃猶發憲票，仰山陰縣關請俯詢。忝在治末，安敢不畧伸管見，以上副上憲急切爲民至意！愚竊以爲三江一閘關係極大，其應修與否，似未可妄下斷語。而愚則斷曰：此不必修，且必不可修。』第二次則在康熙四十九年庚寅（1710），《西河文集》叙議之起因：『時藩憲勘驗，與此議合，謂閘座、閘墩俱係堅固，尚未損壞，其詳請大興工作，殊爲不協；即估報一萬有奇，實屬浮多。但又有閘底年久，不無滲漏之請。則補漏之法，必築壩戽涸，露出閘底，始可補隙。因躊躇間，本府方議寢極，延至四十九年九月，山陰復關到，以小修補罅，請鄉官會議。』此稿雖是第二議所上，然其内容，實涵括第一議、第二議所言，衹不過稿本簡潔，而《西河文集》本詳細。除稿本外，《西河文集》本、《敕修兩浙海塘通志》、沈元泰《［道光］會稽縣志稿》卷六《水利志・三江應宿閘》、李亨特等《［乾隆］紹興府志》卷十四《水利志一・應宿閘》皆一致，故稿本當非正式所上之本。

《中國古籍善本書目・史部・地理類二》：『蕭山三江閘議一卷。清毛奇齡撰。稿本。』《中國古籍總目・史部・政書類・水利之屬》：『蕭山三江閘議一卷。清毛奇齡撰。稿本。浙江。』

鈐印：『西河』朱文長印、『毛奇齡印』白文方印、『文學侍從之臣』朱文方印。

現藏浙江圖書館。

## 閔鶚元奏稿不分卷　（清）閔鶚元撰　清抄本

三册。每半葉十行，行二十四字。無版框、界行。

閔鶚元，字少儀，號峙庭，歸安人。生於清康熙五十九年庚子（1720），卒於嘉慶二年丁巳（1797），年七十八。乾隆十年乙丑（1745）進士。授刑部主事。歷山東按察使、湖北布政使、安徽巡撫等。乾隆四十五年庚子（1780），調江蘇。乾隆五十五年庚戌（1790），奪官。五十六年辛亥（1791），釋還里。著有《閔氏金石文鈔》《星軺學吟》《南巡恭紀録》等。事迹詳見趙爾巽等《清史稿》卷三三七《閔鶚元傳》、宗源瀚等《［同治］湖州府志》卷七十《閔鶚元傳》等。

是書收録奏摺百餘摺及其清單、附單等，時間從乾隆五十年乙巳（1785）正月二十五日至乾隆五十一年丙午（1786）七月二十一日，分作三册。外封簽題皆作『奏稿』，其下第一册小字雙行題『乾隆五十年正月至五月』，第二册題『乾隆五十年十二月至五十一年四月十五』，第三册題『乾隆五十一年四月至七月止』。三册内封一皆題『奏稿』，其下第一册小字雙行題『乾隆五十年正月二十五日至五月十九日止』，第二册小字雙行題『乾隆五十年十二月十八日至五十一年四月十五日』，第三册小字雙行題『乾隆五十一年四月十六日〔至〕七月二十七日』。第二册内封二題『奏稿（亨）』，其右近裝訂處題『乾隆五十年正月二十五日起（五月十九日止）』；第三册内封二題『奏稿（利）』，其右近裝訂處題『乾隆五十年十二月十八日起至五十一年四月十五日止』；以此推之，第一册或當有内封二題『奏稿（元）』者。此書所收爲閔鶚元任江蘇巡撫時所上奏摺，内容涉及農業生産、官員考核、築堤、救灾等各方面事務。

案：閔鶚元於乾隆朝所上奏摺，《宫中檔乾隆朝奏摺》有載。以《閔鶚元奏稿》與《宫中檔乾隆朝奏摺》二者比較之，實有《宫中檔乾隆朝奏摺》所闕者。以乾隆五十一年七月九日論之，《閔鶚元奏稿》録有《乾隆五十一年七月初九日奏爲循例奏明事》《乾隆五十一年七月初九日奏爲循例奏聞事》《乾隆五十一年七月初九日奏爲要缺知縣需員恭懇聖恩俯准調署以裨地方事》，《宫中檔乾隆朝奏摺》僅存前兩奏本，闕後面一奏本。又如乾隆五十一年六月初六日，《閔鶚元奏稿》録有《乾隆五十一年六月初六日奏爲查明錢糧完欠恭摺奏聞事》并清單、《乾隆五十一年六月初六日奏爲查明耗羨存公銀兩恭摺奏聞事》并清單、《乾隆五十一年六月初六日奏爲恭報雨水情形事》、《乾隆五十一年六月初六日奏爲委署臬司篆務恭摺具奏事》，然《宫中檔乾隆朝奏摺》僅存前三奏奏本，脱兩清單及第四摺。簡言之，可據此私家稿本以補官方檔案之闕。

《中國古籍總目・史部・詔令奏議類・奏議之屬》：『奏稿不分卷（乾隆五十年至五十一年七月）。清閔鶚元撰。清抄本。浙江。』

鈐印：『芸孫』朱文方印、『吳昌壽印』白文方印。

現藏浙江圖書館。

## 梧園詩文集不分卷 （清）吳農祥撰 稿本 清丁丙 吳慶坻跋

三十四册。吳農祥手稿，兼有他人所抄。每半葉行數、行字不等，小字雙行同。葉心有字，多題篇名及葉碼，然總體上不齊一。

吳農祥，字慶百，號星叟、大滌山樵，錢塘人。諸生。生於明崇禎五年壬申（1632），卒於清康熙四十七年戊子（1708），年七十七。康熙十八年己未（1679）舉博學鴻詞科，不第。著有《西湖水利考》《流鉛集》等。事迹詳見吳農祥《梧園詩文集・亡妻傳》、方楘如《集虛齋學古文》卷十二《吳徵君傳》、章撫功《吳慶伯先生行狀》、阮元《兩浙輶軒録》卷九《吳農祥》等。

稿本第一册扉葉有粘簽：首爲總目，次爲補遺篇目目録，次『抄廿八篇』目録，所用簽紙互異。次内封題『梧園詩文集』，并旁題：『宜齋文集八十卷、詩集四十卷、南歸集十卷、雪鴻集八卷、流鉛集四十卷、嘯臺就正稿二十六卷、金陵集十卷、心蘇集五十卷、秋鈴集十卷、南羽集三十二卷、綺霞集二十四卷、未忘集八卷、京江集四卷。（《杭州府藝文志》。）』次扉葉題『梧園詩文集二十九册（原稿本。蕭山王小穀藏）』，并題記一段，爲丁丙所作。次扉葉吳慶坻庚申題記。卷中多朱、墨筆批改，天頭多粘簽。

是書爲吳農祥之詩文集。丁丙《善本書室藏書志》卷三十七『梧園詩文集二十九册（原稿本）』條：『同治乙丑，從三元坊包叟得集二十九册。一爲賦、頌、表，二爲表、序，三爲序，四爲序、壽序，五爲序，六、七爲壽序，八爲記、誄、墓誌銘、塔銘、碑、書，九爲記、論、説、議、考、書、疏、引、跋、贊、誄、銘，十又爲壽序，十一爲傳，十二爲行實、行狀，十三爲啓、疏，十四爲行狀、權厝志、哀辭、墓碣、行實、記，十五、十六爲壽序、墓誌銘、祭文、雜著，十七爲疏、哀辭、祭文、跋，十八、十九爲《洎齋别録》：皆雜文。以下皆詩詞：二十爲《未忘集》，二十一爲《金陵集》《心蘇集》，二十二爲《金陵集》《秋鈴集》《未忘集》《心蘇集》，二十三爲《心蘇集》《秋鈴集》，二十四爲《星叟集》《星叟雪鴻集》，二十五、二十六爲《梧園集》，二十七、二十八、二十九爲詞。皆未編定之卷，較之原目已少三之二矣。』此志與今稿本卷首扉葉所書册數及其所記各册内容相合。

此原稿本爲蕭山王小穀所藏，繼爲丁丙所獲，後歸江南圖書館，復出於金陵市上，孫峻得之（見扉葉吴慶坻題識及吴慶坻《蕉廊脞録》卷五『吴農祥遺稿』條），即此稿本。然今稿本三十四册，與丁丙所記二十九册稿本多出五册。倘據版式、内容修改之迹、藏閲者題記諸方面綜合考之，所多出五册或爲：扉葉有丁丙光緒十年甲申（1884）題記，卷端題作『星叟詩詞集』而次行署名『元郭翼著』者一册；卷端題作『梧園金陵集（一作趨庭集）』，其下别筆書『吴農祥著』者一册；卷端題作『梧園心蘇集』，而卷末有施紹武題識者一册；版心有『蘭里蔣氏印山樓鈔』者二册。此五册或爲丁丙所搜集，然因是抄本，故不計入稿本之内。

吴農祥學識淵博，文思敏捷，著述極富，袁枚《隨園詩話》卷十六即云：『古人詩集之多，以香山、放翁爲最。本朝則未有多如吾鄉吴慶伯先生者。所著古今體詩一百三十四卷，他文稱是，現藏吴氏瓶花齋。』其寫作各體皆有所成就，佚名《清史列傳》卷七十《吴農祥傳》嘗云：『爲文條貫《五經》，尤精於《易》，與蕭山毛奇齡友善，然質疑辨難，不肯苟同。駢散文、詩賦、小詞俱工。益都馮溥評騭諸人，古文稱農祥、汪琬，駢文稱農祥、陳維崧，詩賦稱農祥、毛奇齡，小詞推陳維崧、彭孫遹，又以農祥爲首。其見重如此。』雖稍嫌稱揚太過，然亦與此評相去不遠。

《中國古籍善本書目・集部・清别集類》：「梧園詩文集不分卷。清吳農祥撰。稿本。清丁丙跋、吳慶坻跋。」《中國古籍總目・集部・别集類・清代之屬》：「梧園詩文集不分卷。清吳農祥撰。稿本（清丁丙跋，吳慶坻題識）。浙江。」

鈐印：「八千卷樓珍藏善本」朱文長印、「賜書堂藏閱書」朱文方印、「壽松堂書畫記」朱文長印、「蝯公」朱文方印。

現藏浙江圖書館。

## 漸江詩集十二卷　（清）查容撰　清抄本　存二卷（卷五至六）

一册。每半葉八行，行二十字，小字雙行同。朱格，文武邊。白口，單魚尾。

查容，字韜荒，號漸江、浒翁，海寧人。約生於明崇禎九年丙子（1636），卒於清康熙二十四年乙丑（1685），年五十。初就郡試，拔第一。既試於學使者，怒其搜檢，拂衣徑出，終身不復試，布衣以終。性好游，曾南至滇黔，北抵燕齊；游楚，卒於長沙。著有《尚志堂文集》《漸江詩鈔》《漸江文鈔》《彈筝集》《江漢詩集》等。事迹詳見阮元《兩浙輶軒録》卷七《查容》、葉覺邁等《［民國］東莞縣志》卷五十三《查容傳》等。

抄本外封題「漸江詩集」。卷端題「漸江詩集卷某」，次行署「海昌查容韜荒著」。天頭有多條校語。據齊耀珊等《［民國］杭州府志》卷九十一《藝文六》、許傳霈《［民國］海寧州志稿》卷十三《藝文志七・查容》，查容有《漸江詩鈔》十二卷，然今存僅第五、第六合二卷，所録乃七律詩，約近二百八十首，其中包括所附盛鶴江八首。鶴江名遠，鶴江爲其字，嘉興人。生於明崇禎三年庚午（1630），卒於清康熙四十九年庚寅（1710），諸生，工書能詩，與查容、查慎行皆友善。

案：《［民國］海寧州志稿》卷十三《藝文志七・查容》『漸江詩鈔十二卷』條下注云：『《花溪志》作《詩草》陳氏廷敬序。朱氏愛竹居藏有寫本一册，不分卷，後附葛世瑛跋曰：「漸江先生詩不下數千首，殁後散失殆盡，當初白老人懸車之日，刻意搜羅所得，僅十之一；乃不三十年，存者又佚其半。頃從書賈購得鈔本一册，卷帙視得樹樓存本較富，而字裏行間舛訛特甚，幾不能句讀，因假初白定本，重加校訂，録而藏之。雖吉光片羽，亦足見先生之一斑已。」』即查容之《漸江詩鈔》歷經查慎行、葛世瑛之搜羅校勘抄録。今存查容詩集，有題作『漸江詩鈔』清鈔本者。該本卷端題『漸江詩鈔』，下署『海寧查容韜荒著』。小題依次題『七言律』『五言律』『七言絶句』『五言排律』『七言排律』『七言古風』『五言古風』，末附『漸江詩餘』，不標卷數。然正文多脱字，無校勘之迹，故該本雖題名頗合府志、州志記載，然實際内容則頗不一致。今題作『漸江詩集』抄本則明標有卷數，其天頭之校，多有『一作』『原本作』『舊本作』『當在……之前』『當作』『誤作』之語，行間亦有句讀，則今本『漸江詩集』經抄者或藏閱者采用多種本子進行過校訂。雖詩集題名不合，實際内容則似與志書所載相合。然今本『漸江詩集』是否確爲葛世瑛所爲，因其前後内容皆脱，文獻不足，無法確證。

以《漸江詩集》與《漸江詩鈔附詩餘》所録七律詩比較，前者遠比後者豐富，後者僅五十餘首，詩歌正文亦多脱字。僅就同一首詩歌而言，或詩題相同而實際内容字詞相異，如《漸江詩集・六日雨過周青士村居喜晤胡天岫分韻》『細雨絲絲苔徑滑』，《漸江詩鈔附詩餘》『絲絲』作『紛紛』。或正文同而詩題異名，《漸江詩集》『次日過飲顯武聽鶯堂同青士鶴江準人分韻』詩題，《漸江詩鈔附詩餘》作『過飲顯武聽鶯堂同青士盛鶴江岳準人分韻』；或詩題、詩句字詞俱有異，《漸江詩集・壽朱兆生》：『岷峨已識攀轅久，帷幄猶傳借箸新。玉樹階前花不夜，斑衣席上酒長春。神仙料是尋常事，矍鑠誇非七十人。從此行廚鴛水曲，蓬萊清淺見揚塵。』《漸江詩鈔附詩餘》

詩題作『壽作生朱丈』，正文『鴛水』作『煙水』。簡言之，《漸江詩集》可爲《漸江詩鈔附詩餘》校勘之資，反之亦然。如《漸江詩集》『初過西塘訪李赤茂先生兼贈令嗣巢來環英三首』，其下録『步屧林塘煙水紆』『罨畫溪亭對夕曛』『結交近得魯朱家』三首。《漸江詩鈔附詩餘》作『初過塘西訪李赤茂先生兼贈令嗣巢來環英二首』，『西塘』誤作『塘西』；其下僅録『步屧林塘煙水行』一首，然此一首首句下有作者小注『放黄山谷孤鶴出群格』，此小注《漸江詩集》脱。又，《漸江詩鈔附詩餘》之『江邨看杏花』『平沙落雁』『送盛鶴江入京』三題四首詩爲《漸江詩集》所不具。

《中國古籍總目·集部·別集類·清代之屬》：『漸江詩鈔□卷。清查容撰。清抄本。浙江（存卷五至六）。』

現藏浙江圖書館。

## 查韜荒七言律詩不分卷　（清）查容撰　清抄本

一册。每半葉十行，行二十字，小字雙行同。無版框、界行。

查容事迹見前《漸江詩集》。

抄本不標卷。卷端題『查韜荒七言律詩』。正文録查容詩二百五十餘首，另附盛鶴江詩作八首。

考此集七律詩寫作時地，非一時一地之作。然以作者他集考之，此本所録當於《漸江詩集》之卷五、卷六。《漸江詩集》《查韜荒七言律詩》二本有頗多相近相似之特徵。其一，《查韜荒七言律詩》所録詩，自《盛南樵陳少典朱與三并集學圃示夏重德尹》訖《舟次阮陵訪閶如都督王公留飲即席賦贈》約二百一十三首詩之順次，除《重至漢陽喜晤星野兼送還浙》《八月十八夜客舍戲和》在《漸江詩集》中互乙，失題『村翁賽鼓喜頻撾』在《漸江詩集》中有題名及順次不一致，脱去《漸江詩集》中的《將返龍山李斯年兄留飲王氏園戲題》至《與三齋中作》約十四首詩、《甲寅歲除四首》中的兩首之外，其他方面二本皆一致。其二，《漸江詩集》『和翁季長再呈臯旭』詩題天頭有校語『原本作「東湖宴集和翁」云云』，《查韜荒七言律詩》詩題作『和翁季長再呈臯旭』，與《漸江詩集》同。《漸江詩集》『寄贈俞徵君右吉自梅里移歸郡東和李武曾韻』詩題天頭有校語『原本作「奉贈俞右言自梅里」云云』，《查韜荒七言律詩》詩題作『寄贈俞徵君右吉自梅里移歸郡東和李武曾韻』；《漸江詩集》『初夏集徐韓奕聽雨齋分韻』詩題天頭有校語『原本「韻」字下有「得低字」三字』，《查韜荒七言律詩》詩題作『初夏集徐韓奕聽雨齋分韻』。《漸江詩集・再過止溪訪舅氏人遠三叠前韻呈止溪先生兼示亦中亦大亦士時八月十八夜》第四首『塞翁得失任虛無』句天頭校語『「任」原本作「總」』，《查韜荒七言律詩》作『塞翁得失任虛無』。諸如此類，《查韜荒七言律詩》與《漸江詩集》今本皆多一致，而與所謂『原本』不合。然二者之間亦頗有異。其一，《查韜荒七言律詩》不僅遺漏多，且有訛脱。如此本《和雪園鍾□□郭臯旭粵歸》，詩題脱二字，清抄本《漸江詩集》則全，作《和雪園鍾丈喜郭臯旭粵歸》；此本《除夕》詩二首，清抄本《漸江詩集》題作《甲寅歲除四首》，并於其二首前增二首。其二，《查韜荒七言律詩》衆多失題詩皆夾雜於其中，如『秋深花放滿山城』失題詩在《舟次阮陵訪閫如都督王公留飲即席賦贈》和『上巳讌集盛中楓溪草堂』之間；『龍馬精神海鶴姿』『西南半壁倚長城』二首失題詩在《呈留翁先生》《七夕詠木本芙蓉次人遠韻》之間，等等，這些失題詩在《漸江詩集》中皆歸在一起，置於第六卷末尾即《和人擬寡婦詩》之後。由此諸種異同而言，《漸江詩集》《查韜荒七言律詩》二本實有密切之關聯。

雖《漸江詩集》較爲整齊，《查韜荒七言律詩》較爲疏略，然二本實可互補。《查韜荒七言律詩》『村翁賽鼓喜頻撾』失題，然《漸江詩集》存詩題曰《除日戲作》。《漸江詩集》『結官夷門幾十年』失題，然《查韜荒七言律詩》存詩題曰《病中有懷》。至於其他字詞可互補者甚多。

《中國古籍善本書目·集部·清別集類》：『查韜荒七言律詩一卷。清查容撰。清抄本。』《中國古籍總目·集部·別集類·清代之屬》：『查韜荒七言律詩一卷。清查容撰。清抄本。中科院。』

現藏中國科學院文獻情報中心。

## 明女史八卷　（清）萬言撰　稿本　佚名批校

八册。每半葉十一行，行二十四字。烏絲欄，左右雙邊。白口，單魚尾。上書口題『明女史』，中題卷數，下題當卷葉碼。

萬言，字貞一，號管村，鄞縣人。據萬承式等《濠梁萬氏宗譜内集》卷九《世傳八》，生於明崇禎十年丁丑（1637），卒於清康熙四十四年乙酉（1705），年六十九。康熙十四年乙卯（1675）副榜貢生。少隨諸父講社中，號精博。以明經召入修《明史》，出爲五河知縣。著有《尚書説》《明史舉要》《管村文集》。事迹詳見全祖望《續甬上耆舊詩》卷九十七《證人講社弟子之四·萬五河言》、萬承勳《千之草堂編年文鈔·先府君墓誌》、趙爾巽等《清史稿》卷四八一《萬言傳》等。

稿本通作八卷，每卷卷端皆題『明女史卷之某』，次行題『甬上萬言貞一』；每卷末則題『明女史卷之某終』。天頭間有朱筆批校，行間多有朱筆點逗及校改。全書約三百零二篇明代女性人物傳記。多爲單傳；少數爲合傳，若卷一興化蕭奇烈、蕭奇照兄弟之婦二林氏之傳，卷二韓洪謨妻張氏、陸野塘妻之傳，卷三孫氏雙白傳，高含香、李翠姐、張恒清傳等。篇幅則長短不一。長者若卷三『上饒祝臨姑』，約三百九十餘字；短者若卷二沈槐妻陳氏，僅二十四字。

其内容，多記載節婦烈女事迹。或以身殉夫，或守節不嫁，持身不受污，或孝養翁姑父母，或義不從賊等，皆倡明其克盡婦道之德。然若卷六云：『吳縣李氏，洪武初人，能詩，有遺集，其警句有曰：「桃花一簇開無主，終不留題崔護家。」』書中其他故事雖亦記載傳主言語，然皆言落實於其行，而此故事僅記其詩句。卷八：『臨川倪氏，東鄉某婦也。夫淫佚無耻，與鄰兒約更處其室。中夜佯如厠以納鄰兒，婦驚叫得免。起責其夫曰：「若禽獸耳！有夫如此，不如死！」三日不食，舁之母家，截髮不歸，亦不更適。』責夫無德而離弃之。此類皆與全書主體有所不類。

案：所謂女史，《周禮·天官冢宰》：『女史，掌王后之禮職，掌内治之貳，以詔后治内政。逆内宫。書内令。凡后之事，以禮從。』乃封建王朝宫中之職，與女酒、女漿、女祝一樣，亦皆女子『有才智者爲之』（見鄭玄等《周禮注疏·春官宗伯》『女祧』鄭玄注及賈公彦疏）。以『女史』本義而爲撰述之名者，若明末清初屈大均《女官傳》，其卷首自序云：『嘗考廣州女子被選入宫者，南齊有區美人，以賢淑稱。……明興，乃有屈美人、陳司綵之流，以才德入供内職，夙夜勤恭，爲帝后所重，斯亦女流不世之遇哉！舊《廣州府志》載列女中凡得六人，予簡出别爲《女官傳》，蓋謂女之仕也，能爲天子詔后治内政，而有補于君德，亦與賢士大夫相等云爾。』即以『女官』爲『女史』之義。至於以『女史』爲撰述之名者，明有《緑窗女史》《古今女史》《詩女史》，然《緑窗女史》所録，人物、内容、形式皆極繁雜，其關乎現實女性節烈之傳記僅占其中一極小部分。《古今女史》所録，有外史、國史、隱史、烈史、才史、韻史、艷史、誠史，其『烈史』所載，乃烈女之奇行，所謂『從容慷慨，各呈夷峭之標；玉瑩霜嚴，俱現孤貞之致』（梁小玉《古今女史自序》），亦僅爲其八史之一。田藝蘅《詩女史》著録歷代女性之詩，則爲專門之史：皆與萬言此作有較大之距離。倘不拘其著述之名稱，專以女性傳記之專書爲標準審視之，歷史上最早且最爲著名者，莫若西漢劉向《列女傳》，班固《漢書·劉向傳》云：『向睹俗彌奢淫，而趙、衛之屬起微賤，踰禮制。向以爲王教由内及外，自近者始。故采取《詩》《書》所載賢妃貞婦，興國顯家可法則，及孽嬖亂亡者，序次爲《列女傳》，凡八篇，以戒天子。』所録女性及其事迹範圍較廣，有母儀傳、賢明傳、仁智傳、貞順傳、節義傳、辯通傳、孽嬖傳。范曄《後漢書》列《列女傳》，亦『不必專在一操』。然自唐宋以降，觀念有變，章學誠《答甄秀才論修志第二書》云：『列女名傳，創於劉向，分彙七篇，義近乎子；綴《頌》述《雅》，學通乎《詩》；而比事屬辭，實爲史家之籍。班、馬二史，均闕此傳。自范蔚宗《東漢書》中，始載《列女》，後史因之，遂爲定則。然後世史家所謂列女，則節烈之謂，而劉向所叙，乃羅列之謂也。節烈之烈爲列女傳，則貞節之與殉烈，已自有殊；若孝女義婦，更不相入，而閨秀才婦、道姑仙女，永無入傳之例矣。夫婦道無成，節烈孝義之外，原可稍略；然班姬之盛德、曹昭之史才、蔡琰之文學，豈轉不及方技伶官之倫，更無可傳之道哉？劉向傳中，節烈孝義之外，才如妾婧、奇如魯女，無所不載；即下至施、旦，亦胥附焉。列之爲義，可爲廣矣。自東漢以後，諸史誤以羅列之列，爲殉烈之烈。於是法律之外，可載者少；而蔡文姬之入史，人亦議之。』萬言與修《明史》，《明史》卷三〇一至三〇三皆列女傳，正以節烈爲主，孝義兼之，而其他不與，《明女史》正與之同趣。

萬言《歷代史表序》云：『叔父季野先生幼嗜史學，於二十一史之紀傳書志貫穿歷落可指諸掌。間以暇日爲東漢三國後諸王大臣年表，以補舊史之闕，而尤詳於明，自内閣九卿以至卿貳督撫并留都亦備列焉，以謂異日史館中傳其行事，欲求其封拜遷卒歲月，一舉目輒得之，而以某人治以某人亂因之可考也。』（萬言《管村文鈔内編》卷一）萬言之撰《明女史》，正是取鑒於萬斯同之《歷代史表》，而與其撰《諸王世表》《内閣部院大臣年表》《功臣世表》（見《管村文鈔内編》卷二《諸王世表叙》《内閣部院大臣年表序》《功臣世表序》）同一旨意。

《中國古籍善本書目·史部·傳記類一》：『明女史八卷。清萬言撰。稿本。』《中國古籍總目·史部·傳記類·總傳之屬》：『明女史八卷。清萬言撰。稿本。浙江。』稿本卷八『霍丘朱氏文學士仁女』中『胤』字缺末筆避諱，故此本或有部分後人抄葉歟？

鈐印：『萬言之印』白文方印、『吾存寧可食吾肉，吾亡寧可發吾椁，子子孫孫永無鬻，熟此直可供饘粥』白文長印。

現藏浙江圖書館。

## 東廬詩鈔一卷 （清）錢廉撰 民國張氏約園抄本

一册。每半葉十行，行二十一字，小字雙行同。烏絲欄，四周單邊。白口，單魚尾。上書口鎸『四明叢書』，下書口鎸『約園抄本』，中題葉碼。

錢廉，字穉廉，號東廬，自呼東皋上農，鄞縣人。生於明崇禎十三年庚辰（1640），卒於清康熙三十七年戊寅（1698），年五十九。郡庠生。性孝友，尚氣節，兼究心韜略。康熙間，李之芳率兵討伐耿精忠，招入幕府，錢廉獻火攻之法，事平叙功當授官，錢廉以母老辭歸。能詩，『詩豪岸如其人』（戴枚《〔同治〕鄞縣志》卷四十二《錢廉傳》）。著有《東廬遺稿》。事迹詳見全祖望《鮚埼亭集内編》卷十四《錢東廬徵君墓表》及《續甬上耆舊詩》卷九十九《錢徵君廉》、戴枚等《〔同治〕鄞縣志》卷四十二《錢廉傳》等。

抄本外封簽題『東廬詩鈔』。卷前首爲徐時棟題記，次李暾《序》，次錢中盛識語，次録全祖望《續甬上耆舊詩》中錢廉小傳。卷端題作『東廬詩鈔　甬上錢廉穉廉甫著』。正文録錢廉詩歌，詩多寫生活情景、旅况贈答，約九十餘題一百三十餘首。多粘簽。粘簽及天頭空白處多朱筆批校。

據是書卷前錢廉子錢中盛言，錢廉早年有《湖上草》六卷、《紀游草》五卷，但是不幸遭遇祝融而失。《東廬詩鈔》則是其晚年歸里後所作詩，間有舊作。考全祖望《錢東廬徵君墓表》，云錢廉『所著《東廬集》若干卷』，則錢廉逝世之時，其集尚未編輯刊刻。其後始編輯爲《東廬遺稿》一卷，康熙四十三年刊刻。該刻卷前有萬斯大康熙十三年甲寅（1674）《序》，序撰於錢廉生前；次左臣黃《序》，撰於錢廉身後；次李暾序。卷端題『東廬遺稿』，次二、次三行題『甬上錢廉稺廉父著。慈谿鄭梁禹梅父選。李暾、鄭性仝較刻』。卷末，首題『子壻萬經、黃廷銘，男中盛、際盛、德盛，同較輯』；次爲錢中盛康熙四十三年甲申（1704）識語。錢中盛識語云：『嗚呼！存千百於什一，庸無憾乎？……或者幽光不滅，其灰燼之餘，有散在四方者，時而珠還劍合，則先大人半生心迹盡賴之以存，不肖敢不禱祀而求之？』參之以題曰鄭梁『選』，則該刻搜集并不完全。抄本《東廬詩鈔》卷首徐時棟同治七年（1868）記：『甬上錢稺廉先生（廉）《東廬詩鈔》一卷、芍庭先生（中盛）《雪卷》一卷、《甬東錢氏世迹詩》一卷，各附有墓誌詩序。阮文達公作《兩浙輶軒録》時，涇上鄭簡香徵君在其門下，搜郡中先輩詩鈔之，錢氏父子其一也，故卷面有「慈谿鄭勳呈」五字，卷中朱圈即當時入選者。同治七年五月二十二日，徵君仲子杏卿明經携來。呈鈔之本，必不止此，今僅有此本，可惜也。』鄭簡香即鄭勳，乃鄭梁、鄭性之後裔，因此《東廬詩鈔》或爲鄭勳據其家所藏稿纂輯而成。《東廬詩鈔》抄本、《東廬遺稿》二者内容及順序、具體之詩題及正文多有差異，二者無直接淵源關係。

民國張壽鏞《約園雜著三編》記載，他『鈔自東方圖書館者』有『煙嶼樓徐氏時棟四明叢書初編七種』，其中有『東廬詩鈔一卷（錢稺廉）』，即此抄。又有張氏所抄另一題作『東廬詩草』者，『一卷，錢廉撰，張壽鏞約園烏絲欄鈔本一册，中國社會科學院文學所藏。每半頁十行，行十八字。版心上有「四明叢書」，下有「約園抄本」字樣，殆張壽鏞編刊四明叢書之底本。前有李暾序、男中盛序，全祖望《續甬上耆舊詩》小傳」（蔣寅《金陵生小言》卷十一《清集掇珍上》）。未見。

現藏浙江圖書館。

## 錢氏在兹集不分卷　（清）錢廉纂輯　清抄本

六册。每半葉十行，行二十一字，小字雙行同。無版框、界行。

錢廉事迹見前《東廬詩鈔》。

抄本卷前首爲李文胤康熙十一年壬子（1672）《序》，次錢若選崇禎二年己巳（1629）《在兹集原序》，次錢肅圖《在兹集總序》，次錢廉康熙十一年壬子《浙鄞錢氏在兹集總述》，次《錢氏在兹集歷代小述》，次《錢氏在兹集選本目録》。正文不分卷，嚴格按照文體，分類選輯錢氏文學作品。所選録的錢氏人物，有錢安、錢奂、錢璡、錢瓚、錢崑、錢鳳午、錢若賡、錢若任、錢若宸、錢若選、錢若虚、錢靖忠、錢益忠、錢敬忠、錢文忠、錢啓忠、錢召忠、錢敦忠、錢纘忠、錢肅禮、錢肅凱、錢肅復、錢肅臨、錢昭繡、錢肅履、錢肅遴、錢雲繡、錢魯恭等。文體分類則有四言詩、五言古詩、七言古詩附歌行、五言律詩、七言律詩、五言排律、六言絶句、七言絶句、詩餘、疏、揭、書、古論、序、引、跋　後序　書後記、紀、文（實指祭文）、傳、碑記、贊、解、説、啓、尺牘、雜著、策、論、表。每類首皆題『錢氏在兹集』，次二行至次四行題『同邑李文胤杲堂氏選，錢廉稺廉氏輯。錢光繡蟄菴氏、錢肅圖退山氏參訂。錢慈遠梧軒氏、錢慈高企雲氏較録』，以此顯示分別部居之意。末爲錢肅圖康熙十一年壬子《在兹集跋》。

此集乃錢氏家集，李文胤《序》開篇即云：『東皋錢廉輯先世三百年遺草。』然對於先世之文有所選擇，錢廉《浙鄞錢氏在茲集總述》云：『在茲者何？詩文之所在也。《錢氏在茲集》者何？錢氏詩文之所在也。是集曷昉乎？先王父向有此志而未成，廉則承祖志而更輯之也。是集也，輯之祖前者廣之，輯之祖後者益之。輯之之法二，曰選曰存，示甄別也；選之之意五，曰忠、曰孝、曰節義、曰德業、曰文章。蓋命名之意，在文章而忠、孝、節義、德業；即文少遜焉，廉亦不敢删也。』於此可見其旨趣。

案：據其卷前《錢氏在茲集歷代小述》所列有錢肅樂、錢光繡、錢肅圖，然《錢氏在茲集選本目録》及正文中皆脱此三人。考《錢忠介公集》附録錢中盛《原跋》：『明養士二百七十餘年，至甲申禍起，天下何可復爲？忠介在江干、海島，欲以隻手擠拄墜天，希圖報國，其所欲哭不可者，每寓之於語言文字之間，制誥、奏疏、序、紀、詩詞，因語語有血痕。迨諸悍帥各立門户，不能合心力挽，致憤悶成疾，殞於琅琦。身後之收弃，皆所不計，豈遑恤有隻字片楮遺傳於後世耶？然忠介雖無意於詩文之留傳，而非所論於子孫之表章也。且吳巒稚、陳皇士諸君子曾叙傳梓公詩文若干卷，不幸没於兵火。公弟退山先生於草稿中録存八卷，僅十之六。先大人續《錢氏在茲集》，又搜輯得公之詩文若干篇，終以不得其全爲憾。』忠介即錢肅樂。崇禎十年丁丑（1637）進士，授太倉知州，遷刑部員外郎。清順治二年乙酉（1645），清兵犯浙，錢肅樂起兵，聞魯王在台州，遣張煌言奉表請監國。魯王赴紹興行監國事，召爲右僉都御史。後拜東閣大學士。因鄭彩專權，憂憤而卒。傳見黃宗羲《南雷詩文集·錢忠介公傳》、張廷玉等《明史》卷二七六《錢肅樂傳》等。錢肅圖乃錢肅樂之弟。隨錢肅樂抗清，曾任魯王監察御史。清順治八年辛卯（1651）滃洲之役被執，臨刑，忽被釋，歸，卒於家。事迹詳見全祖望《鮚埼亭集外編》卷五《明監察御史退山錢公墓石蓋文》、《續甬上耆舊詩》卷四十三《從亡諸公之一·錢侍御肅圖》，黃宗羲《南雷詩文集·錢退山詩文序》。錢光繡乃錢肅樂從弟，『平日風流蘊藉，蕭散自喜。晚年感懷家國，漸以憔悴，遂成心疾。戊午之夏，忽以憤懣自裁』（全祖望《續甬上耆舊詩》卷五十《南湖九子之一・錢徵君光繡》）。皆爲明之遺民烈士。若據錢廉《浙鄞錢氏在兹集總述》所言選文之意爲標準，此三人所作定應入選。考其因，或錢光繡、錢肅圖爲編纂者，尚在世，故不入選，僅爲參訂者；而錢肅樂者，或礙於其時政治形勢，始擬入選而終未選入，甚至已入選而復加抽弃歟？

《中國古籍善本書目・集部・總集類》：『錢氏在兹集不分卷。清錢廉輯。清抄本。』《中國古籍總目・集部・總集類・氏族之屬》：『錢氏在兹集不分卷。清錢廉輯。清抄本。中科院。』

鈐印：『友雲居書畫印』白文長印、『醉他軒』朱文長印。

現藏中國科學院文獻情報中心。

## 聞見録不分卷　（清）顧自俊撰　稿本

六册。每半葉八行，行二十字。無版框、界行。

顧自俊，字秀升，號愚菴，仁和人。本稿『顧咸建』條云：『錢塘邑侯顧公咸建，昆山人也。方公抵任，京師失守，天下騷動，洪光雖立，昏庸不君。……予時年十八，親見公躬臨米牙議餉，驗其飭諭，委屈周摯，幾欲墮泪。顧國家大勢，公官微力小，無可如何也已。時潞王駐杭，金陵繼陷……王嘉其義，必欲降之。公罵益厲。王知公志不可回也，始命斬于白馬廟前。……而顧公之死已四十餘年，尚未有爲之立祠請祀者。自俊，錢塘人也，爲公子民，而又親見公之烈，不屈以死，雖不能遽請于當事爲公立祠，以表忠烈，不敢不記，以告天下後世之爲人臣者。』據此及《聞見録序》推算，顧自俊約生於明天啓七年丁卯（1627）前後，清康熙二十六年丁卯（1687）四月左右仍在世。諸生。賦性高潔，能詩。有《時升堂集》《時升堂詩存》《聞見録》。事迹詳見本稿及陶元藻《全浙詩話》卷四十一《顧自俊》。

考是書之名，稿本卷前之《聞見録序》與《聞見録編次事例》名稱、卷中大題，鄭澐等《［乾隆］杭州府志》卷五十八《藝文二》「聞見録十卷」條等，皆作「聞見録」；然《聞見録序》中云：「《見聞録》者，予隨所見所聞録之，翼以垂示不朽者也。」又《［乾隆］杭州府志》卷七十九《名宦六》收有《聞見録》「王樑」「遲炘」兩條下皆注云「顧自俊《見聞録》」，則亦可稱之曰《見聞録》。

稿本卷前首有顧自俊康熙二十六年丁卯（1687）《聞見録序》，次《聞見録編次事例》。正文内容，爲人物傳記事迹。此類人物，《聞見録編次事例》云有「當事」「先達」「儒行」「高隱」「忠義」「節烈」「善行」「文學」「灾異」「愚呆」十類。原文無明確卷數，且分卷不清。僅在第一册卷端題「聞見録卷上」，卷題之下標有「當事」。第二册册中卷端題「聞見録第二卷」，卷題之下標有「鄉先達」；第六册册中卷端題「聞見録第□卷」，卷題下標有「節烈」，其他均闕如。但繹之可知作者實際上擬按十類，一類成一卷，《［乾隆］杭州府志》卷五十八《藝文二》即作「《聞見録》十卷」。全書共約一百一十餘條，其首皆有題名，或單獨以人名爲題，若「張存仁」「秦瑞寰」「李長春」；或以官職爲題，若「熊臬司」「安鑄九巡撫」；或以事爲題名，若「范撫軍荒政」；或云傳，若「俞伯霞師小傳」「張義夫傳」：前後不一。題名下著録有關事迹，大多一條爲一題，亦有多條一題者，若「范撫軍荒政」下著録兩條事迹；「應撝謙」條下著録應撝謙、沈昀、沈擴菴、沈爾慥、雙林沈□□等多人事迹，頗類乎類傳。大多數徑録言行事迹，少數除言行事迹之外，尚有沈自俊評論，名之曰「顧愚菴曰」「野史氏曰」「愚菴顧子」「錢塘顧子曰」。

關於顧自俊此作撰述之緣起，《聞見録序》云：「偉人大物，山川靈異所鍾，其拊立固卓犖不凡。而中人之流，雖天資淺薄，識見庸常，然亦顧名義，飭行檢，其於綱常倫紀之大，斷不肯苟且率畧以爲之，至性所發，即或激而稍偏，而不失爲志士。即下至愚夫愚婦，不讀《詩》《書》，不習禮樂，而天真流露，一節之善，一行之良，要亦確然有不可泯没者。《見聞録》者，予隨所見所聞録之，冀以垂示不朽者也。』簡言之，表彰政事、德行卓犖之人物。此意不獨可於人物言行事迹叙述中見之，更可於顧自俊評論中直接見之。

案：稿本『熊臬司』題名下有小注『記查名字』；『馮香遠』條云馮香遠『遂爲文移總憲象樞魏公，并書副本十餘册向各衙門投遞，其詞曰（云云。全抄。）議論之正大，筆致之曲折，才情之縱逸，殆在韓昌黎《諍臣論》上』，此處小注『全抄』乃提示之語。行間多删改補正。稿本分卷不明，若第六册『節烈』下僅有『烏山鄭烈婦』『博羅女』二條，實際上第三册『茅烈婦黄氏』『鄔烈婦李氏』『東汶七十二烈』，第五册『新會二義婦』、『新會二烈』、『汪烈女』、『李烈女秀英』、『雙節婦』（劉王氏徐龔氏）、『雙節婦』（孫孃趙姫）、『周烈母』、『張朱氏』、『丘烈婦』、『許節母』、『范沈氏』、『俞節女』、『傅黄氏』等亦當歸之『節烈』。内容亦顯闕『愚呆』等。種種情況表明，此稿本尚未最終編定。

考《［乾隆］杭州府志》卷七十九收有《聞見録》『王樑』『遲炘』兩人故事。今稿本有題名『王樑』者，與府志中『王樑』内容大異，府志乃删節顧自俊原文而成。至於『遲炘』，稿本無此題名，然有題作『遲錢塘』者，府志之『遲炘』故事實乃稿本『遲錢塘』删改而成。《［乾隆］杭州府志》修於乾隆四十九年，則顧自俊之《聞見録》曾經流行，而爲府志編纂者所采録。其所載明清之際人物事件，多爲親見親聞，乃第一手可靠之史料。

《中國古籍善本書目·史部·傳記類一》：『聞見録不分卷。清顧自俊撰。稿本。』《中國古籍總目·史部·傳記類·總傳之屬》：『聞見録不分卷。清顧自俊撰。稿本。浙江。』

鈐印：『四明盧氏抱經樓藏書印』白文方印。

現藏浙江圖書館。

## 孫閣部詩集八卷 （清）孫在豐撰 稿本

二册。每半葉九行，行二十字，小字雙行同。烏絲欄，四周單邊。白口，無魚尾。版心題葉碼。

孫在豐，字屺瞻，德清人。生於清順治元年甲申（1644），卒於康熙二十八年己巳（1689），年四十六。康熙九年庚戌（1670）殿試一甲第二名進士。授國史院編修。直起居注，充日講官。三主鄉、會文武試，兩掌教習。康熙二十六年丁卯（1687），奉命監修下河，因與同僚意見不合，二十七年降補翰林院侍讀學士，旋除内閣學士兼禮部侍郎，卒於位。長於經學，有《周易》《尚書》《四書》諸經講義，又曾奉命與牛鈕等撰《日講易經解義》；又有《通鑑講義》《扈從筆記》《東巡日記》《下河集思録》《尊道堂詩文》等。事迹詳見徐乾學《憺園文集》卷三十一《内閣學士兼禮部侍郎孫公神道碑銘》、孫在豐《孫司空詩鈔》卷首孫人龍記、戴璐《吴興詩話》卷二『孫少司空在豐』、趙爾巽等《清史稿》卷二七九《孫在豐傳》等。

稿本乃其詩集。第一册内封簽題『詩集　卷上　黼』。卷前首爲韓裴康熙十五年丙辰（1676）序；次徐倬序；次『先閣部詩集目録』，次行題『吴興孫在豐屺瞻著。男見行、參行、學行、載行重編次』。正文不分卷，其内容布置，則依據『紀恩詩』『扈從詩』『倡和詩』『贈答詩』『遊覽詩』『詠物詩』『雜興詩』『感悼詩』順序爲次，即分爲八個部分。每個部分之下，依據寫作時間先後著録詩歌。如『紀恩詩』下，依次録《康熙庚戌傳臚日恭紀》《十二月十九日召見弘德殿命賦應制詩二律》《辛亥二月十八日召見弘德殿命和杜甫早朝詩一律》《同日又命賦長松瀑布圖二絶句》《同日又命賦西伯遇太公圖二絶句》《日講恭紀》，其後録壬子年、癸丑年、丙辰年、庚申年、辛酉年、壬戌年、癸亥年、甲子年、乙丑年、丙寅年所寫詩，最後録《己巳五月蒙恩復任閣學恭紀》，即從康熙九年（1670）至康熙二十八年（1689）中所作頌德詩。『扈從詩』下則依次録康熙辛亥、壬子、癸丑、壬戌、甲子扈從康熙出游過程中所寫詩歌。其他部分皆若此。卷末首爲劉棨跋，次爲康熙五十四年乙未（1715）孫見行《附跋》。中有墨釘、粘簽。

據徐倬序云，孫在豐監修下河時，徐倬於其架上得一帙，乃孫氏門人編次其詩，分爲『八體，曰紀恩，曰扈從，曰唱和，曰贈答，曰遊覽，曰雜興，曰詠物，曰感悼』。從其所見推斷，其門人所編本當爲此孫見行康熙五十四年乙未（1715）重編之底本。

孫在豐詩，除此稿之外，尚有其從子孫人龍乾隆十一年丙寅（1746）所編《孫司空詩鈔》四卷，孫人龍於《孫司空詩鈔目録》末附《再記》中云：『右今古體詩二卷補遺一卷附録詩餘、頌賦、疏、記、序、題像、行述等一卷，共四卷。先是從兄陟齋見行、留甫學行、震齋參行、潛村見龍、容齋載行，暨從子曰繩詒孫、受緗貽經、紹衣詒武、穀成貽年、觀成岐、履祥元禧等，固嘗捧讀遺集，敬謹珍藏。兹兒子元禮自家鄉詣端溪，人龍見手稿貯書篋中，乃偕季弟嶽鍾文龍、從子師丹汝元、從孫復之承宗、履中樹棠與元禮重加校輯，付梓行世。』然此稿本所存并不全見於《孫司空詩鈔》。

鄧孝威《尊道堂集序略》曰：『司空孫屺瞻先生以臚傳第二人官翰苑，洊登亞卿，特簡司空。嘗侍讌清宫，扈蹕南苑，極詩歌賡酬之榮，所著《尊道堂詩》，朝寧、陵廟、邊關、方嶽、河海、林泉，以及家庭之哀樂、友朋之宴游，情無不周。詩亦具備，而皆體宏、格正、調高、識尊，流麗而沈雄，縱宕而蘊蓄，以是網羅群美，籠罩百家，奚疑乎？』（阮元《兩浙輶軒録》卷五引）此稿内容足當孝威之言；然就藝術論之，實不足以當之。

《中國古籍善本書目·集部·清別集類》：『孫閣部詩集七卷。清孫在豐撰。稿本。』《中國古籍總目·集部·別集類·清代之屬》：『孫閣部詩集七卷。清孫在豐撰。稿本。上海。』

鈐印：『卷盦六十六巳後所收書』白文長印。

現藏上海圖書館。

**南山堂近草一卷詩草一卷**（清）祝定國撰　**松卿詩草一卷**（清）祝出東撰　稿本

四册。每半葉九行，行字不等，小字雙行同。無版框、界行。《南山堂近草》《詩草》葉心題葉碼。

祝定國，字念非，號尚于，晚號芥舟。據祝光綬《海昌祝氏重脩宗譜》卷五上《静安宗支表·夢𢡆子虚齋後》載，生於明崇禎十二年己卯（1639），卒年闕載；然此稿本《南山堂近草》有《丁酉元旦》《丁酉七夕》《丁酉除夕大雪》詩，則其於康熙五十六年丁酉（1717）尚在世，壽近八十。祝廷錫《海昌祝氏宗譜續》卷十四『南山堂詩二册』條下引《世守集跋》，言其『年八十餘，以諸生終』，當有據。諸生。撰有《經林》（或作《嘉議堂經林》）、《史林》、《芥舟詠史詩》、《花溪備忘録》等。事迹詳見許傅霈等《［民國］海寧州志稿》卷十三《藝文志六·祝定國》、祝廷錫《海昌祝氏宗譜續》卷九『庠生諱定國』所引其弟祝翼康《南山堂集跋》。祝出東，事迹不詳。

稿本乃祝定國詩與疑爲祝出東詩之合集。第一册卷端題作『南山堂近草』，次行題『鹽官祝定國尚于氏著』。第三册卷端題作『南山堂詩草（律）』，次行題『海昌祝定國一亭氏著』。第四册册中題『松卿詩草』，下鈐『祝出東印』朱文方印。不分卷。前無序，後無跋。據其内容推斷，第一、二册乃《南山堂近草》，第三册與第四册前部乃《南山堂詩草》，且據寫作時間觀之，《南山堂詩草》當在《南山堂近草》之前；第四册後半部分乃《松卿詩草》。

考《海昌祝氏宗譜續》卷十四載，祝定國有《南山堂詩》二册，不分卷，云『鈔本存』。且引《世守集跋》云：『蘭臺公手録《南山堂詩》二册，起己未，迄丁亥，凡八百八十首，詞二十首，諸體咸備，可謂巨製。中多登臨酬和之作，不特一門群從，賡倡迭和，于于喁喁，即里查浦、他山諸公亦多贈答，想見歌詠昇平之盛，今日視之，不啻羲皇上人矣。』又云『《南山堂遊草》（□□號一亭撰。亦名《龍邱遊草》。未見。據翼權《序》增列。見前譜著述。）』《南山堂遊草》實際上亦爲祝定國所撰，祝廷錫因其時未見其本，故未歸入祝定國名下，因祝翼權《序》今已不存，具體内容如何已不能得知。僅就《南山堂詩》而言，其所録康熙十八年己未（1679）至康熙四十六年丁亥（1707）八百八十首詩、二十首詞，然比照今祝定國稿本，《南山堂詩草》有題名作『己未除夕次伯兄韻』，其後有題名作『庚申元旦次伯兄韻』『壬戌元旦得開字』『癸亥元旦和伯兄韻』『甲子元旦次伯兄韻』『乙丑元旦立春次伯兄韻』，一直到『壬午元旦次大姪韻』，即從己未一直到康熙四十一年壬午（1702）全具，然詞全無，所録詩亦未達三百首，則祝定國詩散佚頗爲嚴重。

《中國古籍總目·集部·別集類·清代之屬》：『南山堂近草不分卷。清祝定國撰。稿本。浙江。』『松卿詩草一卷。清祝定國撰。稿本。浙江。』《浙學未刊稿叢編》（第一輯）將《松卿詩草》著録爲『祝出東撰』，似可商。案：祝光綬《海昌祝氏重脩宗譜》卷五下載：『松生：字筠佀，號松卿。邑庠生。議叙六品銜。嘉慶壬戌五月二十三日生，光緒庚辰九月十一日卒。』《松卿詩草》或爲祝松生撰而爲祝出東所藏。

鈐印：『祝定國印』白文方印、『一亭尚于』朱文方印、『祝出東印』朱文方印、『言伯』白文方印。

現藏浙江圖書館。

## 壬申紀遊不分卷　（清）查慎行撰　稿本　丁以布題記

一册。每半葉九行，行字不等，小字雙行同。烏絲欄，文武邊。黑口，雙魚尾。書口中間題『他山日鈔』。

查慎行，初名嗣璉，字夏重，後更今名，字悔餘，號他山，晚號初白老人，海寧人。生於清順治七年庚寅（1650），卒於雍正五年丁未（1727），年七十八。康熙四十二年癸未（1703）進士，選庶吉士，授編修，入直南書房。康熙五十二年癸巳（1713），乞病還。雍正四年丙午，坐弟嗣庭案就逮。明年，詔釋歸，病卒。著有《敬業堂詩集》《敬業堂詩續集》《蘇詩補注》等。事迹詳見沈廷芳《翰林院編修查先生慎行行狀》、鄭方坤《查編修慎行小傳》（俱見錢儀吉《碑傳集》卷四十七）、方苞《方苞集》卷十《翰林院編修查君墓誌銘》、全祖望《鮚埼亭集外編》卷七《翰林院編修初白查先生墓表》、陳敬璋《查他山先生年譜》等。

稿本扉葉題『民國二十五年三月杭縣丁宣之捐贈』并鈐印。卷端題『壬申紀遊　他山查嗣璉』。卷題下按照日期，起自康熙三十一年壬申（1692）正月二十一，訖於七月十八，叙述每日天氣、行踪、關涉之事情及其吟咏。中間多墨筆圈、點、抹，天頭、行間多增、删、改、乙之處。

就性質而言，此稿雖是日記，然亦爲作者此近七月之間的文學作品之集：在題名『壬申紀遊』之右界外，有淡墨筆旁書『溢城集』三字，其義即此中之詩後來輯爲《溢城集》；在《敬業堂詩集》卷十四的《溢城集》題名下小注『起壬申正月，盡七月』可證。且此稿中作者修改之迹清晰可見，於此可見作者具體寫作修訂之歷程，實爲具有特殊價值之文學批評史料。除史學、文學意義外，此稿還有書法之價值，謝國楨《江浙訪書記》『壬申紀遊一卷』條即贊此『書法極爲遒美』。

考《敬業堂詩集》卷十四《溢城集》下注『起壬申正月，盡七月』，小序云：『庚午春，朱恒齋由刑部郎出守九江，枉書見招。踰年始往踐約。既爲輯《廬山志》，復遂廬山之游，賢地主之貺我良厚矣。』查慎行游朱儼幕之時間，自正月二十一日啓程，二月二十五日抵達九江府，一直到八月底，九月初離幕返家。其間於七月二十四日辛未至八月四日辛巳游廬山，寫成《廬山紀遊》（見《壬申紀遊》、《廬山紀遊》、《敬業堂詩集》卷十六

《客船集》)。

揆諸名實,《壬申紀遊》者,當包括今《壬申紀遊》《廬山紀遊》乃至其從九江返家所歷;其於時間連貫相接。而其内容,其離家入幕之在途、雖在幕然未游廬山之前爲一段,其記爲稿本《壬申紀遊》,其有關詩作則於其後編成《敬業堂詩集》卷十四《湓城集》;其在幕游覽廬山,其記爲《廬山紀遊》,其詩則編成《敬業堂詩集》卷十五《雲霧窟集》;游廬山之後,九月返家,詩爲《敬業堂詩集》卷十六《客船集》一部分。故『壬申紀遊』名者,於理實當包括上述三者。雖其後寫作頗有變更,然是乃查氏取名時之初心乎?

《中國古籍善本書目·集部·清别集類》:『壬申紀遊一卷。清查慎行撰。稿本。』《中國古籍總目·集部·别集類·清代之屬》:『壬申紀遊不分卷。清查慎行撰。稿本。浙江。』

鈐印:『查嗣璉』白文方印、『夏重』朱文方印。

現藏浙江圖書館。

## 湖録一百二十卷(清)鄭元慶撰 稿本 存五卷(卷二十至二十四) 邃盦題簽 清李少青 丁寶書 清楊峴 張宗祥跋

一册。每半葉十二行,行二十四字,小字雙行同。朱格,四周單邊。書口下鎸『魚計亭鈔』。

鄭元慶,字子餘、芷畦,自號鄭谷口,歸安人。陸心源《三續疑年録》卷九『鄭芷畦七十餘』條據《湖録序》壬辰年五十三、《盛柚堂文存》雍正己酉病風推之,以爲生於清順治十七年庚子(1660),卒於雍正朝,年約七十餘。諸生。早年以貧而游幕府;其後病風,家居不復出門。著述甚富,有《禮記集説參同》《廿一史約編》

《行水金鑑》《湖録》《石柱記箋釋》等。事迹詳見全祖望《鮚埼亭集内編》卷十九《鄭芷畦窆石志》、翁方綱《復初齋文集》卷十四《補録鄭芷畦窆石志》、錢儀吉《碑傳集》卷一三三盛百二《鄭先生慶元傳》、趙爾巽等《清史稿》卷四八四《鄭元慶傳》等。

稿本外封簽題「鄭茝畦先生湖録稿本（壬寅秋日邃盦題）」。卷端分别題「明人詩集　卷之二十」「方外集　卷二十一」「閨閣集」「總集文　卷二十二」「總集詩附以詞曲　卷二十三」「詩學　卷二十四」「詞曲」「目録」；每類目之下，各著録湖州籍或非湖州籍但與其密切相關之人物著述：以撰者及其書名爲條目，其下抄録其他典籍所載有關材料以明撰者及其著述情况；若無典籍可録，則鄭氏自撰。其後乃跋，依次爲李少青、丁寶、楊峴三跋，次俞樾乙未年跋，次李少青記，次抄盛百二《鄭先生傳》，次張宗祥記，次朱筆題記。其中多改易之處。

案：《湖録初序》《湖録中序》《湖録後序》《募刻湖録小引》今存，見於《鄭元慶遺集》。《湖録初序》下題「癸未」，《湖録中序》下題「壬辰」，《湖録後序》下題「甲辰」。《湖録初序》云：「歲辛未，浪迹京師，漫刺不見一客，偃息沈存田侍御邸第，得縱觀監本二十一史，間擇其有關吾郡者，手書成册，秘之枕函。逾年，襆被歸來，適當事有志於郡志，屬予重輯舊編。……是書也，條目簡，紀載多竊史之文，襲志之體，爲圖經，爲表，爲列傳，爲考，總一百二十卷，凡五易草，經營繕寫，殫竭己楮，至粥産以襄事。先以六册就正當事，經年索歸，仍秘枕函，以待後舉可耳。」序末附《亡兒跋語》：「康熙己巳大人有《三百辭譜》之刻。庚午撤闈後，大人游興勃興，遂於明年春策蹇走長安。期而翻然曰：「吾安忍離老親弱子，客三千里外？」遽歸。杜門教授，日侍先王母，承歡膝下，兼以課不肖四子五經諸史，俱手書授讀。如是者六年，而《廿一史約編》輯成付梓，告竣於丙子初冬。……吾大人竊恨之，於是讀史之暇，嘗取吾郡事抄撮成書，比之新、舊志乘所載，其同異大約相半也。丁丑夏四月，郡伯侯官公有修志之舉，命大人一力任之。大人復取諸史與各志再三較勘，寒暑晝夜弗輟凡二年。己卯，稿已三四易。是冬，王母弃世，雖在苫塊中……於是挾硯浮游於七州縣，以所見所聞合之於志與自所記載，又再三較勘。走秀水，就正竹垞先生。先生見之甚喜，乃盡出曝書亭藏書供大人博覽，沉酣數月然後歸。脱稿凡一百二十卷。會當事以費繁未遑付梓。辛巳冬穀游淮浦，館於今八閩大中丞張孝先先生寓邸，又得與前學使左諭德家幾庭先生、侍讀張石虹先生斟酌盡善。諸公皆當代宗工，是是非非，確然不易。丹黄硃墨，又再易其稿。壬午歸，復請正竹垞先生。……又增潤十之四五焉。凡此數年中，四方名公鉅卿得與參觀者，皆署名卷首，烺烺乎其可觀也。甲申，箋釋顔魯公《石柱記》刊行於世，有目者已賞見一班矣。即於是冬再走長安，佐南書房大老纂《佩文韻府》，幸得窺中秘書。明年乙酉春王正月，皇帝遣内臣問南書房《廿一史約編》撰人履歷。……是年秋，大人遂決計南歸。公解囊給筆札之資，因命不肖鈔録，佐之者，中表孫飲明深閉赤亭，力疾手書，隨録隨易。又經兩年，爲今之稿本尚不及十之二三，適遭無妄而止。今年春杪至於秋，不肖又力疾補録之……是書之作，前後首尾計十三年。』尾署爲『康熙己丑中秋前三日不肖男惟鞠百拜謹記』。據其説，鄭元慶此稿搜集資料，最早在康熙三十年辛未（1691），次康熙三十五年丙子（1696），正式寫作則起自康熙三十六年丁丑（1697），其間多次改易，康熙四十三年甲申（1704）初稿一百二十卷編成待刊。康熙四十四年乙酉（1705），得章紹聖資助，擬刊刻，於是鄭惟鞠進行謄抄，謄抄過程中又有補正。然鄭惟鞠僅僅抄録了小部分而亡於康熙四十九年庚寅（1710）冬，鄭元慶因傷心而置之高閣。康熙五十一年壬辰（1712）夏，鄭元慶『寓嘉禾官舍，又録得若干卷』，同前鄭惟鞠所録，共録得四十八卷（《鄭元慶遺集·湖録中序》）。雍正二年甲辰（1724），『又録七十二卷，序而藏之』（《鄭元慶遺集·湖録後序》）。至於此作之取名及發凡起例，鄭元慶《湖録中序》亦有交待云：『是録也，本郡志稿，今不敢言志而以録名之。録之始創於太府陳公。其發凡起例，壹禀西河、竹垞、稼堂三太史之論定。』雖然鄭元慶一直謀刻《湖録》，然終未如願。

鄭元慶有《湖録》一百二十卷，又有《湖録經籍考》六卷。對於二者關係，劉承幹刻《湖録經籍考》跋云：『《湖録經籍考》六卷，吾鄉鄭芷畦先生所著也。……《湖録》一編，蓋本爲郡志也。懷握鉛槧，周歷七邑，咨故老，甄遺籍，竭十數年之力，稿凡六易，成書百卷。官斯土者屢欲刻之而不果。先生懼其久而湮没也，乃易名《湖録》，著爲一家之作，其力彌艱，其志彌苦矣。唯稿雖六易，似尚未爲定本。蓋原書本百卷，今僅存《經籍考》，則《湖録》中之一部分也。《考》分四部，今僅存集部，則又《經籍考》中之一部分也。』以今存之《湖録經籍考》與此稿本比較之，類目設置較爲一致，然順序稍有調整，條目亦有增删。

《湖録》全稿本今已不見，此初稿殘本彌足珍貴。謝國禎《江浙訪書記》所載『《湖録殘存經籍志》一册』即此本，其云：『其書記湖州掌故，尤爲詳盡。如著録茅元儀《全唐詩》一千二百卷，并記云：「茅元儀《全唐詩》一千二百卷，先之者東山范氏汭也。元儀得而輯成之。會國變，稿俱散亡，幸其凡例刻於四十卷集中，爲録之如左。」丁寶書跋云：「荻岡董氏傳鈔《湖録》，兵燹後，其藝文一本尚存，然亦僅存其集部。訛字極多，賴此本校正數處，壬申九月丁寶書。」由此可見，是書爲天壤間之孤本矣。即此茅元儀《全唐詩》一千二百卷一條，爲研究唐代文學提供資料不少。』

《中國古籍善本書目・史部・地理類一》：『湖録一百二十卷。清鄭元慶撰。稿本。清李少青、丁寶書、楊峴、俞樾跋。存五卷（二十至二十四）。』

鈐印：『秋嘯山房藏書』白文方印、『少青』朱文長印、『曲園叟』白文方印。

現藏浙江圖書館。

## 詞韻一卷 （清）鄭元慶輯 清二研齋抄本 清湘雲跋

一册。每半葉九行，行十六字；小字雙行，行三十二字。緑絲欄，左右雙邊。白口，單魚尾。上書口題書名，下書口題葉碼，書口中間題韻目。

鄭元慶事迹見前《湖録》。

抄本扉葉背題記：『《詞韻》近無刊本，惟《三百詞選》末附，尤三娱家藏有舊本，借鈔此册。道光九年九月廿又六日湘雲識於汶易團雲弄月小仙居。』卷前爲《詞韻目録》。卷端題『詞韻』，下題『二研齋鈔』，次行題『歸安鄭元慶芷畦輯』。正文不分卷，按韻列同音之字，起自平聲『東』，訖於入聲『洽』。卷尾題『詞韻終』。其後附録『四聲二十八調』。就其性質而言，此乃詞學音韻之書。

案：鄭元慶曾於康熙二十年辛酉（1681）至二十八年己巳（1689）間編《三百詞譜》，『按詞定譜，兼附各體』；其中第六卷爲《詞韻》，卷首有《三百詞譜例言》，正文分韻列字。此抄本即《三百詞譜》析出别行之本。

鈐印：『華橋詞客』朱文方印。

現藏浙江圖書館。

## 許季覺稿一卷 （清）許楹撰 稿本

一册。每半葉八行，行字不等，小字雙行同。無版框、界行。

許楹，字季覺，海寧人。生卒年不詳，清康熙間人，年五十四。諸生。在越，爲蜚語所中，下獄死。少有奇志，以孝義聞，曾從錢汝霖學，精堪輿。著有《罔極録》《謁孔林記》《兖游集》《觀化雜詠》《東海鮮民獄中詩》等。事迹詳見許傳霈《[民國]海寧州志稿》卷二十九《許楹傳》、許楹《罔極録・附記》。

抄本扉葉題『錢汝霖，本姓何，初名青，字雲士，號芸朼，海鹽人。明諸生。隱居澉浦紫雲村，學者稱商隱先生。有《紫雲遺稿》。』正文首爲《議處紫雲先生身後事宜公傳》、《公頌連司馬德政詩序》、《致許西山中丞書》、《致許時菴太史》、《致許敬可》、四言詩十二章、《紫雲先生家難略述情節》并附《同人私約》，其中皆有關乎紫雲先生逝世後喪葬事宜及其家庭争端之内容。次《胥川感别詩序》《與章豈績書》《謝復沈師書》《致祝豹臣舅氏》《與吴采山書》，其中《胥川感别詩序》云『楹送至胥川……自去秋不幸有先師紫雲山人之變』，《與章豈績書》云『弟有白者：海鹽錢商隱先生』，《謝復沈師書》云『不孝楹罪孽深重』，《致祝豹臣舅氏》云『公函之舉，原非楹本懷……追思紫雲先生』，《與吴采山書》云『不孝楹以罪大惡極』，或關乎自己的喪親之痛，或提到紫雲山人、紫雲先生、錢商隱先生之逝。末爲《悲秋賦》，乃自抒窮愁之作。案：四言詩十二章似當接綴於《公頌連司馬德政詩序》之後，此組詩内容乃頌德政者。

抄本屢次言及之『紫雲先生』『紫雲山人』『錢商隱先生』即錢汝霖，本姓何，原名青，字雲士、雲耜、芸朼，號商隱，學者稱商隱先生、紫雲先生，亦海鹽人。生於明萬曆四十六年戊午（1618），卒於康熙二十八年己巳（1689），年七十二。理學家，重踐行。著有《紫雲先生遺稿》。事迹詳見錢聚仁輯《紫雲先生年譜》、王彬等《[光緒]海鹽縣志》卷十五《錢汝霖傳》等。錢汝霖乃許楹之師，許傳霈《[民國]海寧州志稿》卷十三《藝文志六・許楹》引錢泰吉語云：『季覺爲我家商隱先生高第弟子，所論葬法多述師説。』故有誤以爲此書乃錢汝霖遺著者，然此實爲許楹之稿。

《中國古籍善本書目・集部・清別集類》：『錢紫雲遺著一卷。清錢汝霖撰。清抄本。』《中國古籍總目・集部・別集類・清代之屬》：『錢紫雲遺著一卷。清錢汝霖撰。清抄本。上海。』

現藏上海圖書館。

## 洛思山農駢枝集八卷 （清）沈堡撰　清抄本

二册。每半葉十行，行十九字，小字雙行，行字不等。烏絲欄，左右雙邊。上黑口，單魚尾。書口中間題『駢枝集』三字，下書口題當卷葉碼。

沈堡，字可山，蕭山人。主要活動於康熙、雍正、乾隆間，然具體生卒年不詳。諸生。工詩文，兼長倚聲。生性不羈，喜結納。著有《漁莊詩草》《嘉會堂集》。事迹詳見阮元《兩浙輶軒録》卷十六《沈堡》。

抄本卷端大題題名頗不一致，或作『洛思山農雜編』，或作『洛思山農外編』，或作『洛思山農』；小題則一致，皆作『駢枝集』。大題下署名亦一致，作『蕭山沈堡可山』。『駢枝集』有兩部分内容：其一，『詩話』；其二，『札記』。各四卷。

『詩話』部分首題『詩話』二字。首有小序，云：『詩之有話，猶《三百篇》之有《序》也，序整而話散，往往錯雜不倫，遂濟于説家者流。然如《苕溪詩話》《漁隱叢談》諸編，皆竭一生之心力爲之，則又未可相輕也。余以此事爲宿命。凡遇花晨月夕，酒酣茗戰，與群從子姓衮衮亹亹，久而不厭，不覺楮墨之盈，存之不屑，弃之不忍，反覆躊躇，酌二者之中，删其大半而畧存之，猶古德之髡髮留鬚也。』其後即分條評論歷史上的詩人、詩作、詩論及其有關事迹。

『札記』部分首題『札記』二字。首亦有小序，云：『姜西溟先生有《湛園札記》，示淮陰閻百詩，閻改「札」

爲「劄」，西溟先生謂：「按《爾雅·釋器》『簡謂之畢』，郭璞云『今簡札也』。《春秋傳》疏云：『簡、札、牘、畢，同物而異名。凡爲書，字有多有少。一行可盡者，書之於簡；數行可盡者，書之於方；方所不容者，書之於策。』」又云：「小字傳聞，記於簡牘。簡牘即札也。余所記者，大抵多小事傳聞而一行可盡者，故取名以此。劄與札，義雖通用，然昔人以劄子奏事，注疏家未嘗及之。」故仍用舊名云云。今余所記，大都多鱗雜細事，有觸即録，不倫不序，意到筆隨，與先生取義頗相類，效顰學步，亦不復自嫌矣。』其下亦分條記載雜事。

案：歷史上詩話内容頗雜，『辨句法，備古今，紀聖德，録異事，正訛誤』與『含譏諷，著過惡，誚紕繆』（許顗《彦周詩話》）皆含於其中，然其内容皆與詩有關；至於札記，乃隨手所書所見所聞所思，内容尤雜。沈堡『詩話』『札記』正如此。其中頗多知味之言。若『詩話』部分之『予讀後人擬樂府』條引詹去衿語批評明代擬樂府模擬蹈襲；『或謂温柔和平者詩之教』條引徐叔亨語論詩歌既可含蓄，亦可顯豁透露；『一生幾許傷心事』條云『「一生幾許傷心事，不向空門何處銷」，此是右丞實供。從來文人、俠客、戰士、名妓下稍頭半歸禪寂，不過借此消遣耳，其煩惱之根固自在也』，深得其中三昧。若『札記』部分之『予嘗定山居雅課二十八事』『倪文節曰』『予一生愛好天然』等，亦實知味之言。『予一生愛好天然』云：『予一生愛好天然，千秋萬歲後，必一靈咬住，纍劫不移。或化爲梓桐，斵爲琴，可以遠俗士。或化爲棗梨，刻爲書，可以困粗漢。或化爲翡翠，取爲飾，可以助美人。或化爲金鐵，鑄爲劍，可以伴俠客。不然，寧願長墮阿鼻，日與赤髮獠牙相對，不復向人間世矣。』以此參以『詩話』之『辛卯冬吳子師石馬子相如來漁莊』條，沈堡可謂神肖魏晉風流者。故此稿非僅爲論人記事，實亦兼具撰者抒寫己情己心之作。

現藏紹興圖書館。

## 四書考典四十二卷　（清）方棨如撰　清抄本　文素松題記

六册。每半葉十行，行二十四字，小字雙行同。無版框、界行。

方棨如，字文輈，號樸山，淳安人。據阮元《兩浙輶軒録》卷十四《方棨如》所引《南野堂筆記》云方棨如《壬子元日》詩『坐守庚申憐影隻，重來甲子當生初』，則其大約生於清康熙十一年壬子（1672）；徐世昌等《清儒學案》卷二十六『方先生棨如』云其卒年八十餘，則當卒於乾隆十七年壬申（1752）以後。康熙四十五年丙戌（1706）進士。官豐潤知縣。博聞强記，自經史諸子百家靡不淹貫。著有《集虚齋四書口義》《離騷經解》《集虚齋學古文》等。事迹詳見李元度《國朝先正事略》卷四十《方先生棨如》、阮元《兩浙輶軒録》卷十四《方棨如》等。

抄本外封分別題有『四書攷典』一至六。第一册扉葉有文素松題識，云：『方棨如字若文，一字文輈，號樸山。康熙進士。官豐潤知縣。邃於經學，工古文，與桐城方舟、方苞并稱三方。有《集虚齋集》。此《攷典》淵博，爲不經見之書。十七年得於滬上，并此記之。萍鄉文素松舟虚甫識。』卷端皆題『四書攷典卷之某』，次行或書『還淳方棨如述』。其内容，按照《論語》《大學》《中庸》《孟子》之順序，摘録其文列爲條目，在其條目下節略《詩》、《書》、《易》、《春秋》三傳、《周禮》、《儀禮》、《禮記》、《孝經》、《爾雅》等經原文及漢唐以降新舊注釋等，間亦節引《史記》《漢書》《國語》等書。極少數條目内容之末有方棨如之意見。

如卷之二『小車無軏』條。此條名目取自《論語・爲政篇》。其下首引《詩經・小戎》『小戎俴收，五棨梁輈』句。句下依次引『集傳』之『小戎，兵車也。俴，淺也。收，軫也，謂車前後兩端橫木，收斂所載者也。凡車之制，廣皆六尺六寸。其平地任載者爲大車，軫深八尺，兵車則軫深四尺四寸。故曰「小戎俴收」也。五，五束也。棨，歷録然文章之皃。梁輈，從前軫以前稍曲而上，至衡至向下鈎之，横衡于輈下，而輈形穹隆上曲，如屋之梁，又以皮革五處束之，其文章歷録然也。』《集傳》即朱熹《詩集傳》；『孔疏』之『輈，上曲鈎衡。衡者，軛也。《左傳》稱庾公差追衛獻公，「射兩鈎而還」。服虔云：「鈎，車軛也。兩軛義馬頸者。」』孔疏即《毛詩》孔穎達疏；『永嘉陳氏』之『輈，車轅也。穹其上以使服馬之進退。車之進退以轅爲主，懼輈之不堅也，故一輈五分其長穹，每分以皮束之使堅，是之謂五楘』、『安成劉氏』之『梁輈即所謂軏也』，永嘉陳氏即兩宋之際陳少南《陳氏詩解》，安成劉氏即元人劉瑾《詩傳通釋》，方楘如所引二者之文或采自胡廣《詩傳大全・小戎》。次節引《周禮・考工記》總叙之經文、鄭玄注，『輪人』之經文、鄭玄注及賈公彦疏，『輿人』之經文、鄭玄注，『輈人』之經文、鄭玄注及賈公彦疏。末爲方楘如案語，云：『愚按以諸經注參驗，則軏即輈也，故邢氏正義亦引「輈人」注及《詩》「五楘梁輈」孔疏以解之。又賈公彦《周禮》疏云：「車人造大車。輪人、輿人造四馬車。輈人造輈，主爲四馬車轅。」故引以分繫兩句，然賈又云：「《論語》大車爲柏車，小車爲羊車。」則不知何據，豈鄭氏注《論語》如此耶？』

案：四書考典者，稽考四書之經典淵源，其實乃以四書爲主，冀以經典參證四書之内容。其現實目的則在於科舉。此一目的可自其所列條目見出。如卷十『公門』『鞠躬如也』『立不中門行不履閾』『過位』『攝齊升堂（段）』『出降一等（六句）』『復其位（二句）』『執圭（節）』，諸題皆取自《論語・鄉黨篇第十》『入公門』章；卷之十九『宰我問三年之喪（章）』『三年之喪』『三年不爲樂』『食夫稻衣夫錦錦食旨不甘居處不安』『子生三年（二句）』，諸題皆取自《論語・陽貨篇第十七》『宰我問』章。這些題目的選取與形式，一如明清時制藝之題。史載，方楘如『制義最有時名』（永瑢等《四庫全書總目》卷一八四《集虚齋學古文》提要），且曾主講敷文書院，故此稿條目之取捨布置，當與科舉制義密切相關。

《中國古籍善本書目・經部・四書類》：『四書考典四十二卷。清方楘如撰。清抄本。文素松跋。』《中國古籍總目·經部·四書類·四書總義》：「四書考典四十二卷。清方棨如撰。清抄本（文素松跋）。上海。」鈐印：「文素松印」白文方印、「卷盦六十六目後所收書」白文長印、「蘋鄉文氏舟虚鑑藏」朱文方印。

現藏上海圖書館。

## 學詩隅見録四卷　（清）沈近思撰　清抄本

六册。每半葉十行，行三十字。無版框、界行。

沈近思，字位山，號闇齋、俟軒，仁和人。生於清康熙十年辛亥（1671），卒於雍正五年丁未（1727），年五十七。康熙三十九年庚辰（1700）進士。歷官河南臨潁知縣、吏部侍郎、左都御史兼領吏部事等。謚端恪。著有《沈余遺書》《天鑒堂集》等。事迹詳見彭啓豐《資政大夫都察院左都御史贈太子少傅禮部尚書沈端恪公墓誌銘》、杭世駿《資政大夫都察院左都御史贈禮部尚書太子少傅謚端恪沈公神道碑銘》、全祖望《題沈端恪公神道碑後》、沈曰富《沈端恪公年譜》（俱見《北京圖書館藏珍本年譜叢刊》第九十册）等。

抄本内容乃《詩經》之訓詁。分風、小雅、大雅、頌四大部分，每部分之首皆題「學詩隅見録」，次行題「錢塘沈近思學」。首依次立「周南」「召南」「邶風」「鄘風」「衛風」「王風」「鄭風」「齊風」「魏風」「唐風」「秦風」「陳風」「檜風」「曹風」「豳風」諸目，即可歸爲十五國風；次依次立「小雅鹿鳴之什」「小雅白華之什」「小雅彤弓之什」「小雅祈父之什」「小雅小旻之什」「小雅北山之什」「小雅桑扈之什」「小雅都人士之什」諸目，即可歸爲小雅；次依次立「大雅文王之什」「大雅生民之什」「大雅蕩之什」，即可歸爲大雅；次依次立「周頌清廟之什」「周頌臣工之什」「周頌閔予小子之什」「魯頌」「商頌」諸目，即可歸爲頌。在每目之下，依次列篇目名稱、本文、訓詁。於一目結束之後，另立『按』語，從整體上説明該目之概况。不管是訓詁還是按語，皆不訓釋詞語名物，而是重在闡釋大意。

案：沈近思釋詩之特點在於以理學思想釋其主題，多據朱熹《詩集傳》而發揮之。如《卷耳》詩，《小序》云：『《卷耳》，后妃之志也。又當輔佐君子求賢審官，知臣下之勤勞，内有進賢之志，而無險詖私謁之心，朝夕思念，至於憂勤也。』（毛亨等《毛詩注疏》）然朱熹認爲，《小序》『首句得之，餘皆傅會之鑿説。后妃雖知臣下之勤勞而憂之，然曰「嗟我懷人」則其言親暱，非后妃之所得施於使臣者矣。且首章之「我」獨爲后妃，而後章之「我」皆爲使臣，首尾衡決不相承應，亦非文字之體也』（朱熹《詩集傳》卷首《詩序辨説・小序・周南》『卷耳』）；『此亦后妃所自作，可以見其貞静專一之至矣。豈當文王朝會征伐之時，羑里拘幽之日而作歟？然不可考矣』（朱熹《詩集傳》卷一《國風一・周南一・卷耳》）。沈近思即據朱説發揮之，云：『讀此詩，須知「貞静專一」四字。貞静即《關雎》之貞静也。喜怒哀樂，情也，而本於性，貞静則不漓其性而發於情之正者也。夫懷人而至馬瘏僕痡，可謂專一之至矣，然皆出於思。文王當羑里拘幽之日，不敢一語怨誹，反復懷傷，忠厚悱惻，殆與文王同此天王明聖臣罪當誅之意，何其貞静也！貞静則正而無邪，專一則誠而不貳，后妃之德亦同文王之純與！』

史載，沈近思厲志爲學，『嘗曰：「人欲窮理，學孔、孟，自朱子《四書集註章句》始。欲修行敦倫，自力行朱子《小學》始。」……復自言其得力曰：「吾由周、程、張、朱之書，上溯孔、顔、曾、孟之心，怡然涣然，若合符節，不自知其手舞足蹈也。」』（《清儒學案》卷十《三魚學案・沈先生近思》）認爲朱子之思想即是孔子之道，故云：『孔子之道，至朱子而大明。朱子爲繼述孔子之大宗，同乎朱子者，即同乎孔子也；異乎朱子者，即異乎孔子也。』（徐世昌《清儒學案》卷十《三魚學案・沈先生近思》）故此《學詩隅見録》，當爲其讀朱子《詩集傳》所體會，以朱子爲中心而闡發之。

《中國古籍善本書目·經部·詩類》：『學詩隅見録不分卷。清沈近思撰。清抄本。』《中國古籍總目·經部·詩類·傳説之屬》：『學詩隅見録不分卷。清沈近思撰。清抄本。上海。』

鈐印：『鹽官蔣氏衍芬草堂三世藏書印』朱文方印、『臣光焴印』白文方印、『寅昉』朱文方印、『何元錫印』白文方印。

現藏上海圖書館。

## 玉几山人書畫涉記手稿不分卷 （清）陳撰撰　稿本

一册。每半葉行數、行字不等。無版框、界行。

陳撰，字楞山，號玉几山人，鄞縣人，寓於杭。據張庚《國朝畫徵録》卷下《李鱓陳撰張□》條載陳撰『復堂同年生』、阮元《淮海英靈集》乙集卷四黄裕《己卯夏館於江鶴亭苑卿街南别業。昔爲余門人程志泰舊居，老友陳玉几亦嘗寓此。今老友歿已一載，而余門人卒且十四年矣。時方編〈舊雨集〉及玉几詩，因感而賦》推斷，陳撰生於康熙二十五年丙寅（1686），卒於乾隆二十三年戊寅（1758），年約七十三。舉鴻詞不就，客鑾江項氏及江都江鶴亭家。能詩，精書畫。著有《玉几山房聽雨録》《玉几山房畫外録》《玉几山房吟卷》等。事迹詳見杭世駿《道古堂文集》卷三十四《玉几山人小傳》、趙爾巽等《清史稿》卷四八五《陳撰傳》等。

稿本外封題『書畫涉記』，其下小字雙行題『甲子夏季南扇卯月題』，近書腦處題『陳玉几先生手迹』。扉葉背題『此書前有六舟僧題字内有管芷湘小印管藏□□』。内封題『玉几山人書畫涉記手稿』，左旁小字題『芷湘先生得之市攤，手自粘補於渝敝之餘，復還舊觀，屬鐵樵記于册首。時壬子巧月朔。』内容不分卷，記載所見張雨、白珽、陳桱、宋杞、陳敬宗、王羽等人及撰者自己有關題畫論書之語，天頭亦多增補條目。塗抹删乙，特別是後一小部分頗爲嚴重，極礙觀瞻。然此本可貴者，在於其爲陳撰之手寫原稿。管庭芬偶得於市攤，其後謄清成册，即本叢編所收《書畫涉筆》不分卷之管庭芬抄本者。雖然有清謄本，然將原稿本與清謄本比較，可以用來校訂清謄本之闕誤者。

《中國古籍善本書目・子部・藝術類》：『書畫涉記一卷。清陳撰撰。手稿本。』《中國古籍總目・子部・藝術類・書畫之屬》：『書畫涉記一卷。清陳撰撰。手稿本。天一閣。』

鈐印：『君乘車我戴笠他日相逢下車揖』朱文方印、『管庭芬印』白文方印、『芷湘』朱文方印、『天道忌盈人貴知足』朱文方印。

現藏寧波市天一閣博物館。

## 書畫涉筆一卷 （清）陳撰撰　清咸豐二年（1852）管庭芬抄本

一册。每半葉十行，行二十二字，小字雙行同。朱格，左右雙邊。白口，單魚尾。書口下方題内含各書葉碼。

陳撰事迹見前《玉几山人書畫涉記手稿》。

抄本所含内容有五：一、陳撰《書畫涉筆》；二、明本《觀音大士三十二贊》；三、王永綏《元人二十諸天畫像題識》；四、傅巖《元人二十諸天畫像贊》；五、翁廣平《書湖州莊氏史獄》。《書畫涉筆》爲主，而其他四種爲附。以性質言，前四種皆書畫著述；後一種乃史書，然翁廣平亦爲書畫家。

《書畫涉筆》。卷端題『書畫涉筆』，次行題『玉几山人陳撰纂録』。正文録所見書畫、碑刻等一百四十餘條，文字長短不拘。末爲管庭芬跋，尾署『咸豐壬子孟秋之杪，海昌管庭芬芷湘氏識』。

《觀音大士三十二贊》。卷端題『觀音大士三十二贊』，次行題『元雲居寺釋明本中峰撰』。中峰明本，本姓孫，錢塘人，生於南宋景定四年癸亥（1263），滅於元至治三年癸亥（1323），年六十一，僧臘三十五。元代臨濟宗僧人。事迹詳見釋念常《佛祖歷代通載》卷二十二、釋幻輪《釋鑑稽古略續集》卷一。正文内容即釋中峰明本所作三十二首詩偈，乃管庭芬從明本之真迹録出。末爲管庭芬題識，尾署『咸豐辛亥重九後二日，書於鷲峰寓館，海昌管庭芬誌』。

《元人二十諸天畫像題識》。卷端題『元人二十諸天畫像題識』，無撰者署名，然據跋語，或爲三如良浦王永綬畫并書。王永綬事迹無考。内容爲録絹本畫像上的題識。末有跋。

《元人二十諸天畫像贊》。卷端題『元人二十諸天畫像贊』，次行題『義烏傅巖野倩撰』。傅巖，字野倩，號辛楣，義烏人，徙錢塘。崇禎七年甲戌（1634）進士。知歙縣，後以讒去官。朱大典率軍於金華抗清，傅巖助之，死難。少孤貧，好讀書，工詩古文詞。著有《乘檻草》《花巢紀事》《黄山録》等。事迹詳見諸自穀等《［嘉慶］義烏縣志》卷十三《傅巖傳》、鄭澐等《［乾隆］杭州府志》卷八十四《傅巖傳》。正文内容乃傅巖題元人所畫諸天畫像。末有管庭芬跋，尾署『時咸豐壬子六月既望，海昌管庭芬芷湘甫謹跋於靈芝之白雲山房』。又一跋，尾署『中元前一日，庭芬又跋』。

《書湖州莊氏史獄》。卷端題『書湖州莊氏史獄』，次行題『吴江翁廣平海村著』。翁廣平，字海琛，號海村，吴江人。生於乾隆二十六年辛巳（1761），卒於道光二十二年壬寅（1842），年八十二。工詩文，善書畫。著有《吾妻鏡補》《聽鶯居文鈔》《海村詩文集》等。事迹詳見李銘皖等《［同治］蘇州府志》卷一〇七《翁廣平傳》、金福曾等《［光緒］吴江縣續志》卷二十二《翁廣平傳》。正文内容乃記載清初《明史》案之始末源流。末有管庭芬跋，尾署『時咸豐二年歲在壬子七月下浣，海昌管庭芬跋』。

《中國古籍善本書目・子部・藝術類》：『書畫涉筆一卷。清陳撰撰。清咸豐二年管庭芬抄本。』《中國古籍總目・子部・藝術類・書畫之屬》：『書畫涉筆一卷。清陳撰撰。清咸豐二年管庭芬抄本。上海。』

鈐印：『管庭芬印』白文方印、『芷湘』朱文方印。

現藏上海圖書館。

## 錢文端公手書進呈詩副本一卷　（清）錢陳羣撰　稿本　清許承堯題簽并跋

一册。每半葉五行，行字不等，小字雙行同。無版框、界行。

錢陳羣，字主敬、集齋，號香樹，嘉興人。生於康熙二十五年丙寅（1686），卒於乾隆三十九年甲午（1774），年八十九。康熙六十年乙卯（1795）進士。改庶吉士，授編修。雍正間五遷右通政，督順天學政。乾隆中三遷内閣學士，屢有建白；七年，擢刑部侍郎。乾隆十七年壬申（1752），以疾歸里。里居中，乾隆南巡，多次迎駕；皇帝及皇太后壽，多次獻物祝壽；每歲乾隆寄詩，陳羣必賡和進詩。卒謚文端。著有《香樹齋集》。事迹詳見錢儀吉《文端公年譜》及其卷前所附傳狀碑銘、趙爾巽等《清史稿》卷三〇五《錢陳羣傳》等。

稿本外封簽題『錢文端公手寫進呈詩副本』，下署『芚叟題端』。正文有三：首爲《乾隆二十七年八月奉恩旨遊攝山恭和御製遊攝山栖霞寺仍叠尹繼善沈德濳倡和韻》六首。次爲《既遊攝山得與臣子汝誠會於金陵即事紀恩敬賦長律四首以志一時欣遇云》四首。再次爲《壬午之秋，恭遇萬壽聖節，臣於數千里外望闕依戀，敬遣家人專齎賀摺并附寸芹數種，藉申華祝。内有天然竹如意一枝，自愧戔戔，方深惶恧，乃蒙硃批云『未須僧紹之賜，却致公遠之貢，文而有節，把玩良怡。今賜卿以木蘭所獲鹿，服食延年，以俟清晤』，臣跪展恭讀，感深五内。尋繹温旨，仰見皇上於行秋幾務之餘，天藻下敷，動與古會，至徵引典實，雅切風華，雖古帝王批答牋疏搨本間存一二，未有若是之情文并茂者也。篤棐恩深，莫能悉舉。俯念桑榆之景，許分芝餌之英。沾渥澤於瑶光，荷天情於奎翰。引年自葆，再歌〈小雅〉「嘉賓」之詩；誦德維祺，竊效畮邱封人之獻。敬製七絕六首，用代摺謝。伏惟睿鑒，臣不勝感悚之至》六首。次題記『經筵講官特進刑部尚書臣錢陳羣手繕，恭進副本。時年七十有七』。卷末爲許承堯題記。

案：錢陳羣乾隆二十七年壬午所作此三組詩見於《香樹齋續集》卷十六，詩題名全同，惟詩文稍有異。如第一組詩第一首『霽語添新妝』句下小注，《香樹齋續集》作『時臣子汝誠奉命典江南試，上以臣精神尚健，許自浙至金陵見臣子，便道游栖霞』，稿本最後一句作『便道一游栖霞山』。第二組第三首『玉冠新忝修後進』句下小注，《香樹齋續集》作『玉冠峯，上賜名也。督臣尹繼善、尚書沈德潛皆臣同館後進，而游山年月却在臣前，修後進以謁山神，亦兹山嘉話云』，頗疑『修後進』之前承上脱一『前』字，稿本作『紗幌峰，攝山主峰也，上以名不雅馴，改名玉冠峰。尹、沈皆臣後輩，而游山獨先，臣又爲後進矣』。第三組第三首『天然三十六玲瓏，節節分明見化工』『七寶莊嚴珍秘笈，豈容公遠使神通』句下稿本各有小注，然《香樹齋續集》全脱。故稿本之價值，不獨在其書法，亦在其爲文學創作過程呈現之史料。

《中國古籍善本書目·集部·清别集類》：『錢文端公進呈詩一卷。清錢陳羣撰。稿本。清許承堯跋。』《中國古籍總目·集部·别集類·清代之屬》：『錢文端公進呈詩一卷。清錢陳羣撰。稿本（許承堯跋）。浙江。』

鈐印：『錢陳羣印』白文方印、『集齋』白文方印。

現藏浙江圖書館。

## 杜詩集解□□卷（清）沈炳巽撰　稿本　存一卷（卷一）

二册。每半葉十一行，行二十五字，小字雙行同。無版框、界行。

沈炳巽，字繹旃，號權齋，沈炳震次弟，歸安人。生卒年不詳。貢生。著有《水經注集釋訂譌》《權齋文稿》《權齋老人筆記》。事迹詳見佚名《清史列傳》卷七十一《沈炳巽傳》、阮元《兩浙輶軒録》卷二十五《沈炳巽》、趙爾巽等《清史稿》卷四八五《沈炳震傳》附《沈炳巽傳》等。

稿本外封題『沈繹旃杜詩集解槀本二册　吾暇堂著録寫本之一　戊午居杭所得』。册一卷端題『杜詩集解卷之一』，次行題『苕南沈炳巽繹旃氏輯』。有類目『五言古』，其下列《遊龍門奉先寺》《望嶽》《贈李白》《同李太守登歷下古城員外新亭》《奉呈韋左丞丈二十二韻》《同諸公登慈恩寺墖》《前出塞九首》《送高三十五書記十五韻》《示從孫濟》《九日寄岑參》《夜聽許十一誦詩愛而有作》《戲簡鄭廣文虔兼呈蘇司業源明》《夏日李公見訪》《自京赴奉先縣詠懷五百字》《奉同郭給事湯東靈湫作》《後出塞五首》《晦日尋崔戢李封》《白水崔少府十九翁高齋三十韻》《三川觀水漲二十韻》《塞蘆子》《雨過蘇端》《喜晴》《送率府程録事還鄉》《送樊二十三侍御赴漢中判官》《送韋十六評事充同谷防禦判官》《述懷》《送從弟亞赴河西判官》《九成宫》《玉華宫》《羌邨三首》《北征》《彭衙行》《得舍弟消息》《送李校書二十六韻》《義鶻行》《畫鶻行》《遺興三首》《贈衛八處士》《新安吏》《潼關吏》《石壕吏》《新婚别》《垂老别》《無家别》《夏日歎》《夏夜歎》《立秋後題》《貽阮隱居》《遣興三首》《留花門》五十題，隨文校勘、訓詁，多引他人之説。

案：將此本與歷史上杜注比照，此本實際上是抄撮仇兆鰲《杜詩詳注》，不僅順序一依仇注，而且注釋内容亦依之；所改變者，一方面在於有所節略，另一方面在於以文體爲次。總體上説，無甚發明。

《中國古籍善本書目·集部·唐五代别集類》：『杜詩集解□卷。清沈炳巽輯。稿本。劉承幹跋。存一卷（一）。』《中國古籍總目·集部·别集類·唐五代之屬》：『杜詩集解□卷。唐杜甫撰。清沈炳巽集解。稿本。（存卷一，劉承幹跋）。復旦。』

鈐印：『大隆審定』白文方印、『吳興劉氏嘉業堂藏書記』朱文長印、『吳興劉氏嘉業堂藏』朱文長印。

現藏復旦大學圖書館。

## 蝨小志六卷　（清）莫栻輯　清乾隆三十四年（1769）稿本

一册。每半葉九行，行字不等，小字雙行同。無版框、界行。

莫栻，錢塘人。主要活動於康熙、雍正、乾隆年間。雍正十二年甲寅（1734）秋之前曾撰成《小爾雅廣注》（見莫栻《小爾雅廣注》卷首陳景鐘《小爾雅廣注序》）。其他事迹不詳。

稿本卷前首爲《蝨小志自序》，尾署『乾隆三十四年歲次乙丑嘉平月朔旦柳直呵凍書』；次《蝨小志目録》。卷端題『蝨小志』，次行題『錢塘莫栻右張氏輯』。小題作『蝨一』至『蝨六』，各小題下再列類目，如『蝨一』下分爲『蝨形』『蝨色』『蝨名』『蝨嫗』『蝨父』『蝨子』『蝨孫』等二十一類，於類目下節引相關文獻材料。全文不分卷，然其《蝨小志自序》云『釐爲六卷』，即一小題爲一卷。

關於此書之寫作過程，《蝨小志自序》云：『予於校勘群書之暇，每遇有連牽及蝨者輒取而補入《正字通》「蝨」字注傍，字如蠅頭，日積月纍，無隙可書焉；另粘紙簽，久之并紙簽亦無粘貼處。爰彙鈔成帙。』此書初成於乾隆三十四年己丑（1769），後又有修訂。其内容，乃窮搜博討歷史上有關蝨之典故，彙爲一編；而其性質，與《小爾雅廣注》同。

鈐印：『莫栻』白文方印、『右張』朱文方印。

現藏紹興圖書館。

## 小山乙稿五卷　（清）趙昱撰　稿本

二册。每半葉十行，行二十字，小字雙行同。烏絲欄，左右單邊。白口，單魚尾。邊欄外鎸『小山堂鈔本』五字。

趙昱，原名殿昂，字功千、谷林，仁和人。生於清康熙二十八年己巳（1689），卒於乾隆十二年丁卯（1747），年五十九。貢生。乾隆元年丙辰（1736），與弟趙信（字意林）同薦博學鴻詞，報罷。於里與弟信建小山堂藏書，蔚爲文獻大宗，同學之士雲集。能詩。著有《愛日堂吟稿》等。事迹詳見杭世駿《道古堂文集》卷三十四《趙谷林傳》、全祖望《鮚埼亭集内編》卷十九《趙谷林誄》、厲鶚《樊榭山房集·文集》卷三《趙谷林愛日堂詩集序》、趙爾巽等《清史稿》卷四八五《趙昱傳》等。

稿本原不標卷，分作五部分，每部分之首皆題『小山乙稿』，次行題『仁和谷林趙昱著』。第一部分自『皋亭道中』訖『柴胥山先生出塞圖』，第二部分自『南華堂聽雨』訖『奉訂南垞看梅先以詩寄意』，第三部分自『庚戌元日喜晴二首』訖『戲贈堇浦納姬人十首』，第四部分自『迎春五首（壬子立春前三日）』訖『題行久從子遺照二首』，皆爲詩。第五部分爲『詩餘』，自『長亭怨慢（深春用姜白石韵）』訖『木蘭花慢（題對漚沽上醉裏謡詞卷）』。各部分之内略按時間順序編次其作品。

案：趙昱之集，有刻本曰《愛日堂吟稿》，其卷一至卷五爲『小山乙稿』一至五，卷六至卷七爲『秋芙蓉吟稿』一至二，卷八至卷九爲『倦游吟』一至二，卷十至卷十三爲『小山續稿』之一至四，皆詩；卷十四至卷十五爲《愛日堂附稿》，卷十四乃《詩餘》，卷十五爲《春草園小景分記》。以此稿本與刻本比較，稿本之第一至第四即詩歌部分約當於刻本卷一至卷四，稿本第五部分當於刻本卷十四『詩餘』。稿本、刻本不僅作品互有缺、相應作品排列順序有異，且題名、正文及小注亦時見不同。刻本卷首全祖望乾隆十二年丁卯（1747）序云：『予與谷林定交且二十年，江湖之郵寄，京洛之追尋，家園之止宿，分題刻燭，良亦多矣。妄不自揣，以爲當在等齊之間。及其下世，始盡取其集讀之。』則趙一清編刻《愛日堂吟稿》之時，趙昱稿本當爲其參考之一。

然就此稿本與刻本比較情形推斷，此稿本似爲早期之稿，尚欠細緻編訂。如《題意林雪山行騎圖》，刻本卷二詩題下小注作『癸卯冬赴北闈時作此圖』，列於《述懷（以下丙午）》《東風》《雨窗柬樊榭》《答玉几貽研》之後，即歸入丙午年所作詩，意即《雪山行騎圖》爲癸卯年（1723）作，題圖詩則爲丙午年（1726）作；然稿本第二部分題下小注作『癸卯冬赴北闈時作』，列於《述懷》《倣唐人春怨》《東風》《雨窗柬樊榭》《畣玉几貽研》《夜坐漉舫》《小山殘桂》《送玉几》《和鹿綠》《題意林爲藥林作秋林讀書圖》《雨過池上》《秋雪》《和藥林意林雨中湖上看荷用湯西崖少宰立秋日贈張漢占韵》《題意林畫四首》詩歌之後，其中《倣唐人春怨》一詩，刻本列於卷二乙巳年（1725）内：故稿本不僅詩歌排列順次不當，且小注意思不準確。又如《秋盡日意林南歸》，刻本卷三題下小注『赴北闈三次矣』，詩句『玉雪驚摧謝，家人强肖温』句下注『時新喪小男』，係於己酉年（1729）内；稿本題下小注『赴北闈三次矣。一癸卯十二月去，甲辰四月歸。一丙午五月去，十月歸。一今己酉七月去，九月歸』，句下小注『意林方得襁褓兒，出門後即夭逝』：自注差異良多。二本此類差異甚多。種種迹象表明，趙一清編刻時所參閲者，當另有作者修改清謄之稿。

《中國古籍善本書目·集部·清别集類》：『小山乙稿五卷。清趙昱撰。稿本。』《中國古籍總目·集部·别集類·清代之屬》：『小山乙稿五卷。清趙昱撰。稿本。上海。』

現藏上海圖書館。

## 唐詩意一卷 （清）葉蓁選注　稿本

一册。每半葉十行，行二十五字，小字雙行同。無版框、界行。

葉蓁，字濟九，上虞人，寓嵊東隅。康熙五十六年丁酉（1717）舉人。博通經籍，兼長詩古文。好游山水，多所吟咏。著有《唐詩意》（或作《删註唐詩意》）。事迹詳見李以琰等《［乾隆］嵊縣志》卷十一《葉蓁傳》。

稿本卷端題『唐詩意』，次行題『上虞葉蓁河林選解』。原本不分卷，然内有類目『五言律一（初唐）』及『五言律二（盛唐）』。『五言律一（初唐）』下選太宗皇帝、王績、王勃、楊炯、盧照鄰、陳子昂、杜審言、沈佺期、宋之問、蘇頲、張説、姚崇、張九齡、徐安貞、孫逖、梁獻諸人之詩，『五言律二（盛唐）』下選玄宗皇帝、張巡、儲光羲、劉眘虚、王維、孟浩然之詩。入選最多者爲孟浩然、王維、張九齡，最少者爲王績、楊炯、盧照鄰、蘇頲、姚崇、徐安貞、梁獻、張巡等人，通稿約一百五十餘首。其體例，首録詩題，次録詩本文而隨文評點，倘有總評則列於詩末。其評點内容，主要是章法之起承轉結以及意旨主題，多點睛之筆，《［乾隆］嵊縣志》葉蓁本傳即言葉蓁此作『簡括得作者之志』；間有文字訓詁則書於天頭。如《九日懷襄陽》：『去國似如昨，倏然經杪秋。（離家之久。）峴山不可見，風景令人愁。（思家之深。）誰采籬下菊，應閒池上樓。（所愁在此。）宜城多美酒，歸與葛疆游。（應望峴意。）』天頭注：『葛彊，山簡愛將。』詩末評：『《國風》「伊威在室，蠨蛸在户」之意。』

葉蓁此著之顯著特點，在以《詩》評詩。如云王績《野望》『隋日式微，無功傷之而作。即《詩》人「北風」「雨雪」意，然唐興之兆見矣。』楊炯《從軍行》『此詩有《秦風·無衣》意。』又盧照鄰《春晚山莊率題》『此得其性情之正，可爲正《風》。』王勃《銅雀妓》『生拘空臺，其與《黄鳥》之死殉者何異?故是變《風》。』杜審言《登襄陽城》『極形楚地之美，即《碩人》「河水洋洋」意。然彼是變《風》，此是正《風》。』云唐太宗《詠桃》『四詩俱是比體，可作唐之《大雅》。』沈佺期《銅雀臺》『兒女情長，英雄氣短。令魏武自思，亦不可解。瀰刺入髓，可▨〔作〕變《大雅》看。』王勃《送杜少府之任蜀州》『慰安其情，開廣其意，可作正《小雅》。』云杜審言《蓬萊三殿侍宴奉敕咏終南山》『説終南，有拱護皇居意。雖非唐頌，亦是《斯干》之▨〔道〕。』皆其顯著特色之表現。

鈐印：『邵山老人』朱文方印。

現藏浙江圖書館。

## 金史補不分卷　（清）杭世駿撰　民國二十六年（1937）浙江省立圖書館抄本

九册。每半葉十行，行十九字，小字雙行同。無版框、界行。

杭世駿，字大宗，號堇浦、秦亭老民，仁和人。生於清康熙三十五年丙子（1696），卒於乾隆三十七年壬辰（1772），年七十八。雍正二年甲辰（1724）舉人。乾隆元年丙辰（1736）召試博學鴻詞，授翰林院編修。以言事罷官。曾主講廣東粵秀書院、揚州安定書院。世駿於學無所不貫，尤擅詩文。著有《續禮記集説》、《續方言》、《史記考證》、《三國志補注》、《諸史然疑》、《石經考異》、《訂訛類編》《續補》、《道古堂文集》《詩集》《集外文》《集外詩》、《榕城詩話》、《詞科掌録》《餘話》等。事迹詳見杭世駿《杭世駿集》附録之應澧《杭堇浦先生墓誌銘》、夏孫桐《擬補清史文苑杭世駿傳》、佚名《清史列傳·杭世駿傳》、李元度《杭堇浦先生事略》等。

抄本第一册内封題『鈔本金史補』，其右題『影録仁和瞿氏清吟閣原鈔稿本』。第三、四、五、六、七、八册内封亦題『鈔本金史補』。第一册扉葉有題記，云：『杭氏曾輯有《金史補》，未刊行，見載邵氏《四庫標注》「元史」項下。聞清吟閣瞿氏有鈔稿九册，未見。頃于浙大友人處藏有瞿清吟原鈔，喜甚，假歸，亟囑館友影録全帙，擬他日編入本館善本類内，非特鄉賢遺著可以不朽，亦足資研逸史者之一助爾。二十六年、二、五，訓慈。』訓慈即陳訓慈，民國間曾任浙江省立圖書館館長。則此本乃民國二十六年據清吟閣本之影抄本。卷端題『金史補』，次行題『仁和杭世駿』。其内衹有小題『世紀』『太祖』『太宗』；『世紀』小題之下，節引《松漠記聞》《五代史》《裔夷謀夏録》等史料。『太祖』『太宗』之下，列相關《金史》原文，主要節引其他史料，間有己意。據其所列《金史》原文，止於《金史》卷三太宗『（天會五年）三月丁酉，立宋太宰張邦昌爲大楚皇帝』，則此本爲未成之本。

案：杭世駿《道古堂文集》卷十九《補史亭記》云：『作亭者何？補史也。史何補？補《金史》也。杭子疏證《北齊書》，既畢功，越明年，乃補《金史》。竊尋金起忽微，易木契爲文書，化部落爲郡縣，襟江帶海，翹九有而朝之，幾于混一。學者不察其終始，猥以僻陋在夷，記問聊畧，蒙嘗惑焉。先人庇屋，積有餘材，營度後圃，規爲小亭，窗楹疏達，高明有融。乃徙先世所遺群籍凡有關涉中州文獻者，悉置其處。廣榻長几，手目讎温，間有開明，輒下籤記。風硼環而披帷，雨淋浪而濯屋，兀坐胝掌，鋭不自休。每嘉客時至，輒聽然解頤，讓席割氈，虚襟斂手，佞顔卑辭，丐乞謄寫。歲月既多，卷帙遂衍，文成數萬，埒于前書。惟《天文》《律曆》二志，尚闕焉未逮，其餘排纂，粗有成就。祭天射柳之風，弋鵞搁羊之俗，發祥于虎水，記命于河汾，一百一十年間大畧可覩矣。』據其記中所述，其《金史補》，除了《天文志》《律曆志》外，其他内容已經補完。今存有稿本及多種抄本，然皆爲其中一小部分。

邵懿辰《四庫全書簡明目録標注》云：『杭大宗所輯《金史補闕》，未成，瞿氏有鈔稿九本。』此抄本九册，即影瞿氏原鈔稿本。

現藏浙江圖書館。

## 武林覽勝記四十二卷 （清）杭世駿撰 清抄本

四十八册。每半葉九行，行二十一字，小字雙行同。青絲欄，文武邊。白口，無魚尾。

杭世駿事迹見前《金史補》。

抄本卷前無序及目録。第一册扉葉有閱者題識：首爲睿安題識，天頭有睿安書之粘簽；其葉背面有何春船元偉題識。正文分作四十二卷，第一卷卷端題作『武林覽勝記卷一　仁和杭世駿大宗輯　東里盧文弨召弓較』；其他卷卷端皆題作『武林覽勝記卷某』。卷下列十七類目，計卷一、卷二爲『水利』，卷三『隄塘』附『堰閘』，卷四『橋梁』，卷五『園亭』附『書院』，卷六至卷九『寺觀』，卷十至十一『祠宇』，卷十二至十四『古迹』，卷十五至十七『名賢』，卷十八至十九『方外』，卷二十『物産』，卷二十一至二十二『冢墓』附『塔』，卷二十三至二十四『碑碣』附『金刻』，卷二十五『卷帙』，卷二十六『書畫』，卷二十七至三十八『藝文』，卷三十九至四十『志餘』，卷四十一至四十二『外紀』。類目下再立子目，如『物産』下立『穀品』『木品』『花品』『果品』『蔬品』『藥品』『草品』『竹品』『羽屬』『獸屬』『蟲屬』『鱗屬』『介屬』『貨屬』，『藝文』下立『賦』『記』『序』『題跋』『辨』『雜著』『詩五言古』『詩七言古』『詩五言律』『詩五言排律』『詩七言律』『詩七言排律』『詩五言絶句』『詩六言絶句』『詩七言絶句』『詞』『竹枝詞』『閨秀』等目。每類下首皆有小序文字；較爲特異者乃『藝文』，不僅

『藝文』下首有小序，其中『竹枝詞』『閨秀』兩子目下首亦有小序。以此格局記載武林之自然風物、人情事態。雖所記内容繁雜，然綱舉目張，有條不紊。

案：吴慶坻《蕉廊脞録》卷五云：「『堇浦先生著《武林覽勝記》四十二卷，無刻本，友石山房高氏藏抄本，題「仁和杭世駿大宗輯，東里盧文弨召弓校」。其目爲水利、隄塘、橋梁、園亭、寺觀、祠宇、古迹、名賢、方外、物産、塚墓、碑碣、卷帙、書畫、藝文、志餘、外紀，體例與《西湖志》相近。志餘、外紀各卷，采摭尤備。舊爲何春船元偉藏，又有「何夢華元錫」印。春船録《兩浙經籍志》一則于卷前，云：「賜書堂孫氏嘗以此書進呈，外間稿本流傳絶少。」』驗諸此本，此即吴慶坻所言之本。

《中國古籍善本書目・史部・地理類二》：『武林覽勝記四十二卷。清杭世駿撰。清抄本。』《中國古籍總目・史部・地理類・專志之屬》：『武林覽勝記四十二卷。清杭世駿撰。清抄本。浙江。』

鈐印：『春船氏』白文方印、『何元錫印』白文方印、『元偉私印』白文方印。

現藏浙江省博物館。

## 全韻梅花詩一卷 （清）杭世駿撰 稿本

一册。每半葉六行，行十五字。無版框、界行。

杭世駿事迹見前《金史補》。

稿本外封簽題『杭堇浦太史全韻梅花詩稾』。卷端題『全韻梅花詩』。正文不分卷，分爲『上平』『下平』『上聲』『去聲』『入聲』諸小題，每小題下各賦數詩，每詩末標明所屬韻目，其中『上平』有一東、二冬、三江、四支、五微、六魚、七虞、八齊、九佳、十灰、十一真、十二文、十三元、十四寒、十五删。『下平』有一先、二蕭、三肴、四豪、五歌、六麻、七陽、八庚、九青、十蒸、十一尤、十二侵、十三覃、十四鹽、十五咸。『上聲』有一董、二腫、三講、四紙、五尾、六語、七麌、八薺、九蟹、十賄、十一軫、十二吻、十三阮、十四旱、十五潸、十六銑、十七篠、十八巧、十九皓、二十哿、二十一馬、二十二養、二十三梗、二十四迥、二十五有、二十六寢、二十七感、二十八琰、二十九豏。『去聲』有一送、二宋、三絳、四寘、五未、六御、七遇、八霽、九泰、十卦、十一隊、十二震、十三問、十四願、十五翰、十六諫、十七霰、十八嘯、十九效、二十號、二十一箇、二十二禡、二十三漾、二十四敬、二十五徑、二十六宥、二十七沁、二十八勘、二十九艷、三十陷。『入聲』有一屋、二沃、三角、四質、五物、六月、七曷、八黠、九屑、十藥、十一陌、十二錫、十三職、十四緝、十五合、十六葉、十七洽。合於《佩文詩韻》。末有題記，云：『全韻詩成書，奉玉几詞丈郢正。堇浦杭世駿脱稿。』玉几者，陳撰是也。

案：《全韻梅花詩》的寫作，據杭世駿《道古堂集外詩·全韻梅花詩》首云：『寅夏，主講邗上安定書塾，公暇偶咏得全韻梅詩，雖不能爲名花寫照，而頗有層見叠出之致，因録成之。』則作於乾隆三十五年庚寅（1770）。葛嗣浵《愛日吟廬書畫續録》卷五『清杭世駿行書梅花詩册』云：『《道古堂集外詩·全韻梅花詩》，堇浦自寫手册極多。秀水王氏、仁和張氏均有之，皆全詩也。此册僅得上、去聲五十九首，以真迹存之。』葛嗣浵所録殘本與今存之稿本并不全同，可互爲參校。

《中國古籍善本書目·集部·清别集類》：『全韻梅花詩一卷。清杭世駿撰。稿本。』《中國古籍總目·集部·别集類·清代之屬》：『全韻梅花詩一卷。清杭世駿撰。稿本。浙江。』

鈐印：『道古堂書畫印』白文長印、『大宗』朱文方印、『臣世駿』白文方印、『堇浦』朱文方印。

現藏浙江圖書館。

# 欽旌孝子伯寧趙公傳一卷 （清）胡天游撰　清沈復粲抄本

一册。每半葉九行，行二十字。無版框、界行。葉心題葉碼。

胡天游，本名胡騤，字稚威。胡廣慈等《山陰張川胡氏宗譜》卷十八《家傳二·召試博學鴻詞再舉經明修行充内廷三禮館纂修官授直隸州州同雲持公列傳第十六》：『公諱騤，字稚威，復取方外天游之意，署曰方天游，號雲持，行三。』山陰人。生於清康熙三十五年丙子（1696），卒於乾隆二十三年戊寅（1758），年六十三。雍正七年己酉（1729）副榜貢生。乾隆二年丁巳（1737）補試博學鴻詞，因病報罷。客居京師，後客山西而卒。著有《石笥山房集》。事迹詳見朱仕琇《方天遊傳》、胡元琢《先考稺威府君年譜紀略》（俱見《石笥山房集》卷前）、趙爾巽等《清史稿》卷四八五《胡天游傳》等。

抄本卷端題『欽旌孝子伯寧趙公傳』，次行題『山陰後學胡天游』。末有題記：『此山陰沈霞西先生手迹，余得于會稽趙益甫藏書中。壬寅五月鴿峰老人記。』趙益甫即趙之謙，其師即沈復粲，後又師錢松，於書法、繪畫、詩文諸方面皆有很高造詣，尤精於篆刻。鴿峰老人即周大輔，常熟人，光緒間著名藏書家，喜抄書，其室名鴿峰草堂。此書題名中之孝子伯寧趙公即趙萬全，會稽人，其父趙應麟教授北方而死，趙萬全外出尋父，歷盡艱難，得其父骸骨歸葬。旌表門閭。嵇曾筠等《［雍正］浙江通志》卷一八五《人物七·孝友三·趙萬全傳》、沈元泰等《道光會稽縣志稿》卷十八《人物志二·孝行·趙萬全傳》、趙爾巽等《清史稿》卷四九八《孝義二·趙萬全傳》均載其事迹。胡天游此文亦傳其事，然有兩種：一種即此抄本名《欽旌孝子伯寧趙公傳》者，一種即胡天游《石笥山房集》卷五《書趙萬全事》，二者并不完全相同；相對而言，此抄所云更近乎人情，摹狀更爲細膩。且此抄本之價值，不獨其文學性較他本强，而且在於是抄合胡天游、沈復粲、趙之謙諸藝文大家於是，可謂備足因緣矣。

《中國古籍善本書目·史部·傳記類一》：『欽旌孝子伯寧趙公傳一卷。清胡天游撰。清沈復粲抄本。』《中國古籍總目·史部·傳記類·別傳之屬》：『欽旌孝子伯寧趙公傳一卷。清胡天游撰。清沈復粲抄本。復旦。』

現藏復旦大學圖書館。

## 陳太僕詩草一卷 （清）陳兆崙撰 稿本 清陳桂生跋

一册。每半葉五行，行十六字。烏絲欄，四周單邊。

陳兆崙，字星齋，號句山，錢塘人。生於清康熙三十九年庚辰（1700），卒於乾隆三十六年辛卯（1771），年七十二。雍正八年庚戌（1730）進士。歷官侍講學士、順天府府尹、太常寺卿等。精六書之學，尤長經義，於《易》《書》《禮》均有論述。著有《紫竹山房詩文集》等。事迹詳見《紫竹山房詩文集》卷首顧光《皇清中憲大夫通政使司副使例授通奉大夫太僕寺卿句山陳公暨元配封恭人例封夫人周夫人合葬墓誌銘》、郭麐《皇清中憲大夫通政使司副使例授通奉大夫太僕寺卿句山陳公神道碑銘》、陳玉繩《陳句山先生年譜》，趙爾巽等《清史稿》卷三〇五《陳兆崙傳》等。

稿本外封簽題『陳太僕詩草（合肥郭氏收藏　乙巳□□□□□□署』。卷端不題名，亦不分卷。收録《春日次元道州詠醉十二絶》《羅山春眺》《送胡次霖歸武》《春夜懷遠次韻》《刺桐花》《赤嵌城觀海》《番茉莉》《香果》《蕉屏》《裁衣曲》《明妃怨》《寒食祀先感賦》《夜渡彌陀港》《暮春即事次韻》《九日雨中榕城曉發憶得滿城風雨近重陽之句續之》詩。末有跋，云：『先太僕手澤日久多所散佚，此册得自會稽周蘭坡先生家，藏諸篋笥十有六年，深虞漫漶，檢付裝池，敬綴數語，以誌弗諼。』尾署『嘉慶丙子孟冬孫桂生謹識』。

陶元藻《全浙詩話》卷四十七《陳兆崙》按云：『太僕爲人和易，胸無城府，尤好汲引後進，有求賢若渴之懷。善飲，每遇知己，輒連飲數觥，未嘗醉，而談鋒彌健。生平以古文爲時文，故制義縱横排奡，自成一家。居京師，士大夫奉爲文章宗匠，凡應試鄉會者，必持文請決利鈍，門外屨滿。工行書，得力古人，别饒姿致。太僕嘗自言曰：「吾書法第一，文次之。世人但以文譽吾，未可爲真知吾者。」』於此卷可見爾。

《中國古籍善本書目·集部·清别集類》：『陳太僕詩草一卷。清陳兆崙撰。稿本。清陳桂生跋。』《中國古籍總目·集部·别集類·清代之屬》：『陳太僕詩草一卷。清陳兆崙撰。稿本（清陳桂生跋）。浙江。』

鈐印：『兆崙』朱文方印、『古柏艸堂』朱文方印、『桂生』朱文方印。

現藏浙江圖書館。

## 惜陰書屋詩草不分卷 （清）羅繼章撰 稿本

一册。每半葉十行，行二十四字。緑絲欄，文武邊。白口，雙魚尾。

羅繼章，號訒哉。餘姚人。《七月七日準提閣中作·序》：『康熙丙申，余年十七。』康熙丙申爲康熙五十五年（1716），則其約生於清康熙三十九年庚辰（1700），卒年不詳。歲貢。喜游覽山川，寄情吟咏。著有《惜陰書屋詩草》。事迹詳見潘衍桐《兩浙輶軒續録》卷八《羅繼章》。

稿本外封題『惜陰書屋詩草一本』。卷前有南城袁泰序，尾署『乾隆二十五年歲庚辰一陽月之望後』。卷端題『惜陰書屋詩草』，次行題『姚江羅繼章訒哉氏』。正文不分卷，徑列詩歌，行間有改訂。

考《兩浙輶軒續録》卷八《羅繼章》云繼章『著《惜陰書屋詩草》四卷』，并引云：『袁本泰《序》略：先生品端才俊，積學有年，尤喜流覽山川，寄情吟詠。』然今稿本序中云『羅子訒哉品端而才俊，讀其詩，脱口清新，惟陳言之務去，絶無浮詞僞體桎梏其天倪。對境言情，寄情成咏，非學于古者深，烏能致其詩之工若是？……雖已積學有年，未得乘風破浪』，并無言其『尤喜流覽山川，寄情吟詠』之意；稿本序末原題曰『愚表叔袁泰序』，墨筆改作『南城袁泰序』，皆不作『袁本泰』。《兩浙輶軒續録》録《西嶺草菴茶話》《王陽明先生講學處》二詩。《西嶺草菴茶話》詩，其第一首稿本之詩與《兩浙輶軒續録》同；其第二首稿本之詩云『日照疏松净，風吹細竹斜。草菴茶未了，一鴈落寒沙』，然《兩浙輶軒續録》『草菴茶未了』作『孤煙霏未了』。《王陽明先生講學處》詩，稿本詩題作『奉試賦王陽明先生聚講處限學字韵』；詩句稿本『蕙江勤追琢』，《兩浙輶軒續録》作『蒹江勤追琢』。由此而言，羅繼章之《惜陰書屋詩草》曾有另一本流傳於世，其本爲四卷。

鈐印：『繼章之印』白文方印、『訒哉』朱文方印。

現藏餘姚博物館。

## 沈氏詩醒八箋二十五卷　（清）沈冰壺撰　稿本

十八册。每半葉十一行，行二十四字，小字雙行同。無版框、界行。葉心題當册葉碼。

沈冰壺，字清玉，號梅史，山陰人。生卒年不詳。歲貢生。乾隆元年丙辰（1736）舉薦試博學鴻詞，報罷。頗涉獵書傳，喜作詩。著有《古調獨彈集》《抗言在昔集》等。事迹詳見佚名《清史列傳》卷七十一《沈冰壺傳》、阮元《兩浙輶軒録》卷二十四《沈冰壺》、李亨特等《［乾隆］紹興府志》卷五十四《沈冰壺傳》等。

稿本第四册、第六册、第八册、第十一册、第十二册、第十三册、第十四册、第十五册、第十七册、第十八册扉葉題有目録，然第十七册扉葉上的目録實際上應當裝在第十六册前。大致而言，第一册包括卷首、卷一全部、卷二部分，第二册包括卷二部分、卷三全部，第三册包括卷四、卷五全部，第四册包括卷六、卷七、卷八全部，第五册包括卷九、卷十全部，第六册包括卷十一、卷十二全部，第七册包括卷十三、卷十四全部，第八册包括卷十五部分，第九册包括卷十五部分、卷十六全部、卷十七部分，第十册包括卷十七部分，第十一册包括卷十八全部、卷十九部分，第十二册包括卷十九部分，第十三册包括卷二十大部分，第十四册包括卷二十小部分、卷二十一全部、卷二十二部分，第十五册包括卷二十二部分、卷二十三全部，第十六册包括卷二十四部分，第十七册包括卷二十四部分，第十八册包括卷二十五全部。

稿本册、卷、内容分合不一致，細繹之，其内容順次如下：卷前首爲《沈氏詩醒序》，尾題『乾隆十六年歲次辛未仲春之月望後十日丙辰山陰學子沈冰壺自題』；次《例言》；次《總論》。次《周南十一篇》總論及《周南》各篇之箋。次《召南十四篇》總論及《召南》各篇之箋。次《十五國風總論》；次《邶鄘衛總論》，次《邶國風十九篇》總論及《邶風》各篇之箋，次《鄘國風十篇》總論及《鄘風》各篇之箋，次《衛國風十篇》總論及《衛風》各篇之箋；次《王國風十篇》總論及《王風》各篇之箋；次《鄭國風二十一篇》總論及《鄭風》各篇之箋；次《齊國風十一篇》總論及《齊風》各篇之箋；次《魏國風七篇》總論及《魏風》各篇之箋；次《唐國風十二篇》總論及《唐風》各篇之箋；次《秦國風十篇》總論及《秦風》各篇之箋；次《陳風十篇》總論及《陳風》各篇之箋；次《檜國風四篇》總論及《檜風》各篇之箋；次《曹國風四篇》總論及《曹風》各篇之箋；次《豳風七篇》總論及《豳風》各篇之箋。次《小雅八十篇》總論；次《小雅》從《鹿鳴》到《菁菁者莪》各篇之箋，次《辨正雅變雅之誤》，次《小雅》從《六月》到《何草不黃》各篇之箋。次《大雅三十一篇》總論及《大雅》各篇之箋。次《周頌三十一篇魯頌四篇商頌五篇》總論及《周頌》各篇之箋，次《魯頌四篇》總論及《魯頌》各篇之箋，次《商頌五篇》總論及《商頌》各篇之箋。至於各篇之箋，有八個方面，《例言》云：『其曰八牋者，標部署也。一曰比興，一曰分章，一曰標宗，一曰音義，一曰條旨，一曰匡訛，一曰研故，一曰録剩。』但是也有部分缺少『研故』一項。每個方面大量羅列他人有關説法。此書之價值在於通過如上之比較嚴密的框架，梳理《詩經》學説，分門别類，綱舉目張，撰者的主題極爲鮮明突出。然是本尚未完全寫定，其中天頭、行間多題有補訂，亦多粘簽上題增補内容。

浙東言《詩》，宋有吕祖謙《吕氏家塾讀詩記》。其寫作之起因及其特色，朱熹《吕氏家塾讀詩記序》云，説《詩》『及其既久，求者益衆，説者愈多，同異紛紜，争立門户，無復推讓祖述之意，則學者無所適從，而或反以爲病』，故吕祖謙『兼揔衆説，巨細不遺，挈領提綱，首尾該貫，既足以息夫同異之争，而其述作之體，則雖融會通徹，渾然若出於一家之言，而一字之訓，一事之義，亦未嘗不謹』（吕祖謙《吕氏家塾讀詩》卷首）。其後與其呼應者，即沈冰壺此作。其《沈氏詩醒序》云，『是則諸經之旨本一，亂于説之太紛；《詩》之旨本不一，又牿于求之太隘矣。乃至廢三家而獨崇毛《序》，今又屏毛《序》而獨遵朱《傳》，浸淫日甚，錮以場屋荒速之陋習，并《疏義》《大全》《通釋》諸書亦庋置高閣，父師相沿，口耳相授，守爲定本，并歸一轍。稍有異同，即瞋目而駴，指爲離叛，不可容于衆中，此亦治經之大厄也』，『於是掃迹斂門，薈粹諸解』，終成此《詩醒》。雖然二者目的有異，然廣采博收、薈萃衆説則同，可謂體現兩浙《詩》學特色之雙璧。

案：此著亦名曰《毛詩八箋》。黄璋《大俞山房詩藁》卷一《贈山陰沈丈清玉》：『休文文采後，之子繼清賢。家在邪溪住，躬耕鑑曲邊。已看新白髮，猶是舊青氈。連日晴窗暇，風詩註幾篇。（近著《毛詩八箋》）』《中國古籍善本書目·經部·詩類》：『沈氏詩醒八箋二十五卷。清沈冰壺撰。清抄本。』《中國古籍總目·經部·詩類·傳説之屬》：『沈氏詩醒八箋二十五卷。清沈冰壺撰。稿本。浙江。』

鈐印：『鳴野山房』朱文方印。

現藏浙江圖書館。

## 勝國傳略六卷 （清）沈冰壺撰 清抄本

二册。每半葉十行，行二十字，小字雙行同。無版框、界行。葉心題當卷葉碼。

沈冰壺事迹見前《沈氏詩醒八箋》。

抄本兩册外封皆題『勝國傳略』。卷前有《勝國傳略目録》。目録中標明六卷，然正文不標卷數，僅作『一』至『六』。第一卷卷端題『勝國傳略一』，次行題『越中沈徵君梅史先生撰述（梅史字冰壺）』，次三行題『諸王始末』。其後各卷卷端則不再署撰人，僅分兩行題『勝國傳略二』『宏光死事諸人傳』『勝國傳略三』『唐王明王益王死事諸公』『勝國傳略四』『魯王死事諸公』『勝國傳略五』『遺佚諸公』『勝國傳略六』『遺獻諸公』。末有施山《跋》，云：『《勝國傳略》兩册，册首題曰「越中沈徵君梅史先生撰述。」（注云：「梅史字冰壺。」按：《本朝諸傳》無以名諱冠先生者，而屢稱曰「梅史先生」，是梅史亦别字也。）《本朝諸公傳》兩册，不題撰人姓名。爲吾族祖二川先生（溶）節録兩書，皆未盛行，或無刻本。冰壺名諱履歷亦無可考。（須覓《浙江通志》或《紹興郡志》）觀兩書立論行墨，引繩批根，凌厲可畏，確然如出一手。然《本朝諸傳》中往往附見梅史而尊之曰先生（《張泊谷傳》《李穆堂傳》《田東軒傳》），則明明别是一人，於梅史爲後輩也。兩書所録，雖删節過甚，而文氣尚貫，讀書論世者猶足以資考證。數十年來，屢求完璧而不可得，碩果之遺，大可寶貴。友人借鈔者甚多，當付諸手民以行於世，俟完本出而後廢此可也。』尾署『光緒四年九月十七日會稽施山力疾識』。據此説法，今本《勝國傳略》與《本朝諸公傳》已非沈冰壺原本，乃施溶節録本。

此傳所録，皆關乎南明王朝之君王、后妃、宦者、賢達。其體例，一般僅述其事迹；對於重要人事，則加『論曰』指點激揚；間有史實考訂，則加『按』（如卷一《錢公鳳覽傳》）、『附記』（如卷五《紹興郡守于公九瀛傳》）、卷六《劉伯繩先生傳》）。特别是，卷一《鄭成功傳》尚有『補成功傳』。卷一之《宦者王永壽傳》則采用會稽董暘之作。蓋撰者以載人紀事、表彰前朝賢人爲志，并不爲體例所囿。

《中國古籍善本書目·史部·傳記類一》：『勝國傳畧不分卷。清沈冰壺撰。稿本。』《中國古籍總目·史部·傳記類·總傳之屬》：『勝國傳畧不分卷。清沈冰壺撰。稿本。浙江。』

現藏浙江圖書館。

## 勝國遺獻諸人傳不分卷　（清）沈冰壺撰　清黄璋抄本

二册。每半葉九行，行二十四字，小字雙行同。無版框、界行。

沈冰壺事迹見前《沈氏詩醒八箋》。

稿本第一册外封題『勝國遺獻小傳（分裝二册）』，書腦上方題一『上』字。内封題『勝國遺獻小傳（丙寅長至節長恩閣重裝）』。扉葉背題『此編及《名臣名賢小傳》均經箸録於新通志并作提要。卅五年五月余紹宋識』；次《勝國遺獻諸人傳》目録。第二册外封之書腦上方題一『下』字。正文後有粘簽三：其一，上題佚名批校，考其筆迹，乃陳訓慈所爲；其二，上有陳訓慈題識，云『勝國遺獻小傳下册第55頁在接收時原缺一頁。一九五八年造《特藏書目》翻閲中發見記之。訓慈59年一月』。其三，佚名題『《勝國遺獻》《國朝名臣名賢小傳》

分裝六册，大興傅氏所藏。經考爲山陰沈冰壺原著本，未有出版，殊可寶也。詳見紹興修志會王世裕函』。

是書正文不標卷次，書蔣德璟、張鏡心等五十餘人傳記三十五篇；各篇述事迹，多有『論曰』以作評述，少數還有附記。案：此本内容實當《勝國傳略》六卷本之卷六，然此詳而《勝國傳略》略。

鈐印：『余紹宋』白文方印、『余越園讀書記』朱文長印、『芳心慶藏書之印』白文朱文方印。

現藏浙江圖書館。

## 本朝諸公傳二卷　（清）沈冰壺撰　清黄璋抄本

四册。每半葉九行，行二十四字，小字雙行同。無版框、界行。

沈冰壺事迹見前《沈氏詩醒八箋》。

前兩册外封之書腦上方分别題有『乾』『坤』二字。第一册外封還題有大字『國朝名賢小傳』，其左旁傅以禮小字題『《勝國遺獻》及《國朝名臣名賢小傳》計三册，不知何氏所撰。乙卯秋日得于沈氏味經堂。茚叟偶誌』；次《本朝諸公傳》目録；正文不分卷，爲人物小傳，起自孫奇逢，訖於李明性、顔元。第二册亦爲小傳，起自張貞生，訖於李集鳳、史鴻。後兩册外封之書腦上方分别題有『甲』『乙』二字。第三册外封題大字『國朝名賢小傳』；次《本朝諸公傳》目録；正文不分卷，起陸隴其，至朱軾小傳止。第四册起李紱，至田軒來、張鈦傳止。

從全文看，本書名爲《本朝諸公傳》，第一、第二册合爲一部分，第三、第四册合爲一部分，共兩大部分。所記人物，皆爲儒學（朱學或王學）人物。其傳，先書諸子事迹，後爲『論』評論之，末或附有『附記』。是書當於正史之道學傳，然其中多注意對當時學術派别、師承之梳理，又近乎學案之趣味。

鈐印：『余越園讀書記』朱文長印、『芳心慶藏書之印』白文方印。

現藏浙江圖書館。

## 古調自彈集十卷 （清）沈冰壺撰 清抄本

四册。每半葉十行，行二十一字；小字雙行，行字不等。無版框、界行。葉心題當卷小題及當卷葉碼。

抄本卷前有序，尾署『雍正十二年蒼龍在寅陬月上日立春沈冰壺自題』。全文分作十卷。每卷首有該卷目録。卷端皆題作『古調自彈集卷某』，次行題『於越沈冰壺清玉』，次三行題該卷小題。小題計有『擬周秦漢魏』『擬六朝』『擬唐（上）』『擬唐（下）』『擬宋』『擬金』『擬元』『擬明（上）』『擬明（下）』『擬國朝』。

沈冰壺事迹見前《沈氏詩醒八箋》。

此稿所録皆作者擬詩。於其創作旨趣，沈冰壺自題序云：『予閒中無事，取漢、魏、六朝、三唐、宋、金、元、明暨本朝諸家詩悉擬作之，冀拔奇於江文通、王元美二公之外。所心慕而手追者，則於古人形似處分刌節度，稟稟乎謹之，不敢於形似之外越畛畔而別有奢望也。』此乃襲明人擬古之風，理論上無甚新意。

沈堡《洛思山農駢枝集·詩話》云：『梅史論詩，謂有才子之詩，有學者之詩，我學者之詩，豈敢望前人而角短長哉？其自處如此。雖謙而實雄。』能反映此一特色者在其咏史詩，《兩浙輶軒録》卷二十四《沈冰壺》引《越風》，言沈冰壺『喜博覽，家貧無書，恒借書披閲，有得，即見諸筆墨。經史最所窮究，更熟勝國諸老軼事。詩不規規講求音韻采色，而善於持論，觀其咏史樂府，可見一斑』。然此特色并不顯具於擬古詩，即《古調自彈集》所收，此集所收諸作絶大部分不甚高明。如《代孟襄陽浩然夜歸鹿門歌》：『江頭月出烟景微，夜深清露沾我衣。

村杵丁丁擣練急，沙路歷歷行人稀。年來决作歸耕計，緬仰龐公已隔世。欲訪幽人想未眠，鐘聲吹落白雲際。』實與孟浩然詩形神皆全然不肖。然因其胸中積纍深厚，熟悉詩歌體式，故其中極少數詩尚有意味。如《七歌用杜工部甫題》其一：『有客有客字清玉，萬卷牙籤閉户讀。年來生理更逼促，抱恧人前貸斗粟。天地自寬身自隘，蹇驢策向秋風哭。』其二：『大化于我賦分慳，自憐髫齡際屯蹇。荆棘叢中屢刺手，旁人誰喻血痕班。閲歲精華銷鑠劇，半在悽愴骨肉間。嗚呼二歌兮歌稍縱，苦調方彈心轉痛。』不僅自抒身世之感，亦與杜甫詩肖似。

《中國古籍總目·集部·别集類·清代之屬》：『古調自彈集十卷。清沈冰壺撰。抄本。浙江。』

現藏浙江圖書館。

## 陶篁村稿不分卷 （清）陶元藻撰 清乾隆五十八年（1793）稿本 清徐鏡清 樊增祥跋

一册。每葉行數、行字不等。無版框、界行。

陶元藻，字龍溪，號鳧亭、篁村，會稽人。生於清康熙五十五年丙申（1716），卒於嘉慶六年辛酉（1801），年八十六。諸生。著有《越畫見聞》《泊鷗山房集》《鳧亭詩話》，并編有《全浙詩話》等。事迹詳見梁同書《頻羅庵遺集》卷八《鳧亭陶君生壙志》、阮元《兩浙輶軒録》卷二十二《陶元藻》等。

稿本首爲析爨分書兩通，尾皆署『乾隆五十八年九月朔日鳧亭老人筆』。次陶元藻致張芑堂書一通；張芑堂即張燕昌，海鹽人，善書畫，特精篆刻。次徐鏡清題識；鏡清，字曉芙，德清人，能詞。次樊增祥跋；增祥，恩施人，著名文學家。此析爨分書不僅是社會研究史料，且合陶元藻、張芑堂、樊增祥諸名家手迹於一册，亦是書法史料。

《中國古籍善本書目·集部·清别集類》：『陶篁村詩文稿不分卷。清陶元藻撰。稿本。清徐鏡清跋、樊增祥跋。』《中國古籍總目·集部·别集類·清代之屬》：『陶篁村詩文稿不分卷。清陶元藻撰。稿本（清徐鏡清、樊增祥跋）。浙江。』

鈐印：『陶元藻』朱文方印、『凫亭老人』朱文方印、『徐鏡清印』白文方印、『曉芙』朱文方印、『增祥私印』白文方印、『雲門』朱文方印。

現藏浙江圖書館。

## 兩漢制詔二卷 （清）何煟撰 清抄本

一册。每半葉九行，行二十二字，小字雙行同。無版框、界行。

何煟，字謙之，山陰人。生年不詳，卒於乾隆三十九年甲午（1774）。雍正中，捐貲授州同，效力江南河工。後歷桃源同知、兩淮鹽運使、河南巡撫等官，多關河務。事迹詳見趙爾巽等《清史稿》卷三二五《何煟傳》。

抄本卷端題『兩漢制詔』，次行題『渠陽何煟謙之（一字閬仙）評選』。不分卷，僅書小題『西漢』『東漢』。『西漢』下列『高祖』『文帝』『景帝』『武帝』『昭帝』『宣帝』『元帝』『成帝』，『東漢』下列『光武』『明帝』『明德馬皇后』『章帝』『和帝』『和熹鄧皇后』『殤帝』『安帝』『順帝』『桓帝』諸目。目下列誥敕，或多或少：多者西漢武帝、東漢章帝，皆在二十道以上；少者西漢哀帝、東漢和熹鄧皇后、殤帝、順帝、桓帝，各僅一道。對其進行訓詁。

何煟所録兩漢詔令，主要采自《史記》《漢書》《後漢書》。倘同一詔令而爲兩史同載，則擇其一予以著録。如漢高祖《入關告諭》，同爲《史記》《漢書》所載，《兩漢制詔》載其詔令本文云：『父老苦秦苛法久矣，誹謗者族，耦語者弃市。吾與諸侯約，先入關者王之，吾當王關中。與父老約法三章耳：殺人者死，傷人及盗抵罪。餘悉除去秦法。吏民皆按堵如故。凡吾所以來，爲父兄除害，非有所侵暴，毋恐！且吾所以軍壩上，待諸侯至而定要束耳。』所采乃《漢書》而非《史記》；《兩漢制詔》於詔令本文後録史文云：『秦人大喜，争持牛羊酒食獻饗軍士。沛公又讓不受，曰：「倉粟多，非乏，不欲費人。」人又益喜，惟恐沛公不爲秦王。』所采乃《史記》而非《漢書》。至於《兩漢制詔》中之訓詁，則主要采用《漢書》顔師古等注、《後漢書》李賢等注，然皆不注明出自顔師古、李賢等，而是徑直節録注文。

案：兩漢詔令之彙集，宋代即有林虙編《西漢詔令》十一卷、樓昉編《東漢詔令》十二卷，將何焗此著與前二著相比較，各有優長。前二者皆僅録詔令本文，無注；何焗此著，則不僅録有本文，亦間録詔令發布緣起，且節略有關訓詁，於著録體例上優於前二作。然前二者所録總量遠遠多於何焗，如《西漢詔令》録高祖詔令二十四道，何焗僅五道。何焗編纂此著時，未曾參考前二者。

《中國古籍善本書目·史部·詔令奏議類》：『兩漢制詔二卷。清何焗輯。清抄本。』《中國古籍總目·史部·詔令奏議類·詔令之屬》：『兩漢制詔二卷。清何焗輯。清抄本。上海。』

鈐印：『禮培私印』白文方印、『埽塵齋積書記』朱文方印、『横雲山人』白文長印。

現藏上海圖書館。

## 周易象述不分卷　（清）黄璋撰　稿本

一册。每半葉九行，行二十字。無版框、界行。

黃璋，字稃圭，號華陔、大俞居士，餘姚人。據黃炳垕《黃氏世德傳贊》推斷，生於清雍正六年戊申（1728），卒於嘉慶七年壬戌（1802），年七十五。黃宗羲元孫。乾隆二十一年丙子（1756）舉人。官沭陽知縣。著有《大俞山房集》。事迹詳見黃璋《大俞山房詩稾》卷末黃徵肅《大俞山房集跋》、黃炳垕《黃氏世德傳贊·清乾隆丙子舉人敕授文林郎江蘇海州沭陽縣知縣敕贈文林郎廣東廣州府從化縣知縣貤贈奉政大夫兵部武選司員外郎大俞府君諱璋》、阮元等《兩浙輶軒録補遺》卷五《黃璋》等。

稿本卷端題『周易象述』。不分卷。繹其内容，首爲小序，其中云：『璋讀《原象》而有會心，管窺所及，署識於簡，以述家學之萬一云。』即因讀黃宗羲《易學象數論》之《原象》篇而於《易》有會心處，故撰是作。其次列六十四經卦名，名下立卦象，象下闡述該卦之義。於闡述中，多引黃宗羲《原象》及『先晦木氏』即黃宗炎之説，偶引『先忠端公』即黃尊素之言。除此之外，還引用劉長民、龍仁夫等意。其目的，在於解釋卦象之義，而證之以先秦儒家經籍中所涉之言辭事例。末爲黃璋跋，附於《既濟》《未濟》述辭之後。

考黃徵肅《大俞山房集跋》云，黃璋『歸而壹意著述，所著有《易象述》二卷……其見修未成者，《宋元儒學案》《姚江人物記》也。』末署『乾隆丁未長至前二日』，則乾隆五十二年黃璋六十歲之前，《易象述》二卷已成書。今稿本卷端題名原本即作『易象述』，其右用淡墨補一『周』字。雖今本不分卷，然作者實擬分作二卷，或按《周易》經上、經下分卷歟？

鈐印：『黃璋之印』白文方印、『稃圭』朱文方印。

現藏餘姚博物館。

**宋元學案不分卷** （清）黄宗羲 黄百家撰 （清）全祖望續纂 （清）黄璋等校補 稿本

二十册。每半葉行數、行字不等，小字雙行同。多種稿紙抄成。

黄璋事迹見前《周易象述》。

稿本外封皆題『黄梨洲宋元學案元孫穉圭校補稿』，并題有册數及其當册所包含之學案，如『第一册 安定、泰山、徂徠學案』，『第二册 四靈、元城、濂溪學案』，乃至『第二十册 北方、草廬、九江學案』等。内封一般題當册册數序號及其包含之學案，如『第一本 安定學案、泰山學案、徂徠學案』『第二本 四靈學案、元城學案、濂溪學案』，乃至『第二十本 北方學案、草廬學案、九江學案』等；惟第四册、第六册、第十二册僅題『第四本』『第六本』『第十二本』。册首或册中大題不一，或作『黄梨洲先生宋元儒學案元稿』『梨洲先生宋儒學案』『宋儒學案』『元儒學案』；其下署『遺獻黄梨洲先生稿，男百家纂輯，後學全祖望續修，元孫璋校補，〇〇〇刊行』，其中或云『遺獻黄梨洲先生稿』，或『稿』上有『原』字，或原有『原』字而墨筆圈去，或『遺獻黄梨洲先生稿』數字全闕，『璋』或闕筆避諱，或用『〇〇』代『刊行』二字，或『〇〇〇刊行』徑闕；特别是第五册中有題『宋儒學案。謝山續修，後學盧鎬校訂』，第十九册卷端題『梨洲先生宋儒學案卷一百 後學全祖望續修 鄭大節、毛徠基校』。至於其中在一些學案前往往根據當學案人物，分别題有『宋儒學案』『元儒學案』『宋元儒學案』等字樣而無下署者頗多，但或題或不題，前後并不統一。

稿本載學案如下：第一册安定學案、泰山學案、徂徠學案，第二册四靈學案、元城學案、濂溪學案，第三册關中學案，第四册明道學案，第五册道南學案、上蔡學案、廌山學案、和靖學案、平江學案、永嘉學案，第六册嗚道學案，第七册豫章學案、延平學案、横浦學案，第八册玉山學案、武夷學案、致堂學案、五峰學案，第九册紫陽學案（内封題有『南軒學案』，但實闕），第十册勉齋學案、西山學案、潛庵學案，第十一册雙峰學案、朱門學案、深寧學案，第十二册東發學案，第十三册新安學案、木鐘學案、雲峰學案、定宇學案、鶴山學案，第十四册西山學案、滎陽學案、紫薇學案、東萊學案，第十五册香溪學案、蛟峰學案、金溪學案，第十六册慈湖學案、廣平學案、潔齋學案、定川學案，第十七册永嘉學案、止齋學案、永康學案、金華學案，第十八册水心學案，第十九册鳴道學案，第二十册北方學案、草廬學案、九江學案，其下體例尚不統一。

案：稿本題署標明係黄宗羲原稿，經黄百家纂輯，全祖望續修，黄璋校補，故在卷中多有此四人之案語，然不僅此，尚有黄徵乂（即稿中稱『平黼』『徵乂』者，乃黄璋次子）、顧諟、楊開沅等人之校語，又有盧鎬、鄭大節、毛徠基校訂等字樣，故成於衆手。特别是，據王梓材、馮雲濠《宋元學案考略》載，全祖望亡後，其手稿爲抱經樓所得，盧鎬嘗據全氏手稿謄寫，并寄示底稿即全氏手稿二十册與黄璋，黄璋整理并命黄直垕抄録成八十六卷（見《宋元學案》卷首《宋元學案考畧》『月船盧氏所藏底稿本』『餘姚黄氏校補本』），此本即黄璋得自盧鎬之全氏二十册稿本，於《宋元學案》成書歷史之考訂，具有不可替代之價值。

《中國古籍善本書目·史部·傳記類一》：『宋元學案校補不分卷。清黄璋撰。稿本。』《中國古籍總目·史部·傳記類·總傳之屬》：『宋元學案校補不分卷。清黄璋撰。稿本。餘姚文保所。』

鈐印：『邵氏鈞儒珍藏』朱文方印。

現藏餘姚博物館。

## 欹枕閑唫不分卷 （清）朱休度輯 清管庭芬抄本

四册。每半葉十行，行二十三字，小字雙行同。無版框、界行。葉心題當册册數及當册葉碼。

朱休度，字介裴，號梓廬，秀水人。生於清雍正十年壬子（1732），卒於嘉慶十七年壬申（1812），年八十一。乾隆十八年癸酉（1753）舉人。官廣靈知縣。博聞通識，尤深於詩。有《小木子詩三刻》《壺山自吟稿》等。事迹詳見趙爾巽等《清史稿》卷四七七《朱休度傳》、潘衍桐《兩浙輶軒續録》卷七《朱休度》等。

抄本卷端大題皆題作『欹枕閒唫』，次行題『范湖病漁朱休度偶拈』。第一册中有粘簽二：一録《中國藏書家考略》之管庭芬傳；一爲《欹枕閒唫》提要。正文不分卷，依次標作『上册（上）』『上册（下）』『下册（上）』『下册（下）』。據管庭芬跋，原作上、下册，然因『卷册繁重，每册不得不析爲二』，即成今本之狀。所録皆宋人絶句，一般先録詩名，名下標明作者，次録詩本文，簡要注釋或評論則各附於詩名、作者、詩本文之下。末爲管庭芬跋，尾署『時道光庚子仲秋朔日書於硤川寓館之寄廛室海昌管庭芬芷湘氏謹誌』。

案：是書編、校、抄之經過，管庭芬跋云：『繼洪氏《唐人萬首絶句》以選兩宋詩者，漁洋山人擬輯而未就，嚴東有先生垂成而失傳，學者憾焉。梓廬翁因病得閒，綴成此集，雖無意於撰述，而吟諷所及，已網羅無遺。有志續野處之選者，得所采擇也，惜未付剞氏。恐歷久而并就湮，學師錢深廬夫子假得原稿，命芬手録其副以藏由拳讀舊書室中，爲丁部之秘。録竟，并爲校之。』

《中國古籍善本書目·集部·總集類》：『欹枕閒唫二卷。清朱休度輯。清管庭芬抄本。清管庭芬跋。』《中國古籍總目·集部·總集類·斷代之屬》：『欹枕閒唫二卷。清朱休度輯。清管庭芬抄本。上海。』

鈐印：『庭芬』朱文方印、『子保』朱文長印。

現藏上海圖書館。

## 歸雲室見聞雜記三卷　（清）陳焯撰　稿本

三册。每半葉十行，行二十二字，小字雙行同。無版框、界行。卷中、卷下葉心題當卷葉碼。

陳焯，字映之，一寫作暎之，號無軒，烏程人。生於清雍正十一年癸丑（1733），卒年不詳，然當在嘉慶十八年癸酉（1813）六月以後，年八十餘。貢生。官鎮海訓導。有文名，嗜古博物，精賞鑒。著有《湘管齋寓賞編》《湘管齋集》《清源雜志》《感舊懷賢録》等。事迹詳見宗源瀚等《［同治］湖州府志》卷七十六《陳焯傳》、潘衍桐《兩浙輶軒續録》卷二十二《陳焯》等。

稿本第一册首爲《歸雲室見聞雜記序》，尾署『嘉慶辛未然圃七十九叟陳焯自序』。下接正文；以其後卷端題名推之，此處正文之首當有題名『歸雲室見聞雜記上』，疑闕而不書。第二册卷端題『歸雲室見聞雜記中』。第三册外封題『歸雲室見聞雜記下』，卷端亦題『歸雲室見聞雜記下』；末有《跋》，尾署『癸酉夏六月然圃八十一叟陳焯再識』，即嘉慶十八年癸酉（1813）。正文主要記作者所見所聞有關清代人物、事物、事件，其中有與本書内容不類之浮簽。所記可補史料之闕，然比正統史料親切有味。

案：此書之寫作與謄抄，據《跋》云：『右《歸雲室雜記稿》三卷，起辛未，訖癸酉，於廢紙背隨手爲之。鈎抹添注，覆閲之，自亦不識。惟兒士駿識之，遂付之抄出淨本，詎未及半，忽弃我而去，可悼也。今手自續抄，目眊神衰，竟至不成行款，又可笑矣。』則由其子陳士駿抄寫一小部分，而陳焯自抄一大部分，今本卷上、卷中卷下字迹不類，即卷上乃陳士駿所抄，而卷中卷下乃陳焯自抄。

《中國古籍善本書目·子部·雜家類》：『歸雲室見聞雜記三卷。清陳焯撰。稿本。』《中國古籍總目·子部·雜家類·雜記之屬》：『歸雲室見聞雜記三卷。清陳焯撰。稿本。中科院。』

現藏中國科學院文獻情報中心。

## 求放心齋遺詩一卷（清）孫希旦撰　孫延釗輯　稿本

一册。每半葉十二行，行二十五字，小字雙行同。藍格，四周單邊。白口，無魚尾。版心上題書名。

孫希旦，字紹周，肇周，號敬軒，瑞安人。生於清乾隆元年丙辰（1736），卒於乾隆四十九年甲辰（1784），年四十九。乾隆四十三年戊戌（1778）進士。授翰林院編修。丁母憂，服除，充武英殿分校官、國史三通館纂修官，積勞成疾而卒。著有《禮記集解》《孫太史稿》《敬軒詩存》等。事迹詳見稿本卷首孫衣言《敬軒先生行狀》、孫延釗《孫敬軒先生年譜》等。孫延釗，孫詒讓子，當代學者，著有《孫延釗集》。

稿本卷前爲《敬軒先生行狀》，尾署『同治十年辛未正月族子衣言謹狀』。卷端題『求放心齋遺詩』，次行題『瑞安孫希旦撰，族曾孫延釗輯』。全文不分卷，然其中立類目，有：『長短句五首』『四言詩一首』『五言古詩三十一首』『七言古詩十二首』『五言律詩四十一首』『五言排律三首』『七言律詩二十八首』『五言絶句三首』『七言絶句三十八首』，總計九目。末爲跋，尾署『民國二十五年丙子長夏孫延釗［謹跋］』。

是書編輯緣起，孫延釗跋中有述，云：『家敬軒先生詩文全集，考《［嘉慶］瑞安縣志》「經籍目」所載，初有三十卷之鉅，厥後邑人林欣以聚珍版印行，其詩僅存一百三十首，蓋嘉、道間即已散佚矣。余家玉海樓舊藏先生遺稿抄本數帙，比來延釗搜討先生遺事，纂次年譜，間於他書中獲覯先生佚作，爲聚珍本及各鈔本所未見者。今總核諸本之詩，拾其闕者異者，而去其重複，類輯爲此册，凡得一百六十二首（《甌風襍誌》近印《敬軒詩存》載一百三十四首）。先祖太僕公嘗爲先生《行狀》，言著有《求放心齋詩文集》，先徵君據以編録其目於《温州經籍志》，因輒用「求放心齋遺詩」六字題此册端。蓋兩世表章先生之遺意，竊所追慕，而冀仰承於百一耳。至於其文，今所經眼者十餘篇，往往有撰作歲月可考，故别於先生《譜》中分年繫存之焉。』林欣所印行者爲《孫敬軒先生遺稿》，其《孫敬軒先生遺稿識語》云：『吾鄉孫敬軒太史，詩擅作家，遺甚富，未及鏤板。兹從友人朱鳳歧、張弗山手抄，兼之廣搜博訪，暨《東甌詩存》所録，得詩百餘首，先以聚珍版裝刷成帙。』即《甌風襍誌》印《敬軒詩存》，林欣以《敬軒詩存》與搜訪所得編印《孫敬軒先生遺稿》，孫延釗又據《敬軒詩存》《孫敬軒先生遺稿》及自己新輯所得，去其重複，成此《求放心齋遺詩》。此集題名借自孫衣言《敬軒先生行狀》、孫詒讓《温州經籍志》之説法，其旨則繼承孫衣言、孫詒讓彰顯家族先賢之意。

現藏温州市圖書館。

## 藏經紙説一卷 （清）張燕昌撰　清抄本

一册。每半葉八行，行二十字，小字雙行同。無版框、界行。

張燕昌，字文魚，號芑堂、金粟山人，海鹽人。生於清乾隆三年戊午（1738），卒於嘉慶十九年甲戌（1814），年七十七。嘉慶元年丙辰（1796）舉孝廉方正。性孤介，嗜金石，工書擅畫，亦能詩。著有《金石契》《飛白録》《金粟箋説》《羽扇譜》等。事迹詳見潘衍桐《兩浙輶軒續録》卷十八《張燕昌》、汪啓淑《續印人傳》卷二《張燕昌傳》、王彬等《［光緒］海鹽縣志》卷十七《張燕昌傳》等。

抄本内封題『藏經紙説』。卷端亦題『藏經紙説』，次行題『海鹽張燕昌述』。不分卷，逐條羅列關於宋藏經紙及其仿製紙諸文獻，附以撰者己意。其中多粘簽，乃吴騫所補。

此書所論宋藏經紙，主要指北宋海鹽金粟寺《海鹽金粟山廣惠禪院大藏經》抄經紙，旁及海鹽法喜寺大藏經、秀州精嚴寺大藏經、宜興善權寺大藏經、句容崇明寺大藏經等用紙。金粟山藏經紙之所以聞名於世，乃是因它品質獨特，胡震亨《海鹽縣圖經》卷三《寺觀》『金粟寺』云：『寺有藏經千軸，用硬黄繭紙，内外皆蠟磨光瑩，以紅絲欄界之，書法端楷而肥，卷卷如出一手。墨光黝澤，如髹漆可鑒。紙背每幅有小紅印，曰「金粟山藏經紙」。後好事者剥取爲裝潢之用，稱爲宋箋，遍行宇内。所存無幾。有言此紙當是唐藏，蓋以其製測之。然據董穀以爲紙上間有元豐年號，則其爲宋藏無疑矣。』故不僅所藏大藏被後人竊作他用，而且其紙亦被後代仿造。徐珂《清稗類鈔・鑒賞類》『張芑堂藏金粟牋』條記載：『乾隆中葉，海宇晏安，高宗留意文翰，凡以佳紙進呈者，皆蒙睿藻嘉賞，由是金粟牋之名以著，詞館且嘗以爲試題。金粟山有金粟寺，在海鹽縣西南三十里，自孫吴康僧開方，歷唐、宋以來，稱大叢林，創設經藏。紙皆堅韌可貴，硬黄複繭，内外皆蠟摩光瑩，以紅絲闌界之。其書爲端楷而肥，卷卷如出一手，墨光黝澤，如髹漆可鑒。紙背每幅有小紅印，文曰「金粟山藏經紙」。有數千軸，後人剥取爲裝贉之用，零落不存，世所稱爲金粟山藏經紙者是也。或云唐時物。然其紙間有元豐年號，則爲宋藏無疑。張芑堂嘗於童時見古書面，多以金粟牋爲之，間有作書畫標籤者，而吴上裝潢家大半以僞者代之。明代名流書畫，悉用藏經箋全幅。至國初，則查二瞻輩以零星條子裝册，供善書者揮寫，可知紙在彼時已不易得，宜今之絶迹於市肆，而仿造者且不佳也。』張燕昌正是在此帝王與文人墨客偏嗜若狂之氛圍中，搜集有關實物，觀摩其特徵，并著録歷代文獻，彙爲此編。其著録之意，《金粟箋説》卷前小序云：『金粟箋之名，定自天府詞館，以製賦題，可爲楮生慶遭遇矣。燕昌生長海濱，愛金粟山水之勝，春秋佳日，扁舟訪赤烏遺迹，欲探藏經閣，則片紙無存，間于里中獲見散帙，亟爲編録，其他若法喜及秀州精嚴、智覺、宜興善權諸藏，堪與金栗互證者，并印記摹之，造紙及寫經人名一一類叙，後列裝潢家數則，以資博覽。』沈楙悳《金粟箋説跋》云：『乾隆中葉，海宇晏安，上留意文翰，凡以名紙進呈者，得蒙睿藻嘉賞，由是金粟牋之名以著。張徵君此説，廣采前聞，證以平生所見名山大藏，搜訪殆遍大江以南。然祇就金粟立名者，志土物也。』

張燕昌此稿，因史料搜集頗豐富，故多能有規律性揭示，若云：『藏經有寫、印兩種（鮑以文云：凡寫經用卷筒，印造則摺版也）。其寫者，即《圖經》所云「卷卷如出一手」是也。又有卷筒、摺板之分。卷筒者，經卷上無摺痕。摺板者，經卷摺成本子，每幅有摺痕，祇堪小用。世之所以重卷筒而輕摺板也。』『昌按：藏經紙，金粟與法喜制度大小相等，高不過一尺□寸，長不過三尺□寸，其質料同高麗繭紙，兼用硬黄法也。』『昌按：紙上紅印是印於造紙時，如金粟曰「金粟山藏經紙」，精嚴曰「秀州精嚴寺淨土院大藏經紙」，印文皆有「紙」字。』『昌按：藏經紙有黄、白兩種。今金粟、法喜二種皆是黄色，又曾見《道藏經》一卷，亦是宋人書，乃白色紙。』張燕昌此稿，後有進一步修訂，最終刊作《金粟箋説》，於規律有進一步深入簡明之揭示，若云：『案：藏經有黄、白二種。有卷筒及摺本。有每幅印記，有不印記。印式亦不同，印文有篆有楷之别，如「經」字、「慶政□錫」是篆，金粟、法喜、精嚴、善權諸印是楷；而楷書中雜以梵書押字，如福壽、福業、倪仁稾諸印是也。即印色亦有朱有墨。殆非一例。』

《中國古籍善本書目·子部·譜録類》：『藏經紙説一卷。清張燕昌撰。清吴騫抄本。清吴騫校注。』《中國古籍總目·子部·譜録類·器用之屬》：『藏經紙説一卷。清張燕昌撰。清吴騫抄本（清吴騫校注）。國圖。』

鈐印：『靈犀一點』朱文方印、『心賞』朱文橢圓印、『吴騫精秘』朱文方印。

現藏國家圖書館。

**說文解字羣經正字二十八卷**（清）邵瑛撰　稿本（卷二十七至二十八配清邵啓賢抄本）　宋育德題簽　邵啓賢　黃大壎跋　陳治題記

一盒六册。每半葉行數、行字不等。前五册爲粘貼稿本，第六册爲抄本。邵啓賢跋：『先高祖桐南公箸《說文解字羣經正字》二十八卷，有嘉慶丙子家刻本，藏版桂隱書屋，即公晚年箸書處也。洪、楊之變，盡焜於火，傳本亦稀。啓賢求之三十餘年，始得吳興陸氏十萬卷樓舊藏本，丁巳重付印行。越六年癸亥，方客杭州，蔡君孟禽書來，言聞之沈君兼士，都門某書肆有以公手稿求售者，亟馳書以重金購得之。百年手澤，展轉流傳，仍歸後嗣，先靈呵護，非偶然也。惟後二卷紙色較新，字迹亦絶不類，當爲它人續録。爰以暇日，覓得舊紙，手自鈔補。敬藏於家，世世子孫，其永寶之。』即前五册乃邵瑛手稿，而第六册爲邵啓賢所抄補。

邵瑛，字瑶圃，號桐楠，餘姚人。生於清乾隆四年己未（1739），卒於嘉慶二十年乙亥（1815），年七十七。乾隆四十九年甲辰（1784）進士，授翰林院編修。嘉慶初，改内閣中書。嘉慶三年戊午（1798），充湖北鄉試考官。後乞假歸，家居著述以終。精樸學。著有《劉炫規杜持平》《說文解字羣經正字》。事迹詳見佚名《清史列傳》卷六十八《邵瑛傳》、邵友濂等《［光緒］餘姚縣志》卷二十三《邵瑛傳》、徐世昌《清儒學案》卷八十《獻縣弟子・邵先生瑛》等。

木盒上題『餘姚邵桐南先生說文解字羣經正字遺稿廿八卷（公玄孫蓮士得此稿於京師，珍藏篋衍，屬爲題識。乙丑夏陳治。）』稿本第一册内封一簽題『餘姚邵桐南先生說文解字羣經正字遺稿』，其下雙行署『後學奉新宋育德敬題』；内封二題『說文解字羣經正字一』，其旁題本册部首。其他五册内封皆如第一册内封二，題有『說文解字羣經正字』及册數，并題有該册部首。稿本六册部首，第一册從『一』至『㸚』；第二册從『旻』至『桀』；

第三册從『木』至『黹』；第四册從『人』至『惢』；第五册從『水』至『劦』，但是實際内容涉及的部首爲從『水』至『堇』（『里』部無字，部首『里部』二字亦偏旁殘缺）；第六册從『田』至『劦』、從『金』至『亥』。在各册之内，按照部首順序解釋字：首列《説文解字》原文以爲條目，次另行引用《尚書》《詩經》《周禮》《儀禮》《左傳》《爾雅》等諸經原文、古注以及《國語》等典籍所關涉該字者進行辨析。卷末首爲邵啓賢跋，次爲黄大壎題識。

此稿條目所列《説文解字》原文，并不完全抄録許書，而是微有更改：以楷字爲字頭，不列小篆；於許慎之釋義、析形、譬音、徵引乃至大徐所增之反切，或完全遵從，或稍有删略，或更改位置。如『丕，大也。從一，不聲』，即同許慎之釋義、析形。『吅，驚嘑也。從二口。（況袁切。徐鍇曰：「衆人并呼也。」）』，其下辨析云：『按此蓋即吅讙字。今經典多作諠譁，《左傳》成十六年杜注：「囂，諠譁也。」是也。亦作喧，《漢書・霍光傳》：「民間喧言。」是也。《説文》無喧、諠字。據字當作吅。《説文》又有讙譁，見言部。徐鉉曰：「或通用讙，今俗别作喧，非。」』即稍有增删更改。又，此稿條目或以《説文解字》一字爲一條目，或合《説文解字》多字爲一條目。如『萑，艸多皃。從艸，隹聲。（職追切。）萑，鴟屬。從隹，從𦫳。有毛角。所鳴，其民有禍。（胡官切。）』將許慎兩條合爲一條。『唯，諾也。從口，隹聲。（以水切。）惟，思也。（大徐本「思」上有「凡」字。）從心，隹聲。（以追切。）維，車蓋維也。從糸，隹聲。（切同上。）』合三字爲一條。『吟，外息也。從口，乎聲。嘑，唬也。從口，虖聲。評，召也。從言，乎聲。虖，哮虖也。從虍，乎聲。（并荒烏切。）』合四字爲一條。『噭，吼也。從口，敫聲。一曰：噭，呼也。叫，嘑也。從口，丩聲。嘂，高聲也。一曰：大呼也。從㗊，丩聲。謷，痛呼也。從言，敫聲。訆，大呼也。從言，丩聲。（并古弔切。）』合五字爲一條。其下之辨析，則聚焦於經典用字之正訛俗譌。邵瑛《説文解字羣經正字叙》云：『《羣經正字》，非敢以字正羣經，廼爰《説文》以明經字之有正也。……後世塾師，傳寫多求便俗，漸失本真，於是通儒如毛晃、鄭樵輩發明六體，裁正典文，亦不能無襲譌承謬。蓋安其所習，溺於所聞，學者之通患也。不揣固陋，抽繹《說文》，考之於經，非偏旁之多舛，即點畫之失宜，總之經師之傳習彌深，斯於書體之乖違愈甚，一一標識，名曰《羣經正字》，或心有所見而未敢質言，各申其說以存疑。案：曰羣經而不曰十三經者，以《逸周書》《大戴記》《國語》今不列於經，亦并引也。』（邵瑛《說文解字羣經正字》卷首）可見撰者旨趣。

邵瑛《說文解字羣經正字》成於嘉慶十七年壬申（1812），嘉慶二十一年丙子（1816）桂隱書屋刻板。民國六年丁巳（1917）邵啓賢重印吳興陸氏萬卷樓所藏桂隱書屋本。將刻本與此稿本相較，二者內容并無太大差異：絕大多數條目一致，然極少數條目偶有小異。如稿本：『齋，戒潔也。從示，齊省聲。籀文從䰞省作⿰示䰞。（䰞音禱。）』然刻本有所節略，作『齋，戒潔也。從示，齊省聲。』二者條目下辨析內容則全同。

《中國古籍善本書目・經部・小學類》：『說文解字羣經正字二十八卷。清邵瑛撰。稿本。清邵啓賢跋。』《中國古籍總目・經部・小學類・文字之屬》：『說文解字羣經正字二十八卷。清邵瑛撰。稿本（清邵啓賢跋）。浙江。』

鈐印：『邵』朱文方印、『百宜休齋』白文方印、『黃大壎印』白文方印。

現藏浙江圖書館。

## 說文經訓偶箋□□卷　（清）邵瑛撰　稿本　存四卷（卷六至九）

二冊。多種稿紙寫成。每半葉行數、行字不等。

邵瑛事迹見前《說文解字羣經正字》。

稿本存四卷，卷端皆題『說文經訓偶箋卷某　餘姚邵瑛學』。第一冊包括卷六、卷七，第二冊包括卷八、卷九。卷六所箋屬於《説文解字》第四卷上之目部、羽部、隹部、羊部、鳥部的内容。卷七所箋屬於《説文解字》第四卷下之𢆶部、玄部、予部、𠬪部、歺部、死部、骨部、刀部、㓞部、耒部、角部，第五卷上之竹部、丌部、左部、玨部、巫部的内容。卷八所箋屬於《説文解字》第五卷上之曰部、可部、號部、虧部、喜部、壴部、豈部、豆部、豐部、虍部、虎部、皿部、血部，第五卷下之青部、井部、皀部、食部、亼部、會部、入部、缶部、矢部、高部、冂部、京部、亯部、嗇部、來部、夊部、韋部、弟部的内容。卷九所箋屬於《説文解字》第六卷上之木部、林部、才部，第六卷下之𠌶部、華部、囗部、貝部的内容。所箋特重詞義，一般先立許書之詞義爲條目，其下引相關經典原文及其注釋進行辨析。

此書與《説文解字羣經正字》之特重字形者稍異趣。如《説文解字羣經正字》稿本：『巂，周燕也。從隹，中象其冠也。冏聲。』其下析云：『今經典《爾雅·釋鳥》：「巂周。」《禮記·曲禮》：「立視五巂。」及從巂聲之字如酅、鑴、觿、蠵、攜、𢥠之類，往往有作嶲聲者，譌。考《説文》無嶲字，《廣韻》始有之，爲越嶲郡之嶲。《六經正誤》云：「巂音畦，嶲音髓，從嶲誤。」』《説文經訓偶箋》則作：『巂，周燕也。』其下析云：『《爾雅·釋鳥》云「巂周」，郭注：「子巂鳥，出蜀中。」《説文》又曰：「一云，蜀王望帝，婬其相妻，慙亡去，化爲子巂鳥。故蜀人聞子巂鳴，皆起云望帝。」按郭注與《説文》别解合。但據許君之意，是巂爲巂周。巂周即燕，篆字「巂」下當疊一「巂」字，今本脱去。蓋其意以《爾雅》巂周、燕燕、鳦爲一科。重文燕字，分一字屬上句，其曰子巂鳥者，但存其一説耳。又《詩·邶風》孔疏述：「《釋鳥》云：『巂周、燕燕、鳦。』孫炎曰：『别三名。』舍人曰：『巂周名燕，燕又名鳦。』」又《太平御覽》九百二十三引孫炎曰：「巂，燕别名。」又《吕氏春秋·本味篇》「雋觾之翠」，《文選》張景陽《七命》注引作「巂燕之髀」，并引孫炎《爾雅》注「巂，胡圭切」，尤屬巂爲燕别名之明證。是合兩節爲一科。《爾雅》舊原如此，亦原本《説文》也。陸氏《音義》全引《説文》，删去「一云」二字，直并兩説爲一，又不悟《説文》脱一「巂」字，以巂爲周燕，似燕有周燕之名，周燕，即子巂鳥。皆未見精審。』兩相比較，前者據《説文》辨經典用字之正訛，後者據《説文》辨經典訓詁之確否。

案：《説文解字羣經正字》稿本：『槤，瑚槤也。從木，連聲。』其下析曰：『今經典作璉。《禮記・明堂位》：「夏后氏之四璉。」《論語・公冶長》：「瑚璉也。」四璉，陸氏本作連，釋云：「連，本又作璉，同力展反。」是璉古本作連。古人字少通用，據正字當作槤，簠簋竹器，故從竹。瑚璉木器，故從木。聶崇義《三禮圖》云：「瑚受一升，制度如簋而平下。璉受一升，漆赤中，蓋亦龜形，飾口以白金，制度如簠而鋭下。」是蓋爲木器也。周伯琦亦云目木爲之。俗儒以宗廟重器，故字從玉，其實不然矣。徐鉉曰：「今俗作璉，非是。」』《説文經訓偶箋》則作：『槤，瑚槤也。』下析曰：『按瑚槤即瑚璉，論詳《羣經正字》。但曰夏曰殷，古多異説。《禮記・明堂位》「夏后氏之四璉，殷之六瑚」，是夏曰璉、殷曰瑚也。而包咸及鄭康成注《論語》，并曰夏曰瑚、殷曰璉。包注固見何晏《集解》及《史記・仲尼弟子列傳》集解，鄭注亦見《明堂位》疏及《世説・言語篇》注。而賈逵、服虔《左傳》注亦主夏瑚殷璉之説，哀十一年孔疏嘗言之，而杜預亦曰夏曰胡，是當別有所據。豈五六鉅儒，俱相從而誤耶？《論語》皇侃疏引欒肇曰未詳，是真難詳也。金仁山《朱子論語集注考證》，以夏曰瑚、商曰璉、周曰簠簋，謂《爾雅・釋器》文，又曰《禮記・明堂位》文。今《爾雅》雖無此文，亦見夏瑚殷璉別有所據，仁山自曾見之。但誤憶爲《爾雅・釋器》耳。』由此而言，邵瑛撰述此二書之時，於其各書主旨當有所分別，二書有互補之關係。

《中國古籍善本書目・經部・小學類》：『説文經訓偶箋□卷。清邵瑛撰。稿本。存四卷（六至九）。』《中國古籍總目・經部・小學類・説文之屬》：『説文經訓偶箋□卷。清邵瑛撰。稿本（存卷六至九）。上海。』

現藏上海圖書館。

## 晬盤稾一卷十粟堂稿一卷　（清）葉蓁撰　清抄本

一册。《晬盤稾》每半葉十行，行二十字，小字雙行同；烏絲欄，左右雙邊；白口，單魚尾。《十粟堂稿》每半葉十行，行十九字；無版框、界行；葉心題該書葉碼。

葉蓁，字履仁，號粟垞，東陽人。生於清乾隆八年癸亥（1743），卒於乾隆五十一年丙午（1786），年四十四。乾隆四十九年甲辰（1784）進士。鑽研經史，貫串古今，能詩。著有《粟垞詩文集》《十粟堂詩鈔》等。事迹詳見《晬盤稾》卷首周顯訓《粟垞公行狀》、阮元《兩浙輶軒録》卷三十二《葉蓁》等。

抄本首爲《粟垞公行狀》，尾署『乾隆丙午七月既望仝學弟周顯訓頓首謹狀』。正文實際上有兩部分。第一部分爲《晬盤稾》，第二部分爲《十粟堂稿》，均不標卷。《晬盤稾》卷端題『晬盤稾』三字。其後依次題『著雍困敦』即乾隆三十三年戊子（1768）、『屠維赤奮若』即乾隆三十四年己丑、『上章攝提格』即乾隆三十五年庚寅、『重光單閼』即乾隆三十六年辛卯、『玄黓攝提格』即乾隆四十七年壬寅、『昭陽單閼』即乾隆四十八年癸卯、『閼逢執徐』即乾隆四十九年甲辰、『柔兆敦牂』即乾隆五十一年丙午諸目，目下各列篇名正文。《十粟堂稿》卷端題『十粟堂稿』四字，其下依次題『壬辰』即乾隆三十七年、『閼逢敦牂』即乾隆三十九年甲午諸目，目下各列篇名正文。要之，包括葉蓁自乾隆三十三年至其逝世之編年詩歌，對於考評詩人時知人論世大有裨益。

現藏杭州圖書館。

## 葉文定公年譜一卷 （清）葉嘉棆撰 清述舊齋抄本

一册。『述舊齋寫定經籍』稿紙。藍絲欄，左右雙邊。白口，雙魚尾。

葉嘉棆，字秀林，號篔林，平陽人。生於清乾隆九年甲子（1744），卒於嘉慶十六年辛未（1811），年六十八。篤學，好著述，肆力於詩古文辭暨經史百家之言。著有《篔林詩鈔》等多種。事迹詳見孫衣言《甌海軼聞》卷三十一《葉嘉棆傳》、潘衍桐《兩浙輶軒續録》卷二十《葉嘉棆》、符璋等《[民國]平陽縣志》卷三十八《葉嘉棆傳》等。

抄本卷端題『葉文定公年譜』，次行題『平陽葉嘉棆篔林甫撰』。不分卷，簡述葉適從紹興二十年庚午（1150）出生至嘉定十六年癸未（1223）卒之生平事迹。天頭有批語，或補充内容，或指出葉嘉棆所言之不當，未署名。

案：葉適乃永嘉學派大家，其譜尚有孫衣言《葉文定公年譜》、今人陳麟振《葉適年譜》、周學武《葉水心先生年譜》、周夢江《葉適年譜》等，後出轉精。葉嘉棆撰譜雖簡略，然爲諸譜早出者，篳路藍縷之功不可没。

《中國古籍善本書目・史部・傳記類一》：『葉文定公年譜不分卷。清葉嘉棆撰。清孫詒讓家抄本。清孫詒讓批校。』《中國古籍總目・史部・傳記類・年譜之屬》：『葉文定公（適）年譜不分卷。清葉嘉棆編。清孫詒讓抄本（清孫詒讓批校）。温州。』

鈐印：『永嘉黄氏敬鄉樓藏』朱文方印、『黄群過目』朱文方印。

現藏温州市圖書館。

# 後漢搴英四卷　（清）沈赤然纂　稿本　存二卷（卷一至二）

一册。每半葉九行，行二十字，小字雙行同。無版框、界行。

沈赤然，字韞山，號梅村，德清人，寄籍仁和。生於清乾隆十年乙丑（1745），卒於嘉慶二十一年丙子（1816），年七十二。乾隆三十三年戊子（1768）舉人。四十八年權知順德府平鄉縣，歷知南宫縣、豐潤縣、大城縣，謝病免官。工詩文。著有《五硯齋詩文鈔》《讀書隨筆》等。事迹詳見沈赤然《五硯齋詩鈔》卷首沈赤然《自編年譜》。

稿本扉葉書劉世珩子劉公魯題識。卷前爲沈赤然《後漢搴英自序》，尾署『乾隆辛亥七月立秋前五日病足生沈赤然漫識於保定旅邸』。正文分作兩卷。卷端皆題作『後漢搴英卷某』，次行題『武林沈赤然梅村氏纂』。卷下皆依范曄《後漢書》之本紀、列傳立名目，如『光武紀』『明帝紀』『章帝紀』乃至『度尚傳』『楊琁傳』『班彪傳』等。名目下列有關字、詞、名稱爲詞條，次即節引原文，偶有釋義。其中卷一自《後漢書》卷一《光武帝紀第一》至卷二十二《朱景王杜馬劉傅堅馬列傳第十二》；卷二自《後漢書》卷二十三《竇融列傳第十三》至《後漢書》卷四十下《班彪列傳第三十下》。不涉及《志》，列傳亦僅部分。扉葉題識云：『此沈梅村輯《後漢搴英》稿本四卷。』則今此本已佚去後二卷矣。

《中國古籍善本書目·史部·史抄類》：『後漢搴英四卷。清沈赤然輯。稿本。』《中國古籍總目·史部·史鈔類·斷代之屬》：『後漢搴英四卷。清沈赤然輯。稿本。上海。』

鈐印：『赤然』白文方印、『韞山』朱文方印、『畏齋藏書』朱文方印、『五研齋』朱文方印。

現藏上海圖書館。

## 吳侃叔吉金跋不分卷　（清）吳東發撰　清嘉慶十年（1805）徐同柏抄本　清阮元　徐同柏跋

一册。每半葉八行，行二十字，小字雙行同。朱格，四周單邊。白口，無魚尾。

吳東發，字侃叔，號芸父、耘廬，海鹽人。生於清乾隆十二年丁卯（1747），卒於嘉慶八年癸亥（1803），年五十七。貢生。潛心經書，尤邃於《尚書》，好金石，能詩畫。著有《群經字考》《讀經筆記》《遵道堂詩文稿》《澉浦詩話》等。事迹詳見佚名《清史列傳》卷六十八《吳東發》、阮元等《兩浙輶軒録補遺》卷八《吳東發》等。

抄本外封題『吳侃叔吉金跋』。不分卷，釋《周曶鼎銘》《周無惠鼎銘》等二十餘銘。其體例不一：一般先列鐘鼎彝器銘名；次或列所摹原銘文，或闕如；次考釋。其精華即在其考釋：凡有他人釋讀而有誤者，往往辨析其説，然後考釋其文；無他人釋讀或無須辨析者則徑予考釋。在考釋中，往往從字體、文獻予以綜合勘定，有理有據，有卓見。其中《周嫿妅壺器蓋二銘》後書有阮元題記，尾署『嘉慶八年四月初九日揚州阮元記於積古齋』。抄本卷末有徐同柏嘉慶二十年乙亥（1815）題識，云：『是銘曾於丙辰夏摹似，侃叔先生爲作釋文，謂是晉荀首之後知氏器。越十年，乙丑春過先生舊廬，令子考之本履出示先生遺稿，見此釋文，因手録以歸。今考之又已宿草，遺稿不知存否。檢閲故紙，不勝慨然。嘉慶乙亥七月初六日籀莊徐同柏記（原名大椿）。』則是書作於嘉慶元年丙辰（1796）以後，徐同柏抄於嘉慶十年乙丑（1805），復記於嘉慶二十年乙亥。又，是稿之內容，絶大部分皆存於吳東發《金石文跋尾》卷上，蓋此爲草稿而《金石文跋尾》爲定本也。即便如此，此稿本仍有一些爲《金石文跋尾》所無而尚具學術價值之內容。

《中國古籍善本書目・史部・金石類》：『吳侃叔吉金跋不分卷。清吳東發撰。清嘉慶二十年徐同柏抄本。』

《中國古籍總目・史部・金石考石類・金之屬》：『吳侃叔吉金跋不分卷。清吳東發撰。清嘉慶二十年徐同柏抄本。浙江。』據抄本卷末徐同柏題識，乃嘉慶十年乙丑徐同柏抄本。

現藏浙江圖書館。

## 金石文跋尾三卷　（清）吳東發撰　稿本

一册。每半葉九行，行二十一字，小字雙行同。朱格，左右雙邊。白口，單魚尾。上書口或題『金石文跋尾』，書口中或題卷數，下書口或題葉碼，不一。

吳東發事迹見前《吳侃叔吉金跋》。

稿本内封題『金石文跋尾』。卷前爲目録。正文分作上、中、下三卷。上卷卷端題作『金石文跋尾卷上』，次行題『海鹽吳東發著』，録《周頌壺銘》《周無惠鼎銘》《周禽敦銘》等十八銘。卷中卷端題『金石文跋尾卷中』，次行題『海鹽吳東發』，録《魚鼎》《鮮鼎》《月星尊》等三十餘商、周、漢、晉銘文；本書卷首目録中標明周《虢叔鐘》後有周《穴盤》，然此卷正文中實脱，僅在《虢叔鐘》天頭書『補《周穴盤》』四字，而實未補。據本書卷首目録，卷下收《漢楊君石門頌跋》等近二十方漢、唐、宋碑跋；正文實收之，然脱卷端題名。

《中國古籍善本書目·史部·金石類》：『金石文跋尾三卷。清吳東發撰。稿本。』《中國古籍總目·史部·金石考石類·總志之屬》：『金石文跋尾三卷。清吳東發撰。稿本。上海。』

鈐印：『吳東發印』白文方印、『芸父』朱文長印、『侃尗』朱文方印。

現藏上海圖書館。

## 會心集不分卷　（清）管應祥輯　稿本　清管庭芬跋

一册。每半葉八行，行約二十五字。無版框、界行。

管應祥，字備五，號閬風，海寧人。據黄世崇等《[光緒]利川縣志》卷三《職官表一》、許傅霈等《[民國]海寧州志稿》卷十四《藝文志・典籍十三・管應祥》記載推斷，約生於清乾隆十四年己巳（1749），卒於乾隆五十三年戊申（1788），年四十。乾隆四十四年己亥（1779）恩科舉人。官湖北利川知縣，卒於任。著有《利川縣疆域圖志》。事迹詳見許傅霈等《[民國]海寧州志稿》卷十四《藝文志・典籍十三・管應祥》。

稿本内封題『會心集』。扉葉背有管庭芬題識，尾署『道光十有七年歲在丁酉從姪庭芬謹誌』。正文録管仲《君臣》《内業》，列禦寇《天瑞》《力命》《楊朱》，楊朱《學行篇》，莊周《逍遥遊》《養生主》，晏嬰《治東阿》，程本《尚儉》，吕祖謙《鄭莊公共叔段》《周鄭交惡》《臧僖伯諫觀魚》《曹劌見齊師》《齊侯救邢封衛》《葵丘賜齊桓胙》《晉敗秦師於殽》《楚子問鼎》《楚屈瑕論》，金聖嘆《慟哭古人》《留贈後人》等文。從所抄文章來看，管應祥偏好吕祖謙之《左氏博議》。

《中國古籍善本書目・集部・總集類》：『會心集不分卷。清管應祥輯。稿本。清管庭芬跋。』《中國古籍總目・集部・總集類・通代之屬》：『會心集不分卷。清管閬風輯。稿本（清管庭芬跋）。浙江。』

鈐印：『管庭芬印』白文方印、『庭』『芬』朱文方印、『芷湘』朱文方印。

現藏浙江圖書館。

# 金鄂巖詩稿一卷　（清）金德輿撰　稿本

一册。每半葉七行，行字不等；小字單行、雙行不一，行字亦不等。無版框、界行。

金德輿，字雲莊、少權，號鄂巖，桐鄉人。生於清乾隆十五年庚午（1750），卒於嘉慶五年庚申（1800），年五十一。官刑部奉天司主事，旋乞假歸家。性嗜金石書畫，能詩。著有《桐華館吟稿》等。事迹詳見趙懷玉《亦有生齋集文》卷十七《刑部奉天司主事金君墓誌銘》、阮元《兩浙輶軒録》卷三十七《金德輿》、許瑶光等《［光緒］嘉興府志》卷六十一《金德輿傳》等。

稿本外封簽題『金鄂岩先生辭翰』。扉葉有王欣夫一九六〇年跋。正文不分卷，收《錢王祠》《湖樓望雨》《曉望》《黄龍洞》《西湖寓樓呈趙大味辛》《瑪瑙寺》等近四十首詩。末爲金德輿題識：『蘭士兄丈以素册屬書，多事卒卒未及應也。乾隆乙卯仲春硯冰乍泮，率録舊作清正。鄂岩弟金德輿』。蘭士乃方薰之字，號樗菴，傳見方薰《山静居遺稿》卷首徐聯奎《方樗菴先生傳》。

稿本詩歌之内容及其藝術價值，王欣夫跋云：『雲莊世富收藏，又能詩善畫，所居桐華館擅圖書花木之勝，四方名士過桐鄉者必造請盤桓而後去。石門方蘭士久客其家，文酒留連無虚日，讀《藏書紀事詩》，緬想風流，令人歆羨。此手寫詩稿一册，即以贈蘭士者。不特詩甚工雅，書法亦秀麗絶倫，知爲經意之作。其詩大都杭州紀游之作。名句如《曉望》云：「酣霜樹逾紅，濯雨山更碧。」《西湖寓樓呈趙大味辛》云：「雨後青山迎面出，風前黄葉打頭飛。」《湖上同方大蘭士作》云：「櫻笋熟時花事晚，水天深處客心閒。」《春日坐雨》云：「風傳花信裹，雨阻燕來程。」均可與湖山争秀。又如《錢王祠》云：「千里江山欣有主，百年父老不知兵。」《張忠烈公墓》云：「生未并時憐閣部，死如合轍儼文山。」則又雄健允當。其《題狄小同秀才即事詩後》云：「詩能成史平心論，語必驚人脱口傳。」仿佛自許矣。《過渌飲村居》一首尤佳，三五兩句言其愛勞動，勵節約，四六兩句則直把愛書若命之態度盡情描繪，渌飲可謂得一知己矣。』可謂至當之論。

《中國古籍善本書目・集部・清别集類》：『金鄂巖詩稿一卷。清金德輿撰。稿本。王大隆跋。』《中國古籍總目・集部・别集類・清代之屬》：『金鄂巖詩稿一卷。清金德輿撰。稿本（王大隆跋）。復旦。』

鈐印：『金德輿印』白文方印、『欣夫』朱文方印、『大隆審定』白文方印。

現藏復旦大學圖書館。

## 花溪志補遺一卷（清）許良謨撰　花溪備忘録一卷（清）祝定國撰　敬所筆記一卷（明）許敦俅撰

民國抄本

一册。每半葉十行，行二十一字。無版框、界行。葉心題各書之連續葉碼。

許良謨，初名文敷，字雯臯，號夢椽、許田外史，海寧人。生年不詳，卒於清嘉慶六年辛酉（1801）（見《許順庵老人自述年譜》）。諸生。著有《四書談藝》《妙果山寺志》《修齊叢書》等。事迹詳見許傅霈等《[民國]海寧州志稿》卷十四《藝文志・典籍十四・許良謨》。祝定國，事迹見前《松卿詩草》。許敦俅，字叔嚴，主要生活於明萬曆間。海寧人。著有《敬所筆記》。

抄本外封題『花溪志補遺　花溪備忘録　敬所筆記』，近書腦處題『小雅手録（辛酉春日）』。祝廷錫，字心梅，號小雅，晚號後侫廬老人，嘉興人。辛酉爲中華民國十年（1921）。可知此本乃祝廷錫寫録之本。

許良謨曾撰《花溪志》十八卷，李景沅乾隆五十年乙巳（1785）序云：『海寧之鎮四，長安、硤石、郭店、袁花。人物之繁衍，山川之秀麗，首推袁、硤，而袁又勝焉。《硤川志》始於潘廷璋，再輯於蔣宏任，而袁花以名賢生聚之區，乃未之前聞。乙巳春，余榻於小墅之務本堂，蓼椽許子以所作問序。爲志凡六，爲類五十有七，爲卷十八，簡而核，詳而瞻，即列之朱氏之《志補》、趙氏之《備考》、談氏之《外志》，何愧焉。』其内容，『卷一至二爲方域，卷三至六爲人物，卷七至八爲列女，卷九至十爲選舉，卷十一至十五爲藝文，卷十六至十八爲雜志。』（俱見許傅霈等《（民國）海寧州志稿》卷十四《藝文志·典籍十四·許良謨》）此《花溪志補遺》即爲補《花溪志》十八卷之作。不分卷，卷端題『花溪志補遺』，次行題『許良模撰』。内分『人物志』『列女志』『方域志』『選舉志』『雜志』『藝文志』諸類目，即補《花溪志》所不備。卷末爲朱承業題識二通。『藝文志』之後、朱承業第一通題識之前空白處有小雅朱筆題識，朱承業第二通題識之後有廷錫朱筆題記。

祝定國《花溪備忘録》，不分卷，其端題『花溪備忘録』，次行題『祝定國尚宇譔』。内不分類，列二十二條，雜記方域、人物、民俗等。卷末首有許順庵即許良謨之弟許嘉猷題識，次祝永清題識，次祝廷錫題識。

許敦俅《敬所筆記》，不分卷。其端題『敬所筆記』，次行題『靈泉許敦俅存吾譔』。正文録『絶世變』一條并綴補一條、『紀審墳廟興替』一條，共三條筆記。『紀審墳廟興替』尾署『里人許敬所于萬曆三十八年庚戌十月述』。卷末有祝廷錫題記。

《中國古籍總目·史部·方志類·地志之屬》『［乾隆］花溪志補遺一卷。清許良謨纂。抄本。嘉興。』

鈐印：『知非樓所藏書』白文方印。

現藏嘉興市圖書館。

## 説文解字攷異十五卷 （清）姚文田 嚴可均撰 （清）姚覲元校補 稿本 存四卷（卷一至四）

八册。每半葉十二行，行二十五字，小字雙行同。青絲欄，左右雙邊。白口，單魚尾。

姚文田，字秋農，歸安人。生於清乾隆二十三年戊寅（1758），卒於道光七年丁亥（1827），年七十一。嘉慶四年己未（1799）進士，授修撰。歷官兵部、户部、禮部侍郎、左都御史，終禮部尚書。謚文僖。姚文田博綜群籍，兼諳天文占驗。著有《邃雅堂全書》。事迹詳見繆荃孫《續碑傳集》卷八劉鴻翱《禮部尚書姚文僖公墓誌銘》、趙爾巽等《清史稿》卷三七四《姚文田傳》等。

嚴可均，字景文，號鐵橋，烏程人。生於清乾隆二十七年壬午（1762），卒於道光二十三年癸卯（1843），年八十二。嘉慶五年庚申（1800）舉人，官建德教諭。精考據，曾受聘爲姚文田、孫星衍校書。著有《説文校議》《鐵橋漫稿》，輯有《全上古三代秦漢三國六朝文》等。事迹詳見佚名《清史列傳》卷六十九《嚴可均傳》、趙爾巽等《清史稿》卷四八二《嚴可均傳》。

姚覲元，字彦侍，姚文田之孫，歸安人。生卒年不詳。道光二十三年癸卯（1843）舉人。官廣東布政使。精小學。著有《弓齋日記》《大叠山房詩存》，編有《清代禁毁書目四種》《咫進齋叢書》。

稿本唯第八册内封題有『説文攷異四下』，右旁近裝訂處書『凡廟諱字，均缺末筆，其人名則用代書，如鄭元之類是也』，二者中間有一朱筆批語粘簽。正文不標卷數，而作『弟一上』『弟一下』，乃至『弟四上』『弟四下』，此乃依《説文解字》之標卷法，故實亦可云分卷，每卷再分上、下。則是書共十五卷，然此稿本僅存第一至第四卷。第一卷卷端首行與次行分别題『説文解字攷異弟一上』『歸安姚文田輯』『説文解字攷異弟一下』『歸安姚文田輯』；後仿此，皆題『説文解字攷異某某』『歸安姚文田輯』。第一册即『弟一上』，卷前首有粘簽一葉，内容乃修訂條例；次粘簽一葉，内容乃是對『天』條之文字校訂，實當粘於『天』字條旁，然誤粘於卷前；正文所考内容屬《説文解字》第一上。第二册即『弟一下』，所考内容屬《説文解字》第一下。第三册即『弟二上』，所考内容屬《説文解字》第二上。第四册即『弟二下』，所考内容屬《説文解字》第二下。第五册即『弟三上』，所考内容屬《説文解字》第三上。第六册即『弟三下』，所考内容屬《説文解字》第三下。第七册即『弟四上』，所考内容屬《説文解字》第四上。第八册内封粘簽朱筆書云：『此卷多有與通例未符及顛倒錯誤處已一一更正，祈詳細再閲一過，内匄下或留下應商之處希酌定。』所謂此卷者，第八册即『弟四下』，所考内容屬《説文解字》第四下。簡言之，順序一依《説文解字》。其體例，皆以《説文解字》原文爲條目，其下雙行小字列各書引《説文》者，次姚文田之考訂，次姚覲元之案語。

案：此書之作者署名，卷端僅曰姚文田輯、卷内曰姚覲元案，然考之嚴可均《説文校議・叙》：『嘉慶初姚氏文田與余同治《説文》而勤于余，己未後余勤于姚氏，合兩人所得，益遍索異同，爲《説文長編》，亦謂之《類攷》，有天文筭術類、地理類、草木鳥獸蟲魚類、聲類、説文引群書類、群書引説文類，積四十五册。』（《説文校議》弟一上）繆荃孫《雲自在龕隨筆》卷三引《分甘餘話》：『近見姚文僖文田、嚴鐵橋同撰《群書引説文疏證》稿本，均手稿，加簽滿紙，其孫彦侍方伯交予審定，前後囑同事吴枚升寫精本，後又囑鄭伯更添甚多。予頗不爲然。有引用嘉、道時未出之書，不如用原本。遂未及付梓而方伯没矣。彦侍之孫桐孫，將家藏書籍售之京師圖書館。手稿一次，清稿二次，清稿皆在焉。書單題曰鈔本，不知其高祖手澤也。』嚴可均提到的『群書引説文類』，繆荃孫提到的嚴、姚二人同撰之《羣書引説文疏證》即同一書；不過後來嚴可均以其爲根據而成《説文校議》，『姚氏之説亦在其中』；姚文田則以其爲根據而成《説文解字考異》，并經姚覲元等人增補校訂。就署名而言，嚴可均署云『歸安姚文田、烏程嚴可均同撰，陽湖孫星衍商訂』，不掩他人之功；而姚書則僅署『歸安姚文田輯』。

《中國古籍善本書目·經部·小學類》：『説文解字攷異十五卷。清姚文田、嚴可均撰。稿本。清姚覲元批校。存四卷（一至四）。』《中國古籍總目·經部·小學類·説文之屬》：『説文解字攷異十五卷。清姚文田、清嚴可均撰。稿本。浙江（存卷一至四）。』

現藏浙江圖書館。

## 金壇十生事略一卷　（清）姚文田輯　清大興傅氏抄本　清傅以禮題記

一册。每半葉六行，行二十五字。無版框、界行。

姚文田事迹見前《説文解字攷異》。

抄本内封一簽題『金壇十生事畧（大興傅氏鈔本）』。内封二題『金壇十生事略』，右旁小字書：『庚午秋日轉饟入都，家蓮舟司馬以手鈔本見示，孫琹士刺史爲余録副，時同寓邑館嘉蔭堂，因記。』卷端題『金壇十生事略。姚文田』。

案：《金壇十生事略》首云：『文田讀先方伯傳，載先時金壇某紳有所憾十生，欲擠之死，上其事御史臺。公以其無驗，弗坐。某因肆爲蜚語撼公，遂扼公以死。嘗以詢之長者，歲久遠，多不能詳也。門人戴開文頃司鐸金壇，言金壇人猶稱頌先方伯不衰。因訪諸其故家，得《金壇公是録》《十宦被戮本末》二書，皆不詳作者姓名。《公是録》述其事尤詳，爲文約萬餘言，惜太繁，未易得要領，故爲撮舉其略，以待他日之采擇者。』（姚文田《邃雅堂集》卷三）則姚文田此傳主要依據《金壇公是録》，參照《十宦被戮本末》纂集而成。其作是傳之目的，實在於辨明姚延著因此冤死事。在《邃雅堂集》卷三有《重建姚公祠記》即直接明姚延著之道德者，故姚文田之作《金壇十生事略》，乃與其作《重建姚公祠記》，根本目的一致，爲一事二體，一表一裏。

李慈銘《越縵堂讀書記·集部·別集類》『邃雅堂集』條曾專門拈出姚氏此二作云：『《金壇十生事略》及《重建姚公祠記》，叙順治己亥袁大受之獄，及文僖之高祖江南按察使姚延著緣坐冤死事。十生者，吏部郎王重（字有三，崇禎四年進士），兩廣監軍道袁大受（字亦文，順治三年解元，四年進士），兵部主事王明試（字雍侯，順治八年進士），大理評事李銘常（字紀公，順治二年進士），布政使王夢錫（字納吾，天啓五年進士），建寧知府段冠（字文殊，號蘧覺，崇禎十年進士），杭州推官江潢（字度生，崇禎十六年進士），臨安知縣史宏謨（順治四年進士），紹興推官史承謨（順治八年進士），封御史馮徵元（字善長）也。其事因順治十六年六月，朱成功破鎮江，而金壇知縣任體坤（山西貢生）遣諸生虞巽古等詣府乞緩兵，而潛弃城遁。及成功敗，體坤欲掩其逃城罪，遂嫁禍士民，誣以通款。主謀者大受，發其事者徵元之子御史班（字而聞，順治二年進士），原審者按察使姚延著，覆審者按察使藍閏，推官劉源深，勘獄者侍郎葉成格厄滿，而體坤重賄重津，遂反誣紳士逼之送款。時提督哈哈，又力主羅織，王重、大受等遂與縣丞教官諸生書吏耆民團保六十餘人，駢斬于市。體坤以非本謀，減等論絞，班以叛逆遣戍死，延著以失出論絞。惟進士曹宗璠（號惕咸，崇禎四年進士）、宗璠子刑部主事鍾浩（字持遠，順治十二年進士）、編修蔣超（字虎臣，順治四年探花）三人幸免。重、大受、銘常、明試皆多爲不法，大受尤凶狡，本欲借投誠殺諸生之不便己者，卒以自及。班以素與重有怨，遂草疏盡發重、大受前後姦狀，使兵科孫際昌入告，致移刃其父，而身亦連坐死。（班爲諸生時，文尚險怪，督學耿某置末等。後耿巡撫甘肅，班誣以通虜，滅其家。）夢錫、冠潢鼎革後皆杜門不出，宏謨、承謨皆端静自守；諸生虞巽吉等八人，恐邑遭屠戮，故公給資金間道詣府；蔡默等七人，皆足未嘗出里閈，且有城守功，爲大受所陷，皆以冤死。結案時十八年辛丑八月也，章皇帝已賓天矣，以叛逆故不蒙赦。予向知金壇己亥之獄（見稗史中有《金壇紀事》），未得其詳，茲文僖據《金壇公是録》及《十宦被戮本末》二書，參互考訂，最爲可據。』胡玉縉《許廎經籍題跋》卷四《集部·遂雅堂集書後》、謝國楨《增訂晚明史籍考·金壇十生事略》皆踵武李慈銘之評。

《金壇十生事略》，載入姚文田《邃雅堂集》卷三，謝國楨《增訂晚明史籍考》著録：『《金壇十生事略》一卷。《邃雅堂集》本。別出。』在附考中云姚文田『著有《邃雅堂集》，集中有《金壇十生事略》一篇，無單行本』。將《邃雅堂集》本與此抄本比較，《邃雅堂集》本多出以《十宦被戮本末》校勘之内容，此抄本則多出文末：『嘗閲花村看行侍者《談往》中載周介生被禍事，謂金壇本羅刹地，引己亥之獄爲證，觀此蓋知所言不誣。』

鈐印：『華延年室』朱文方印。

現藏浙江圖書館。

**菊譜一卷附老圃新菊一卷詩一卷** （清）吴昇撰 **馬實夫詞一卷** （清）馬若虚撰 稿本 張宗祥跋

一册。每半葉六行，行二十字，小字雙行同。無版框、界行。

吴昇，字瀛日，號壺山、秋漁，錢塘人。生於清乾隆二十年乙亥（1755），卒於道光四年甲申（1824），年七十。乾隆四十八年癸卯（1783）舉人。歷官崇寧知縣，潼川、叙州、順慶、夔州知府。道光元年因病歸家。著有《小羅浮山館詩鈔》。事迹詳見潘衍桐《兩浙輶軒續録》卷十三《吴昇》、齊耀珊等《［民國］杭州府志》卷一三七《吴昇傳》等。

稿本扉葉背有張宗祥記：『此爲初稿，未刊行。又改名《九華新譜》，方刊行，然與此稿不同。』卷前爲《叙》，尾署『嘉慶丁丑小春錢唐湖酒民述於浣花谿上之寓廬』。正文不分卷，不標大題，然卷中標有類目：『黄色』『白色』『紅色』『紫色』『粉色』『叙新菊』『子菊説』『雜説』，其中『黄色』至『叙新菊』叙所見諸色菊品，『子菊説』『雜説』則關涉菊花、藝文人事之品評。次爲附録三：首爲『老圃新菊』，包括《丙子得三種》《丁丑得十九種》《戊寅得二十四種》《太平村農新菊》《二泉書屋戊寅新菊》《怡園戊寅新菊》《拜經樓戊寅新菊》《春艸堂戊寅新菊》；次爲《自嘲詩二首》《種菊四首》，乃吴昇所作涉菊詩；次爲《馬實夫詞》及馬若虚題識、胡敬《書菊譜後》。天頭有校改語數則。

鈐印：『進思珍臧』朱文方印。

現藏浙江圖書館。

## 九華新譜一卷附老圃新菊一卷詩詞一卷 （清）吴昇撰 馬實夫詞一卷 （清）馬若虚撰 稿本

一册。每半葉八行，行二十字，小字雙行同。無界行，僅正文首葉四周雙邊，其他無邊欄，然有墨筆標示。下黑口，單魚尾。上書口題書名『九華新譜』，書口中間題全書連續葉碼。

吴昇事迹見前《菊譜》。

稿本卷端題『九華新譜』，次行題『錢塘吴昇秋漁纂』。正文不分卷，標有類目『黄色』『白色』『紅色』『紫色』『粉色』『叙新菊』『子菊説』『雜説』，同《菊譜》稿本。次亦有附録三：其首同《菊譜》稿本，次爲《自嘲詩二首》、《種菊四首》及馬若虚題識、胡敬《書菊譜後》，次爲《馬實夫詞》，於《菊譜》稿本之次序有所更改。

此本實際上已爲刻本，然作者因版式不善、字詞有誤，故於天頭多有校勘、補充以及格式調整提示之批語，尤其是《種菊四首》後所附馬若虚題識之天頭上批云『「靖節」至「奮發」數行應低一格』，然後又用墨筆圈去，其次所接胡敬《書菊譜後》亦用墨筆圈除。

案：《九華新譜》，其後於清末有正式鉛印本。一册。每半葉八行，行二十字，小字雙行同。無界行，文武邊。下黑口，單魚尾。上書口鎸書名『九華新譜』，書口中間鎸全書連續葉碼。扉葉背面有吳諫齋題識，云：『高祖秋漁公所編《九華新譜》一書，排印於長沙。時先君提學湘中，當爲清季光、宣間。頃與浙江圖書館所存寫刻樣本校過，僅少原序。樣本均先君親手校正也。一九六一年辛丑初夏吳諫齋記。兹以此册稿贈浙館附藏之。』『當時原擬鏤版，故有寫刻樣本，旋以長沙有鉛字，因付排印也。』卷前有序，題作『九華新譜序。錢塘吳昇秋漁編』，尾署『嘉慶丁丑小春錢唐湖酒民述於浣花谿上之寓廬』。卷端題『九華新譜』，次行題『錢塘吳昇秋漁編』。吳諫齋所云寫刻樣本即此『九華新譜一卷附老圃新菊一卷詩詞一卷馬實夫詞一卷』稿本。鉛印本爲正式印本。二者相較，鉛印本多卷前之序，并改『纂』作『編』，其他均絶大多數遵從寫刻樣本天頭之提示改正，僅一二字未改。將《菊譜》稿本、寫刻樣本、鉛印本比較，三本可構成一較爲完整的版本源流。又有《古今説部叢書》本，乃鉛印本之裔。

現藏浙江圖書館。

## 南歸紀程一卷（清）姚祖同撰　稿本

二册。每半葉八行，行二十字，小字雙行同。朱格，文武邊。白口，單魚尾。

姚祖同，字亮甫，錢塘人。生於清乾隆二十七年壬午（1762），卒於道光二十二年壬寅（1842），年八十一。

乾隆四十九年甲辰（1784）舉人，授内閣中書。歷官兵部郎中、鴻臚寺卿、河南布政使、安徽巡撫、左副都御史等。事迹詳見趙爾巽等《清史稿》卷三八一《姚祖同傳》、齊耀珊《[民國]杭州府志》卷一二六《姚祖同傳》、潘衍桐《兩浙輶軒續録》卷十四《姚祖同》等。

稿本内封題『南歸紀程（第一次）』，右旁小字書『道光十一年十一月自京起身去十二年四月復來京』。内容乃記録道光十一年辛卯（1831）十一月十二日離京回杭至道光十二年壬辰（1832）四月十一日再返回京城寓所之日記。其中上册記載從道光十一年辛卯十一月十二日至道光十二年壬辰正月二十七日，下册記載從道光十二年壬辰正月二十八日至四月十一日，逐日記載行踪、交往等事宜。道光十一年十一月十二日記事之前有一段文字，略抵小序，云：『道光十一年辛卯十一月十二日庚申巳刻自京起程回浙。溯自嘉慶三年戊午八月丁母艱服闋進京，距今三十五年矣。時年三十七歲，今已七十。歲月如流，情事萬變。……書南歸紀程。』道光十二年四月十一日記事之後，亦有一段文字，略當於跋，云：『此行凡五閲月，計往來途次八十餘日，在家鄉僅六十餘日耳。妻孥滯留京師，焉能舍之不顧。余之家竟安在哉？先人敝廬，不蔽風雨；墓田丙舍，無一或有。至寄居于管墳人黄姓之屋，又安得不迫歸京邸也！游宦數十年，歷外任十餘載，謹守仁廟視國事如家事之訓，屢荷公爾忘私國爾忘家之褒，使做官之日，稍復顧念私家，豈復尚有人心者？今罷官之後，雖欲顧家已無及矣。豈謀國之時，有不可不兼顧私家者耶？抑心無二用，理無中立，固有斷斷不能兼顧者耶？將無貧富有命，豐耗無常，即使做官時念念私家，預爲之地，亦有終不可恃者耶？炯然方寸，誓不稍悔，不知家之終滯于此乎？亦不知獲返于南乎？有命在天，行雲流水而已。亮甫并識。』末爲周肇祥跋語，另紙所書。

又，《金陵行紀》稿本中夾有一長卷。考其内容，乃此《南歸紀程》之部分草稿。

《中國古籍善本書目·史部·傳記類一》：『南歸紀程一卷。清姚祖同撰。稿本。周肇祥跋。清道光十一年至十二年。』《中國古籍總目·史部·傳記類·日記之屬》：『南歸紀程一卷（清道光十一年至十二年）。清姚祖同撰。稿本（周肇祥跋）。國圖。』

鈐印：『御史中丞』朱文方印、『晚節猶存鐵石心』白文方印、『周肇祥鈢』白文方印、『周肇祥』朱文方印。

現藏國家圖書館。

## 金陵行紀一卷 （清）姚祖同撰　稿本

一册。每半葉行數、行字不等。無版框、界行。其中夾有一長卷。

稿本外封題『金陵行紀』，近書腦處小字書『道光二十年庚子十二月十四日由杭州起程以次歲二十一年辛丑三月初四日歸里。亮甫時年八十歲』。内容爲逐日記載道光二十年庚子（1840）十二月十四日至道光二十一年辛丑（1841）三月初四日之間天氣、行程、人事等情況，亦録所作詩歌。其中道光二十一年三月初二日與初三日之間有《補書正月初一日禮報恩寺塔》詩三首、《補書飲金陵城北一園梅花樹下》詩四首、《常潤舟中雪夜》詩一首。

姚祖同事迹見前《南歸紀程》。

稿本内夾有一長卷，卷端題『道光十一年辛卯十一月十二日庚申巳刻自京起程回浙』。次爲小序性質文字。次則逐日記載道光十一年（1831）十一月十二日至十二月除夕之間的天氣、行程、人事等情況。天頭注明『進山東境』『進江南境』『渡黄』『渡江』『至浙江境』『歸抵杭城』『省墓』。考其内容，實乃此編所收姚祖同《南歸紀程》之一部分。二者相較，《南歸紀程》實乃後來謄清本。

《中國古籍善本書目·史部·傳記類一》：『金陵行紀不分卷。清姚祖同撰。稿本。清道光十一年、二十年至二十一年。』《中國古籍總目·史部·傳記類·日記之屬》：『金陵行紀不分卷（清道光十一年、二十年至二十一年）。清姚祖同撰。稿本。杭州。』

鈐印：『我今心似一潭月』朱文長印、『廿年供奉殿西廄』朱文方印、『同』朱文方印、『秉璋』朱文方印、『莊敬日彊』朱文方印、『端華堂』朱文長印、『端安堂印』白文方印、『振威將軍之印』朱文方印。

現藏杭州圖書館。

## 蛟川唱和集二卷 （清）鄭勳 陳焯等撰 稿本

一册。每半葉十行，行二十字，小字雙行同。青絲欄，左右雙邊。白口，雙魚尾。上書口鎸『讀左隨筆』，下書口鎸『二硯窩』，即借用此紙書寫而成。

鄭勳，本名繼高，更今名，字書常，號簡香，亦自稱煙霞杖者、小花嶼農，慈谿人。生於清乾隆二十八年癸未（1763），卒於道光六年丙戌（1826），年六十四。嘉慶元年丙辰（1796）舉孝廉方正。嘗主鎮海蛟川書院。其學爲劉宗周、黄宗羲、全祖望一系。性好游，喜作詩。著有《二硯窩集》《簡香隨筆》《左傳樂府》等。事迹詳見徐時棟《煙嶼樓文集》卷二十四《徵舉孝廉方正鄭君墓碣》、馮可鏞等《〔光緒〕慈谿縣志》卷三十二《鄭勳傳》等。

稿本分作兩卷，卷端皆題『蛟川唱和集卷某』，其下列鄭勳與他人唱和之作。唱和者有陳焯、陸達履、張久照、謝篪賢、魏右曾、翁壽恩、謝佑鏞、謝炳賢、陳曙、陳修淦、鄭辰、王渥、顏騤等人，其中尤以陳焯之作爲多。

時間則在鄭勳主蛟川書院期間，卷一首篇詩題即云《嘉慶乙丑移席鯤池書院無軒世丈招過南齋出示湘管齋圖即次聯吟元韻題後》，鯤池書院即蛟川書院，無軒世丈即陳焯也。共録詩九十餘題。

案：此詩集卷一原題作『景賢精舍詩鈔卷一』，其旁墨筆將『景賢精舍詩鈔』改作『蛟川唱和集』，而卷二則徑作『蛟川唱和集卷二』，則是集之編，其初擬作《景賢精舍詩鈔》，但在編輯過程中乃重新定名曰《蛟川唱和集》。鄭勳所主之書院，蛟川爲其初名，其後改作鯤池書院。因鄭勳倡議於院中祭祀沈焕、黄震，故阮元匾其處曰景賢精舍，徐時棟《徵舉孝廉方正鄭君墓碣》云：『文達嘗命主鎮海之蛟川書院，於是祀沈端憲、黄文潔兩先生，自爲之記，文達爲扁曰景賢精舍。』故其改名之因，當爲此卷詩歌之内容與其題名相稱。又，俞樾《［光緒］鎮海縣志》卷十《學校・鯤池書院》録有鄭勳《蛟川書院八詠》《静廉吟舫詩》。《静廉吟舫詩》見於此稿，題曰《蛟川講堂之南有小築七楹迴欄釦砌下臨鯤池池上有小山曰梓蔭玲瓏嶕嶫不可名狀夜間風來水石相激鏗然有聲向懸朱子静廉二字夏日移榻於此頗得幽趣因名之曰静廉吟舫并次坡公水樂亭韻題之》，其後有陳焯和詩。鄭勳《蛟川書院八詠》，《萍山春望》云：『深山多静機，坐聽參猿笑。此間别有趣，山川得津要。春風遍城郭，一望集衆妙。』《東溟秋漲》：『秋水接長天，萬里奔騰勢。登高眼界寛，細流難比例。三更夢初醒，鼉吼驚檐除。』《精舍研經》：『文不在兹乎？前賢啓後賢。群英聚精舍，釋奠自年年。敬奉一瓣香，潛心溯淵源。』《摩厓響榻》：『治心故有道，忿慾分懲窒。至言垂遺經，椽筆標海國。摩厓十丈長，敲來無剥蝕。』《小舫吟聲》：『紅闌曲曲迴，小住如坐舫。置身山水間，清音自酬唱。應作静廉觀，此心當依傍。』《平臺月色》：『開門看月色，臺高若掌平。招邀二三友，散步趁光明。相忘露濕衣，今古恣盱衡。』《孤亭夕照》：『餘光散綺處，一抹亭邊嚲。炊煙四望起，容我中間坐。相傳石蓮花，於今開幾朵。』《遠寺晨鐘》：『古寺經歷劫，均響傳林麓。殘月猶在天，飛鳥驚群宿。非云學祖生，奮然書我讀。』則皆不見於此稿。自内容觀之，《蛟川書院八詠》所記有祭祀沈焕與黄震事，有與友人相聚酬唱事，有寫景，亦皆爲《蛟川唱和集》之主題，然《蛟川唱和集》不載。考其原因，或因《蛟川唱和集》有漏收；或因《蛟川唱和集》僅收唱和詩，而鄭勳《蛟川書院八詠》無人唱和，故不予收録也。

《中國古籍善本書目·集部·總集類》：『蛟川唱和集二卷。清鄭勳、陳焯撰。稿本。』《中國古籍總目·集部·總集類·郡邑之屬》：『蛟川唱和集二卷。清鄭勳、清陳焯撰。稿本。天一閣。』

現藏寧波市天一閣博物館。

## 平津筆記八卷　（清）洪頤煊撰　稿本

四册。每半葉十三行，行字不等。烏絲欄，左右雙邊。白口，雙魚尾。書口中間題卷次及當卷葉碼。

洪頤煊，字旌賢，號筠軒，臨海人。生於清乾隆三十年乙酉（1765），卒於道光十七年丁酉（1837），年七十三。嘉慶六年辛酉（1801）充選拔貢生。入貲爲州判，權知新興縣事。喜聚書博觀，苦志力學，著述極豐。著有《禮經宫室答問》《漢志水道疏證》《筠軒詩文集》等。事迹詳見佚名《清史列傳》卷六十九《洪頤煊傳》、趙爾巽等《清史稿》卷四八六《洪頤煊傳》、喻長霖《[民國]台州府志》卷一〇五《洪頤煊傳》等。

稿本卷端皆題『平津筆記卷某』。每卷各録多條學術考證。内分八卷；在此八卷之前，即在第一册卷一之前，尚有二十條散記，無所歸屬。其體例，一般首列小標題，其下先明其待考之對象，多爲文獻中之記載，繼則詳論之。内容博雜，編排亦無序，其中多有删、補、改、乙之處。

案：洪頤煊有筆記《讀書叢録》二十四卷。以此《平津筆記》與《讀書叢録》相較，此中一些條目存於《讀書叢録》中。由此而言，《平津筆記》乃其讀書筆記，凡讀書有得即予以載録，故其内容包羅萬象。迨至其後，積纍漸富，則從此類稿本中擇取相關者，修飾整齊之，類編成書。

《中國古籍善本書目·子部·雜家類》：『平津筆記八卷。清洪頤煊撰。稿本。』《中國古籍總目·子部·雜家類·雜記之屬》：『平津筆記八卷。清洪頤煊撰。稿本。浙江。』

鈐印：『洪頤煊印』白文方印、『筠軒』朱文方印。

現藏浙江圖書館。

## 倦舫碑目六卷 （清）洪頤煊編　清黄氏秋籟閣抄本

一册。每半葉十二行，行字不等，小字雙行同。有版框，無界行，烏絲邊欄。白口，無魚尾。版心題書名、卷數并當卷葉碼。

洪頤煊事迹見前《平津筆記》。黄瑞，字玉潤、藍叔，號子珍，臨海人。生於清道光十七年丁酉（1837），卒於光緒十四年戊子（1888），年五十一。諸生。因苦學而致目疾，故絶意仕進，專注於鄉邦文獻搜集整理，名其齋曰秋籟閣。嗜金石，工篆刻，能詩。著有《台州金石録》《三台名媛詩輯》等。事迹詳見項士元《秋籟閣藏書記》、喻長霖《［民國］台州府志》卷一二〇《黄瑞傳》等。

抄本外封題『倦舫碑目』。卷前爲《倦舫藏碑總目》，次行題『臨海黄瑞子珍審定』。内分六卷，卷端皆題『倦舫碑目卷某』，次行及次三行皆題『臨海洪頤煊筠軒家藏。同邑黄瑞子珍審定』；每卷卷尾則題曰『倦舫碑目卷某終』。黄氏谿南書藏校繕本』。卷一載三代至隋碑，卷二載唐碑，卷三載唐及五代碑，卷四載北宋碑，卷五載南宋、僞齊碑，卷六載遼金元及安南碑。其體例，先碑名，下小字記碑文書體、立碑時間、地點等。

《中國古籍善本書目·史部·金石類》：『倦舫碑目六卷。清洪頤煊撰。清抄本。』《中國古籍總目·史部·金石考石類·石之屬》：『倦舫碑目六卷。清洪頤煊撰。清抄本。浙江。』

鈐印：『黄氏秋籟閣寄存』白文長印、『古章安黄瑞』白文長印、『溪南書藏』朱文方印。

現藏浙江圖書館。

**倦舫碑目六卷**（清）洪頤煊編　**續增碑目一卷**（清）洪瞻墉繼撰　民國浙江省立圖書館抄本

一册。每半葉十行，行字不等，小字雙行同。朱絲欄，文武邊。白口，單魚尾。書口中間題當卷卷數、類目、葉碼，下書口鎸『浙江省立圖書館』。

洪頤煊事迹見前《倦舫碑目》。洪瞻墉，字容甫，號小筠，洪頤煊子。嗜古，有父風，工篆籀。著有《建元分類考》《台州金石略》《蘭雪軒錢譜》等。事迹詳見喻長霖《［民國］台州府志》卷一〇五《洪頤煊傳》附《洪瞻墉傳》。

抄本分作兩部分：前爲洪頤煊《倦舫碑目》六卷，後爲洪瞻墉《續增碑目》一卷。《倦舫碑目》卷前爲《倦舫藏碑總目》。正文作六卷，每卷卷端題『倦舫碑目卷某』，次行題『臨海洪氏蘭雪軒藏本』。卷内以朝代爲類目。通卷以時代爲序，著録碑拓，一般先立碑名，下小字記碑文書體、立碑時間、地點。《倦舫碑目》卷六之後爲《續增碑目》，首有小序，云：『乙卯初夏，偶檢舊篋，得先嚴所輯家藏金石目録底稿六卷，余抄録成書。後適吳子苾學使式芬亦同此好，寄贈金石拓本數十種，校對前目，多所未載，又於市肆購訪及同人拓贈，抄録成帙，作續增附後。夫金石之流傳於世間，日出不窮，隨得隨續，其編次不能盡依年代定先後云。』尾署『咸豐七年歲在丁巳閏五月十三日臨海洪瞻墉容甫氏識於小停雲山館之浣香亭』；次著録碑拓二十五目，體例同《倦舫碑目》。抄本末之空白處有題記『二十五年十二月九日。夏定棫校』。

將洪瞻墉抄與黄氏秋籟閣抄《倦舫碑目》六卷比較，可見洪氏之原貌與黄瑞修訂之内容。又，此抄《倦舫碑目》中亦有夏定棫、王舟瑶别筆校記數條。

現藏浙江圖書館。

## 秋笳餘韻不分卷秋笳集附編不分卷　（清）陳之遴　顧貞觀等撰　（清）張廷濟輯　稿本

三册。每半葉行數、行字不等。無版框、界行。第三册部分葉心中有題字。

張廷濟，字叔未、説舟，號竹田，别號海岳庵門下弟子，嘉興人。生於清乾隆三十三年戊子（1768），卒於道光二十八年戊申（1848），年八十一。嘉慶三年戊午（1798）舉人。酷嗜金石，精於考證；書法米南宫，草、隸獨出冠時。著有《桂馨堂集》等。事迹詳見趙爾巽等《清史稿》卷四八六《張廷濟傳》、許瑶光等《[光緒]嘉興府志》卷五十《張廷濟傳》。

清吴江詩人吴兆騫因丁酉科場案遣戍寧古塔，後贖還，在塞外生活二十餘年（順治十六年己亥至康熙二十年辛酉，1659—1681），著有《秋笳集》。此稿本所收，即關乎吴兆騫遣戍塞外之事者。

第一册外封題『十一章』并鈐『張叔未』印。所收有兩部分内容：首爲吴兆騫戍寧古塔期間徐乾學、徐元文、顧貞觀等人寄書，末有張若采識語；次爲錢壇、郭麐、劉志鵬等人受張若采之邀吟題詩詞，末有徐達源嘉慶十一年丙寅（1806）識語。

第二册外封題『九章』并鈐『張尗未』印、左書『又海村録得詩一章』。其内容，首爲翁廣平撰《秋笳附編序》《吳漢槎傳（松陵四子傳之一）》；次題《葉學山詩文遺稿》，實爲翁廣平所録《葉學山詩文遺稿》中與吳兆騫有關詩作：其首爲翁廣平嘉慶十一年丙寅（1806）識語，次爲唱和諸詩。

第三册外封題『秋笳餘韻』；内封一題『秋笳集附編』，張廷濟於其右旁題『秋笳餘韻』及其下題『嘉慶丙辰夏日張廷濟輯并題』，近訂縫處亦題『内有字者六十八葉，此外六件（連散係六章，每件各有印記）』及鈐『張尗未』印。内封二簽題『秋笳集附編（丙辰夏日張廷濟輯并題）』，旁鈐『廷濟』『汝霖』二印。首爲張廷濟小序。主體内容有三：其一爲從各種文獻中所輯録之關於吳兆騫史料。其二爲諸老真迹録二卷：卷上，包括詩詞目録（即標明『卷上目録』者）及其具體内容，書札之目録及其具體内容；卷下，包括『卷下目録』及其具體内容，全爲贈詩；末附張廷濟《題秋笳餘韻》及抄沈恪曾詩。其三爲張廷濟『復從諸集中抄出附後』之詩，分爲小序、目録、具體内容、除目録所列之外另補的周綸之詩。末爲張廷濟嘉慶元年丙辰（1796）所撰《秋笳集附編書後》。

結合外封及内葉題名、集中序跋識語考之，張廷濟此編，實際上最早編成的是《秋笳集附編》上下卷、附卷，大約成於嘉慶元年；其後，繼續搜集有關材料，又有所得，這些材料多編成本稿第一、第二册。因爲本稿實際上一直處於搜録編輯之中，故内容初視之頗凌亂。總體而言，是書彙集有關吳兆騫文學史料爲一集，其中有許多史料今僅存此，故彌足珍貴。

《中國古籍善本書目·集部·總集類》：『秋笳餘韻不分卷。清陳之遴、顧貞觀等撰。清張廷濟輯。稿本。』《中國古籍總目·集部·總集類·斷代之屬》：『秋笳餘韻不分卷。清陳之遴、顧貞觀等撰。清張廷濟輯。稿本。國圖。』

鈐印：『張尗未』白文方印、『尗未』朱文方印、『廷濟』白文方印、『廷濟私印』朱文方印、『汝霖』朱文方印。

現藏國家圖書館。

## 菽原堂初集一卷（清）查揆撰　稿本

一册。每半葉十二行，行字不等，小字雙行同。朱絲欄，文武邊。白口，單魚尾。

查揆，又名初揆，字伯葵，號梅史，海寧人。生於清乾隆三十五年庚寅（1770），卒於道光十四年甲午（1834），年六十五。嘉慶九年甲子（1804）舉人。官灤州知府。工詩文。著有《菽原堂集》《篔谷文集》等。事迹詳見佚名《清史列傳》卷七十一《查揆傳》、許傅霈等《[民國]海寧州志稿》卷二十八《查揆傳》等。

稿本不標卷數。卷端題『菽原堂初集（録近體詩）。海昌查揆伯葵（梅史）』。録《流螢辭》《寄友》《古意》等詩歌約二百四十餘題，大多是思親懷友、酬答紀行之作，内容廣泛。

案：查揆詩文，方廷瑚《篔谷詩文集序》：『《篔谷詩文集》，吾友查伯葵刺史之所作也。伯葵前寓武林，曾有《菽原堂初集》之刻。通籍後，以乞近再仕于皖，養事畢，始至三輔，補肥鄉令，調繁饒陽，旋擢灤州牧，先後三十年中，著作益富。公暇，并删汰其前所刊者，手纂爲《篔谷詩文集》三十二卷。』（查揆《篔谷詩鈔》卷首）此本刊於查揆逝世之後第二年，包括《篔谷詩鈔》二十卷、《篔谷文鈔》十二卷。其中《篔谷詩鈔》卷一至卷八、卷九前一小部分即所録有關《菽原堂初集》者，然有增删。以此稿本考之，稿本之内容略存於《篔谷詩鈔》卷一至卷八。

又：稿本末葉，即有粘葉遮蓋不清者，其第一行内容乃『水送人三月暮鵓鳩啼雨一生寒小桃花與家書字怕迮閙愁總倦看』，乃《答舍弟葑湖》之内容；其次依次即《竹樓招同蔣村泛舟至金沙港》《家上舍南廬自都下寓書訊近狀奉答》《送春》《新緑》詩，然《新緑》詩僅『鵓鳩啼破郭門東，晝出春陰似夢中。柳巷鶯花藏欲露，村橋燕路礙還通。西』，脱去後面幾句。此葉之前倒數第一葉，内容爲《送雲臺師入覲》《贈吳兼山歸虞山》；其前倒數第二葉，内容正爲末葉之内容，故末葉實乃其前倒數第二葉之重複。尤需注意者，《新緑》詩有脱，且

《篔谷詩鈔》自《新緑》與《送雲臺師入覲》《贈吴兼山歸虞山》之間詩歌頗夥，種種迹象表明，此稿本於《新緑》與《送雲臺師入覲》之間有脱佚。

查揆論詩宗嚴羽，其實際詩歌創作則不專一家。屠倬《菽原堂集序》云：『伯葵之詩，於古人堂奥無所不窺，而騰踔變幻，不能以一家名之。爐鞲停智，風雲入治，杼柚在手，花水成文，淵乎浩乎，莫得而測其涯涘矣。』（查揆《篔谷詩鈔》卷首）於是稿可見之。

《中國古籍總目·集部·别集類·清代之屬》：『菽原堂初集一卷。清查揆撰。清抄本。浙江。』

現藏浙江圖書館。

## 菽原堂詩一卷江行小集一卷 （清）查揆撰　稿本　清郭麐跋

二册。每半葉十行，行二十一字，小字雙行同。無版框、界行。

查揆事迹見前《菽原堂初集》。

此稿本《菽原堂詩》與《江行小集》各爲一册。前爲《菽原堂詩》，後爲《江行小集》。不標卷數。《菽原堂詩》扉葉有郭麐題記，尾署『嘉慶十有一月廿二日郭麐記』；扉葉背有施晉記，云『壬申小春上浣施晉讀訖』。卷端題『菽原堂詩卷之』，題下别筆補題『一百二十首』，次行别筆補題『皖江集』。録詩六十餘題，乃作者自都門往皖南爲官期間所作（嘉慶十三年、十四年前後），多爲紀游之作。《江行小集》扉葉背面有查揆題記，綴以佚名題記，及施晉、陸繼校讀題記。卷端題『江行小集』。卷末别筆補題『一百四十七首』。録詩八十餘題，乃作者里中所作（嘉慶十六年、十七年前後），題贈之作居多。

案：此《菽原堂詩》稿本與前一《菽原堂初集》稿本内容互異，其寫作時間在《菽原堂初集》稿本内容之後，當於《篔谷詩鈔》卷十、卷十一《望華亭和白雲明府》之前部分。《江行小集》則當於《篔谷詩鈔》卷十一《丹陽舟次同頻迦作》後面部分、卷十二《寄孫州牧仲良吳縣》前面部分。然《江行小集》原稿本有裝倒：其中有葉，第一行至第五行爲詩句『吾儕兄事灌與絲……上堂一進春酒巵』，次爲《秋白孝廉赴禮部試過吳門訪余於百一山房出移居圖屬題次小湖韻即以贈行同頻迦作》。該葉有夾簽云『此葉與下葉訂時誤倒。「逼仄復逼仄」爲第一首，「少壯有三好」爲第二首』云云，意即此半葉後當依次接後面首行爲『少壯有三好，而我無一二。所要好茅茨，風雨略可避。前』之半葉、『勞役人事，所苦逾留遷。譬諸嬰姍疾，乃反懟車船。秋涼』之半葉，再依次接綴首行爲『約，幸幸念平生語』之半葉及其他。

《江行小集》稿本之顯著特色，在於其天頭有評語。如《皺雲石用前韻》天頭：『皺雲石，今在石門縣福嚴寺，没地中。舊傳天陰雨時常有雨霧出現，近已漸失靈氣。村男鄉女之來拜佛者，輒擲以石，謂中者春蠶勝意。傲骨崚嶒，日遭磨劫，荒蕪冷落，觸目生悽。噫，其亦有飄茵墮溷之感歟！偶讀此詩，爰爲綴述數語。壬子秋日鈍廠。』《送小宛入都叠前韻》天頭：『初白先生妙境。』約十條。

此集所收之作，與作者一貫之豪放風格稍異，郭麐評云『豪宕之氣漸歸真實，此非學道有得，殆亦境會使然耶』（見稿本卷首郭麐題記），實知味之言。

《中國古籍善本書目·集部·清别集類》：『菽原堂詩一卷江行小集一卷。清查揆撰。稿本。清郭麐跋。』《中國古籍總目·集部·别集類·清代之屬》：『菽原堂詩一卷江行小集一卷。清查揆撰。稿本（清郭麐跋）。上海。』

鈐印：『江東陸郎』白文方印、『曾經東山柳蓉村過眼印』朱文方印。

現藏上海圖書館。

## 古槐書屋詩文稿□□種□□卷 （清）王樹英撰 稿本 清王武錫 王存義跋 存七種十四卷

十三册。每半葉行數、行字不等。紙張、款式不一。有原稿本，亦有抄本，抄本中尚有初抄、再抄之别。

王樹英，字毓才，號竹溪、煙霞嘯客、琴蘭，雲和人。生於清乾隆三十五年庚寅（1770），卒於嘉慶二十二年丁丑（1817），年四十八。恩貢生。多才多藝，善音樂，長金石，工行草書。文藻書翰亦擅絶一時。尤長於詩，爲阮元所稱。生平雅自矜重，不干勢利。縣令陳治策嘗延其修邑志。著有《古槐書屋詩稿》《王琴蘭詩稿》等。事迹詳見本稿第五册夾簽王存義一九六三年癸卯《古槐書屋詩文集殘稿跋》。

稿本前後名稱頗不統一，内容亦有重出，頗複雜。

第一册内封題『古槐書屋詩草』，下書『卷之一』，旁書『琴蘭□□□』；扉葉背分三行題『嘉慶甲戌春鎸 王琴蘭詩稿 古槐書屋藏版』。卷前首爲『叙』，尾署『嘉慶十四年己巳五月興國陳治策書於雲和縣署』；次王武錫題識，尾署『嘉慶癸酉夏六月錢塘宗弟武錫書』；次朱篁雨跋語，云：『五古孕漢育唐，句澹而神逸。五律合襄陽、輞川兩手爲之，琢鍊中仍極渾成。其餘亦俱不染宋人習氣。知於此中三折肱矣。海鹽朱篁雨師跋。』次朱篁雨題辭，云：『海鹽朱篁雨。亦格韻高雅，脱盡卑靡氣。古槐書屋古今體詩題辭。』卷端題『古槐書屋古今體詩卷一』，次行題『雲和王樹英毓才藁』。此卷中有粘簽上書評語，如《古意》二首之末即有粘簽，上書：『前首格韵高超，此未免鋒鋩太露矣。（丹厓姪僭評）』他如《秋夜》《感興》詩亦有評語，然不具評人姓名。第二册内封題『古槐書屋詩鈔』，旁書『琴蘭山人稿』。卷前首爲陳治策『叙』；次爲『古槐書屋詩集叙』，尾署『嘉慶己巳年陽月望日族姪顧爐宸正拜題』；次朱篁雨跋語；跋語天頭書『古槐書屋古今體詩題辭』，然缺具體題辭内容。次王樹英自叙，尾署『嘉慶二十一年丙子十月朔琴蘭山人自叙』。卷端題『古槐書屋古今體詩卷二』，次行題『雲和王樹英毓才一字琴蘭稿』。卷末題『琴蘭王樹英』。此二册，倘據朱篁雨題辭、卷端大題，當名之曰《古槐書屋古今體詩》，然僅存卷一、卷三。

第三册卷端題『古槐書屋詩鈔』，次行題『松石王樹英毓才著』，收録《秋夜（二首）》《俟友不值》《寒夜》。次卷端題『古槐書屋詩鈔』，次行題『松石王樹英毓才著』，收録《鳳凰山》《清脩寺》《白龍山》《晴冬》《古意（二首）》《旅興（二首）》《聽琴》。次卷端題『古槐書屋詩鈔』，次行題『松石王樹英毓才著』，收録《秋夜》《雨後》《獅乳泉》《飛來峰》《題畫（二首）》《登雲梯》《靈漈飛泉》《大虹嶺》，尾題『松石王樹英稿』。次録《夏日》《秋宵》《訪友不值》《春晴》。次録唐人陳羽《吴城覽古》、韓翃《宿石邑山中》二詩。次録《登樓》組詩。末爲雜寫，乃詩聯，如云『村煙連野色，山影漾溪波』『澗水通巖竅，山雲壓枝梢』。第四册，卷端無題，依次徑直録詩《石平道中》《西湖即事（二首）》《春雪》《七赤道中》《題畫（二首）》《蘭江夜泊》《早發桐廬》《春感》《獅山寺》《寓蓮城有懷》《納涼（二首）》《蟠梅》《桔梅》《紅梅》《探梅》《題松柏雙青圖》《新竹》《咏菊》《咏蘭》《題凝翠園》《咏柳》《題王右軍籠鵝圖（二首）》。次録『終朝暢飲醉飛觴』『臨摹廿載久勞神』等無題之詩十餘首。次卷端題『古槐書屋詩鈔』，次行題『松石王樹英毓才著』，收録《歸舟》《對月》《秋夜》等十餘首詩。第五册，卷端題『古槐書屋詩鈔』，次行題『松石王樹英毓才著』，收録《春日遣懷》《竹閣》乃至《贈菊村老人》《留别劍川諸友》十餘首詩，其中有兩《梅花》、兩《感遇》，然《梅花》詩名同而内容全異，《感遇》詩名同而内容同中有異。次録雜寫詩句，若『秋高風落木，寒雨又淒淒』『琴調南郭先生曲，梅和西湖處士詩』等。次夾簽，題名作『古槐書屋詩文集殘稿跋』，尾署『六世裔孫心白王存義跋於雲和城内癸卯十二月卅日』，即王存義一九六三年所跋。次録雜寫，既有詩句，亦抄詞彙及其訓詁。此三册，據卷端題名，當名之曰《古槐書屋詩鈔》一至四。

第六册，内封題『雲邑山水諸咏』。卷端題『雲邑山水諸咏』，次行題『松崖歸朴子王樹英毓才氏別號煙霞嘯客稿』，其下即録《遊獅山寺作用劉青田先生登獅子巖詩韻》詩題及其詩句『獅山鬱峨峨，微雲靄寒林』，然予以弃置。故下葉重書卷端『雲邑山水諸咏』，次行題『松崖王樹英毓才氏稿』，依次收録《遊獅山寺作用劉青田先生登獅子巖詩韻（五言古）》《溪口嶺（五古）》《夏日冒雨至趙善莊留宿（五古）》乃至《獨嶼嶺》《七赤道中》等二十餘題詩。此册詩題之上或有墨筆書『刻』字，或朱筆符號『〇』。此册，據卷端題名，即《雲邑山水諸詠》。

第七册，内封題『麗水山水諸咏』。録《白雲山》《萬象山》《春日登萬象山憩一覽亭即事用張荔園夫子韻二首》《春日登蓮城晚眺》《石牛道中》《蓮城客寓有懷》《萬象山遠眺》；詩題下皆有小注注明詩體，如《白雲山》詩題下小注『五言古』，《萬象山》詩題下小注『七言律預限險韻』等；詩題及小注下署作者，或曰『雲和人王樹英（毓才）』，或曰『王樹英（毓才）』，或曰『雲和人王樹英』，或徑曰『王樹英』。次録無題詩一首。次重録《白雲山》，然僅録其首『白雲雲接天，嶺半白雲稠。直到』，不全。此册，可依封題，即名曰《麗水山水諸詠》。

第八册，内封題『桂一樓詩集』，其旁題『古箬溪王樹英毓才著』。卷前首爲『桂一樓詩集叙』，尾署『時嘉慶辛酉年陽月望日族姪顧廬宸正拜題』。卷端題作『桂一樓詩集卷一』，次行題『松崖歸朴子王樹英毓才氏別號煙霞嘯客稿』，下即小題『五古』，收録《夏日自遣》《遊獅山作用劉青田先生登師子巖詩韵（有記附後卷）》《擬冒雨過桃花嶺》《白雲山》《晴冬》《園中》《擬韋蘇州幽居》《西施》《戊午歲考取古學詩奉阮宗師頒刻梓行披閱有感》《宿故人莊》《戊午春阮宗師考處屬古學命題擬冒雨過桃花嶺予詩成呈閱倖承替賞榜發後用本韻再成一首》《夏日冒雨至趙善村留宿》《冬夜讀書》詩。次卷端題作『桂一樓詩集卷二』，次行題『竹溪歸朴子王樹英毓才氏别號煙霞嘯客稿』，下即小題『七言古』，録《錢江夜泛》《宿翠霞莊即事》《萬象山遠眺》《鯉魚山》《臨海嶺》《石塘嶺》詩。第九册，内封題『桂一樓詩集』，旁題『卷之二乚三』。卷端題『桂一樓詩集卷三』，次行題『松崕歸朴子王樹英毓才氏别號煙霞嘯客稿』，次第三行書小題『五律』，收録《諸葛武侯》《嚴子陵》《荆卿》《淮陰侯》《鯉山寺二首》。次『桂一樓詩集引言』，尾署『嘉慶三年十月望後二日浣溪馮至書於雲和學署』；次顧廬『桂一樓詩集叙』，尾署『時嘉慶辛酉年陽月望日族姪顧廬宸正拜題』。次卷端題『桂一樓詩集卷一』，次行署『箬溪王樹英毓才氏著』，次第三行題『五古』，録《夏日自遣》《晴冬》《題劍川李古芝水月小照圖》《夜歸》《南軒曉起》《秋夜》詩。次卷端題『桂一樓詩集卷二』，次行署『箬溪王樹英毓才氏著』，次第三行題『七古』，其後録《夏日讀書》《臨海嶺》《石塘嶺》。次卷端題『桂一樓詩集卷三』，次行署『松崕歸朴子王樹英毓才氏别號煙霞嘯客稿』，次第三行題『五律』，其後録《諸葛武侯》《嚴子陵》《荆卿》《淮陰侯》《鯉山寺二首》《秋夜》《泛舟》《旅宿黄莊書事》《落葉次沈南汀學師韻二首》《靈漈山》《梅源道中》《對月》《喜晴》《螢》《雨》《至高山莊留宿三首》《晚雨》《冬日即事》《飲石牛酒肆作（在麗水縣屬）》《寒冬》《夏夜》《宿金坑旅舍夜雨（在縉雲縣屬）》《和公度兄暮秋至沈村晚景原韻二首》詩。第十册，内封題『桂一樓詩集』，旁題『卷之四』。卷端題『桂一樓詩集卷四』，次行題『松厓歸朴子王樹英毓才氏别號煙霞嘯客稿』，次第三行題『七律』，其後録《述懷》《感遇》《由靈隱至弢光（在西湖）》《岳忠武墓》《于忠肅祠》《春日遣懷》《春柳次胡西林學師韻》《夏日苦雨次胡西林學師韻》《梅花》《次顧廬春日遊萬象山原韻》詩。此三册中，第八册全部、第九册前部分即《諸葛武侯》《嚴子陵》《荆卿》《淮陰侯》《鯉山寺二首》屬於一種，乃《桂一樓詩集》卷一至卷三。自第九册《桂一樓詩集引言》至第十册全部屬於一種，爲《桂一樓詩集》卷一至卷四：此兩種《桂一樓詩集》，爲舊編、重編之先後關係。兩種《桂一樓詩集》皆以詩體分卷。

第十一册，内封題『桂一樓詩集』。卷端題『雲和王樹英毓才一字琴蘭藁（懷古論古）』，其後録《旅興》《登紫陽山有感（在杭州府屬）》《夜坐》《喜晴》《登樓》《遺懷》《秋曉》《蠶》《擬謝康樂夜宿石門巖上》《諸葛武侯》《旅夜》《田家》《南明山》。次雜寫，乃詩聯、詞彙典故、前人警句等内容。其中《旅興》一詩重出。除《登樓》《旅夜》詩題及雜寫上無標志外，《蠶》《諸葛武侯》《田家》《南明山》詩題上有朱筆書一『刻』字，其他《旅興》《登紫陽山有感（在杭州府屬）》《夜坐》《喜晴》《遺懷》《秋曉》《擬謝康樂夜宿石門巖上》詩題上皆有墨筆題一『抄』字、朱筆題一『刻』字。《諸葛武侯》一詩實移入《桂一樓詩集·五古》中。此册以主題單獨爲卷，然其尚屬草稿，實未曾編定。

第十二册，内封題『删詩存草』。卷端題『删詩存草』，次行題『琴蘭山人著』。其後録《弢光寺》《春日至三望潭》《自高山至花峽坳》《春日遊萬象山次顧盧韻二首》《歸舟》《寄友》《春暮》《夏日書懷遣悶》《夜坐》《曉望嵐氣》《雨望》《松棚》《晚雨》。次雜寫。

第十三册闕任何題名信息。卷前爲目録，録《鳳鳴高崗》《郤金館》《黄庭換鵝》《四時調玉燭》《韞玉山輝》《藏珠於淵》《無逸》《石佛山》《巾子山》《滴水岩》《桃花隘》，并云『以上共拾壹篇足數，又附抄七言律詩貳首、五古一章』。即所録除目録中所列十一篇賦外，尚於《無逸賦》與《石佛山賦》之間録有《滴露研朱點周易（得周字七言八韻）》《朱絃三嘆有遺音（得音字七言八韻）》《擬李白下終南山過斛斯山人宿置酒（五古）》三首詩。此册《鳳鳴高崗賦》《郤金館賦》《黄庭換鵝賦》《四時調玉燭賦》《韞玉山輝賦》《藏珠於淵賦》《無逸賦》《石佛山賦》天頭及文末皆有評註，如《鳳鳴高崗賦》天頭評云『翩翩而來』『雅切高岡』，賦末評云『摐金考石，颺拜正音』。

總觀之，封葉、卷端題名不一，内容亦不連貫，頗見重出。詩題之上亦多見『抄』『刻』字様。考其著述之刊刻，最早爲嘉慶三年戊午（1798）阮元督學浙江，選王樹英詩《冒雨過桃花嶺》入《浙江詩課》，本稿第八册《擬冒雨過桃花嶺（戊午歲阮宗師考取處州闔屬古學第四名詩已頒刻梓行與此稍異）》即其詩，後另作有關詩《戊午歲考取古學詩奉阮宗師頒刻梓行披閲有感》《戊午春阮宗師考處屬古學命題擬冒雨過桃花嶺予詩成呈閲倖承替賞榜發後用本韻再成一首》。其時，王樹英詩稿本名曰《桂一樓詩艸》，馮至嘉慶三年（1798）十月望後二日所撰《桂一樓詩集引言》云：『所著《桂一樓詩艸》數百篇，諸體皆備。』馮至則易名之曰《桂一樓詩集》；又據王宸正嘉慶六年辛酉十月望日所撰《桂一樓詩集叙》云：『歲戊午，督學阮公臨郡，古擬過桃花嶺題，選入試牘數章，松崕叔厠其内。因念一斑不足窺全豹，寸晷所成，尚非佳構，爰檢敝笥中夙稿若干篇，彙爲上下二卷，希遇緣而付諸開雕，甚盛志也。漢倬葉君爲製序，復屬序於余。』漢倬葉君即葉培雲，漢倬乃其字（見伍承吉等《［同治］雲和縣志》卷十二《葉培雲傳》），然今稿本葉培雲序不存。由此而言，在嘉慶六年辛酉十月，王樹英已自選其詩，編成《桂一樓詩集》上下卷，然此集未刊。

至嘉慶十一年丙寅陳治策爲雲和知縣，『居久之，生以詩集來謁。具言苦心詩學二十餘年，積詩草若干，纂而成帙，因乞余爲之序……遂爲之詮次評點如左，以俾刻焉』（稿本第一册陳治策《叙》），陳治策作序在嘉慶十四年己巳五月，而王宸正於嘉慶十四年己巳陽月望日所撰《古槐書屋詩集叙》乃其嘉慶六年辛酉十月望日所撰《桂一樓詩集叙》修改而成，此表明嘉慶十四年王樹英編其詩爲《古槐書屋詩集》，然亦未得刊行。

至嘉慶十九年甲戌，方得刊刻，名曰《王琴蘭詩稿》，即此稿本第一册扉葉背面所云『嘉慶甲戌春鐫。王琴蘭詩稿。古槐書屋藏版』，王武錫於嘉慶十八年癸酉（1813）所作序當即此刻本所有。世傳所謂《古槐書屋詩稿》六卷者（見潘衍桐《兩浙輶軒續録》卷二十八《王樹英》、伍承吉等修《［同治］雲和縣志》卷十二《王樹英傳》），或即此本。

案：王樹英歷次編輯擬付刊刻，俱從稿本選録，故稿本中多有墨筆或朱筆所書『抄』『刻』字樣或符號。如第一册卷中詩題或詩歌正文天頭處多標有符號『V』。《諸葛武侯》詩題上粘簽提示『删去不用』。第二册《夜坐》《旅夜》詩題下有墨筆小注『入卷一』及朱筆注『刻』，詩題上多有符號『，』，詩題名地脚處亦或有墨筆『抄』字、朱筆『刻』字。故此稿雜有初稿、選録謄寫稿等多種性質之稿本。如《七赤道中》詩，第六册《雲邑山水諸詠》是詩題下作『籃輿曲折度山隈，林樹歸鴉暮色催。小憩空亭風勢急，片雲忽帶雨飛來。』『山』字上用朱筆改作『林』字，再在其旁朱筆改作『岩』字；『林樹歸鴉暮色催』一句，『色』字用墨筆圈住，字旁墨筆將其改作『欲』字，然後又在整句旁用墨筆將其改作『一路榴花次第開』，然後用朱筆將『榴』改作『山』，將『次第』改作『歷亂』；詩題『七赤道中』上天頭處則用墨筆書一『刻』字。此詩在第四册《古槐書屋詩鈔》中，詩題名依舊，正文作『籃輿曲折度巖隈，一路山花歷亂開。小憩空亭風勢急，片雲忽帶雨飛來。』顯然正文是據第六册《雲邑山水諸咏》朱筆改動後的面目抄録的，然又將『歷亂』墨筆改作『寂寞』。在《兩浙輶軒續録》卷二十八裏，詩題被改作『赤石道中』，詩歌正文作『籃輿曲折度巖隈，一路山花寂寞開。小憩空亭風勢急，片雲忽帶雨飛來。』顯然，詩歌正文正是第四册《古槐書屋詩鈔》改動後的樣子，唯詩題改變。伍承吉等《[同治]雲和縣志》卷十四《藝文》所録王樹英《赤石道中》，詩題及正文與《兩浙輶軒續録》全同。《[同治]雲和縣志》和《兩浙輶軒續録》之間無源流關係，二者所録當來自同源，或即《古槐書屋詩稿》六卷本。

稿本所收，爲王樹英部分詩歌，内容廣泛，乃作者抒寫胸臆之作。王樹英於嘉慶二十一年丙子十月朔自叙云：『《書》云：「詩言志。」《毛詩》三百篇，皆古來忠臣孝子勞人思婦不得志而作也。僕半生拓落，大率類此。故凡有所感觸，輒發之於詩。其詩或仿漢魏，或仿六朝，或仿三唐諸大家，不拘一體。甲戌夏，曾彙爲數卷，付諸剞劂。』其藝術上，朱篁雨跋云『五古孕漢育唐，句澹而神逸。五律合襄陽、輞川兩手爲之，琢鍊中仍極渾成。其餘亦俱不染宋人習氣』（見稿本第一册），乃近實之論。

王存義《古槐書屋詩文集殘稿跋》云：『惜時亂頻仍，所著詩文，無論印行與否，太半散佚，存義身爲嫡裔，惟恐其湮没，嘗經數年搜羅，獲其殘遺詩文賦稿若干，綴而成集，曰「琴蘭山人全集」。正擬集校付梓，不意事生不測，家遭回禄，無價墨寶，悉付一炬。冒險搶救，斯稿（計十三本）得幸免於難，固非全璧，但亦可藉窺全豹於一斑矣。』（見稿本第五册）所記本數正與此册數相同，當即爲其時王存義所搜集之本。

《中國古籍善本書目·集部·清别集類》：『王琴蘭詩稿十四卷。清王樹英撰。稿本。古槐書屋詩抄六卷。桂一樓詩集四卷。删詩存草一卷。麗水雲邑山水諸咏二卷。煙霞嘯客少時賦稿一卷。』《中國古籍總目·集部·别集類·清代之屬》：『琴蘭詩稿十四卷（古槐書屋詩鈔六卷删詩存草一卷桂一樓詩集四卷麗水雲邑山水諸詠二卷棲霞嘯客少時賦稿一卷）。清王樹英撰。稿本。浙江。』

鈐印：『王武錫印』白文方印、『載彤』朱文方印。

現藏浙江圖書館。

## 嚴烺年譜不分卷 （清）嚴烺撰 稿本

一册。每半葉六行，行十二字。烏絲格，四周單邊。白口，無魚尾。版心題葉碼。

嚴烺，字小農，仁和人。生於清乾隆三十九年甲午（1774），卒於道光二十年庚子（1840），年六十七。嘉慶中，入貲爲通判。歷官河東河道總督、江南河道總督。能詩。著有《兩河奏疏》等。事迹詳見自撰《年譜》、趙爾巽等《清史稿》卷三八三《嚴烺傳》、齊耀珊等《〔民國〕杭州府志》卷一二六《嚴烺傳》等。

稿本外封題『年譜（弟一册）』。内容乃逐年自紀生平事迹，起自乾隆三十九年甲午，訖於嘉慶二十二年丁丑（1817）。由於嚴烺一生事業多與河務有關，故年譜於此記載尤詳。

案：現存嚴烺史傳，較詳者乃《清史稿》《〔民國〕杭州府志》，然對於其生平事迹皆詳於後而略於前，此稿本所載，正可補其不足。

《中國古籍善本書目·史部·傳記類一》：『嚴烺年譜不分卷。清嚴烺撰。稿本。』《中國古籍總目·史部·傳記類·年譜之屬》：『嚴烺年譜不分卷。清嚴烺撰。稿本。中科院。』

現藏中國科學院文獻情報中心。

## 會稽王笠舫稿五卷 （清）王衍梅撰 民國抄本

三册。每半葉十行，行二十五字，小字雙行同。無版框、界行。

王衍梅，字律芳，號笠舫，會稽人。生於清乾隆四十一年丙申（1776），卒於道光十年庚寅（1830），年五十五。嘉慶十六年辛未（1811）進士。官武宣縣知縣。工詩。著有《紅杏邨人吟稿》《緑雪堂遺集》。事迹詳見佚名《清史列傳》卷七十三《王衍梅傳》、潘衍桐《兩浙輶軒續録》卷二十七《王衍梅》、閔爾昌《碑傳集補》卷四十八沈元泰《王衍梅傳》。

抄本第一册外封題『王笠舫稿』，近書腦上方題『詩上』；内封中間直格題『會稽王笠舫稿』，右直格題『詩二卷、文一卷、詞一卷、珠舫憐香集』，左直格題『民國九年本館借原稿録副』。卷端題『會稽王衍梅笠舫稿』，正文録詩。第二册外封題『王笠舫稿』，近書腦上方題『詩下』，卷端題『會稽王衍梅笠舫稾』。即第一、第二册爲王衍梅詩二卷。第三册外封題『王笠舫稿』，近書腦上方題『文、詞、珠舫憐香集』。正文首爲文，然無卷端題名，録文十篇；次爲詞，卷端題『會稽王衍梅笠舫稿』；次爲《珠舫憐香集》，卷端題『珠舫憐香集』，乃贈香妝之詩，末附『朱越亭和憐香集遺懷四首』。

鈐印：『浮雲書屋珍藏書畫章』白文方印、『莊氏一拂』朱文方印。

現藏嘉興市圖書館。

## 笠舫詩文集十二種 （清）王衍梅撰　稿本　存十一種

九册。每半葉行數、行字不等。稿亦多種，有草稿，有謄清稿，亦有張蒔孫抄録者。

王衍梅事迹見前《會稽王笠舫稿》。

稿本第一册外封簽題『小楞嚴齋詩鈔』，旁題『王笠舫先生原稿』；第二册外封題『小楞嚴齋詩鈔』，旁題『王笠舫先生原稿』。然第一册卷端題『小楞嚴齋集（紅杏邨人著）』，第二册卷端題『小楞嚴齋詩鈔』。據《緑雪堂遺集》，王衍梅《小楞嚴齋集》《小楞嚴齋詩鈔》繫於該集第九卷『辛巳至癸未《小楞嚴齋集》』之内，乃道光元年辛巳（1821）至道光三年癸未（1823）之詩。

第三册外封題『録雪堂詩鈔（豫章草）』，旁題『鐵山藏』。内封題『豫章草（此雖閲過，留有訛字，恨極之）』。卷端題『癸酉詩鈔（笠舫居士著）』。《緑雪堂遺集》繫於卷五『壬申至丁丑』之内，乃嘉慶十八年癸酉（1813）之詩。

第四册外封題『録雪堂詩鈔』，旁題『鐵山藏』。前扉葉背題『此卷爲張蒔孫參軍手録。戊戌十一月歸於録雪堂小主人』。《録雪堂遺集》繫於卷十『甲申乙酉』之内，乃道光五年乙酉之詩。

第五册外封題『録雪堂詩鈔』，旁題『王笠舫先生原藁』。卷端題『録雪堂詩鈔（小竹齋集）』。《録雪堂遺集》繫於卷十六『庚寅《小竹齋集》』之内，乃道光十年庚寅之詩。

第六册外封題『笠舫詩鈔』，旁題『鐵山藏』。内容實際上有兩部分：首即卷端題作『己卯詩鈔』者，《録雪堂遺集》繫於卷八『己卯至庚辰』詩内，乃嘉慶二十四年己卯之詩。次即卷端題作『小楞嚴齋集（紅杏邨人著）』者，《録雪堂遺集》繫於『辛巳至癸未《小楞嚴齋集》』之内，乃道光元年辛巳至道光三年癸未之詩。

第七册外封題『笠舫詩鈔』，旁題『鐵山珍藏』。内容實際上有前後兩部分。前部分卷端題『笠舫詩鈔（癸酉）』，《録雪堂遺集》繫於卷五『壬申至丁丑』之内，乃嘉慶十八年癸酉之詩。後部分當爲《海南憐香集》：卷前爲《憐香小集自序》，卷端題作『海南憐香集』，次行題『笠舫山人著』，實際内容衹有一篇《憐香賦（并序）》。

第八册外封題『笠舫詩鈔（乙丑、丙寅）』。内分四卷：首卷端題『乙丑詩抄卷之三』，次卷端題『乙丑詩稿卷之五』，即嘉慶十年乙丑之詩；次卷端題『丙寅詩鈔卷之二』，末卷端題『丙寅詩鈔卷之三』，即嘉慶十一年丙寅之詩。《録雪堂遺集》繫於卷四『乙丑至辛未』詩内。

第九册外封題『笠舫隨筆（詩文稿）』，旁題『鐵山得於豫章』。内容實際上有四部分：首即扉葉所題『庚午草稿』者，庚午當爲嘉慶十五年，然内容佚去；次即卷端題作『笠舫隨筆』者；次爲卷端題作『笠舫詩鈔』者；末爲卷端題作『笠舫四六文』者。

案：王衍梅集之刻本，有道光十九年己酉王文瑋刻《録雪堂遺集》二十卷，王文瑋刻本題識云：『丁酉年，薄宦江右，下榻南昌郡齋，按日手鈔，始有清本，賦及詩詞凡十六卷，古今體文存者更寡，葺爲四卷，坿之叢草零篇。……會張蒔孫參軍雅擅六書之學，因屬校正并填諱焉。』此稿本第四册扉葉背題云：『此卷爲張蒔孫參軍手録。戊戌十一月歸於録雪堂小主人。』戊戌爲道光十八年（1838），此稿本當爲其時編輯刻本所參考者，故可資於校勘。

稿本内容叢雜，倘以卷題考之，則實際上包括十二種：《小楞嚴齋集》、《小楞嚴齋詩鈔》、《癸酉詩鈔》、《録雪堂詩鈔（小竹齋集）》、《己卯詩鈔》、《笠舫詩鈔》、《海南憐香集》、《乙丑詩抄（乙丑詩稿）》、《丙寅詩鈔》、《庚午草稿》（佚）、《笠舫隨筆》、《笠舫四六文》。其中十一種有名有實，一種有名無實。

《中國古籍總目·集部·别集類·清代之屬》：『笠舫詩文集不分卷。清王衍梅撰。稿本。浙江。』

鈐印：『重耀』白文方印、『鐵山』朱文方印、『鐵山』朱文圓印、『紅豆詞人』白文方印、『薔薇一研雨催詩』白文方印、『宗信』白文方印、『古之愚』朱文方印。

現藏浙江圖書館。

## 國朝别號録十卷　（清）沈復粲輯　稿本　存六卷（卷一至四、九至十）

六册。每半葉九行，行字不等，小字雙行同。烏絲欄，左右雙邊。黑口，單魚尾。上書口題當葉韻目，書口中間題書名及卷數、葉碼。

沈復粲，亦寫作沈復燦（如本稿撰者署名『沈復燦』，卷前書札中曰『此侯霞西先生』，則霞西即沈復燦），字霞西，山陰人。生於清乾隆四十四年己亥（1779），卒於道光三十年庚戌（1850），年七十二。藏書家。事迹詳見沈復粲《鳴野山房書目》卷首宗稷辰《沈霞西墓表》。

稿本内封有題記『昭代人文盛，風流邁昔賢。衹須臚别號，便已得真詮』云云，其背面書人名目録。卷前首爲王宗炎嘉慶二十四年己卯（1819）題識；次《題詞》，録樊廷緒、周喬齡二人題詞；次陳鴻熙嘉慶二十二年丁丑（1817）題識；次爲沈復燦序；次爲書札一通，尾署『近住弟第頓首重九日銜』。次爲《國朝别號録韻次》，即本書目録。據目録，正文當有十卷，然今稿卷五至卷八佚去，所存各卷卷端皆題『國朝别號録卷之某』，次行題『山陰沈復燦輯』。第十卷之後尚有附録，原題作『國朝别號録卷』，『卷』字後原有數字，然墨筆抹去而成一圓形墨釘。考其體例，卷前沈復燦序云：『補緝葛氏《别號録》已，復念當代人文蔚起，有踰宋、明，因仿其例，作爲是編。其孤單諸號，葛例不收，今亦并載終卷焉。』所謂葛氏《别號録》，是指清人葛萬里所撰《别號録》九卷，『其書取宋、金、元、明人别號，以下一字分韻編輯』（見永瑢等《四庫全書總目》卷一三六《别號録》提要）。沈氏此本一般首列别號，其下依次列姓名、字號、時代、本貫等，於考史有助焉。

《中國古籍善本書目・子部・類書類》：『國朝别號録十卷。清沈復燦輯。稿本。清王宗炎、陳鴻熙跋。存六卷（一至四、九至十）。』《中國古籍總目・史部・傳記類・姓名之屬》：『國朝别號録十卷。清沈復燦輯。稿本（存卷一至四、九至十，清王宗炎、陳鴻熙跋）。浙江。』《子部・類書類・類編之屬》：『國朝别號録十卷。清沈復粲輯。稿本（存卷一至四、九至十，清王宗炎、陳鴻熙跋）。浙江。』

鈐印：『沈復燦印』白文方印、『子復』朱文長印、『宗炎』白文長印。

現藏浙江圖書館。

**大善寺志稿不分卷**　（清）沈復粲撰　稿本

一册。每半葉八行，行二十三字。烏絲欄，左右雙邊。下黑口，單魚尾。下書口鎸『鳴野山房鈔本』。

沈復粲事迹見前《國朝别號録》。

稿本卷前爲『志稿引用各書』目録。正文不分卷。卷端題『大善寺志稿』。卷内首爲小序，云：『卍生和尚，大善寺主僧也。修浮圖已，復修殿宇。以其寺不可無志，適余親詣寺作佛事，和尚以志稿見委，爲書所見於左。』尾署『時道光丁酉初夏沈復粲記』。其後首述此寺歷史，次即臚列各書所載有關此寺之文獻。

案：佛寺志之寫作，從種類而言，既有總寫一地或一時者，又有具體專記一寺者；就時間而言，雖然早在南北朝就已經出現，然實至明中期以降而大盛，蓋因官修地方志興盛，寺志之修撰得以取法焉。故寺志之内容格局，多效法地方志之體例。將《大善寺志稿》與歷史或當時之寺志比較，此志内容窘狹，體例不一。李慈銘《越縵堂讀書記·集部·詩文評類》『詩巢香火證因』條評沈復粲輯《詩巢香火證因》，『所見既隘，又不能考證，惟以鈔撮了事』，此《大善寺志稿》亦不免於此譏。

《中國古籍善本書目·史部·地理類二》：『大善寺志稿不分卷。清沈復粲撰。清沈氏鳴野山房抄本。』《中國古籍總目·史部·地理類·專志之屬》：『大善寺志稿不分卷。清沈復粲撰。清沈氏鳴野山房抄本。浙江。』

現藏浙江圖書館。

**霞西過眼録八卷**　（清）沈復粲輯　稿本　存四卷

四册。每半葉十行，行字不等。烏絲欄，左右雙邊。白口，單魚尾。上書口或題有當葉傳主名。書口中間題書名。

沈復粲事迹見前《國朝别號録》。

稿本不標卷。第一至第三册皆爲人物傳記。第一册所録，有徐愛、蔡宗兖、朱節等，主要爲浙中王門弟子。第二册所録，有鄒守益、歐陽德、聶豹等人，主要爲江右王門弟子。第三册所録，有黄省曾、馮應京、周衝等，主要爲南中王門弟子。此三册人物小傳，皆直接録自《明史》《明儒學案》及其各地省志、府志、縣志，無所修訂。第四册，卷端題『志事隨劄』，録人物傳記并加按語考訂；次卷端亦題作『志事隨劄』，次行題『志傳』，亦録人物傳記并加按語考訂；次録人物像卷，有《董文敏公像卷》《花之僧像》《宋人泥馬渡江圖卷》等，一一著録其題跋内容、字體、行款、鈐印等。

《中國古籍善本書目·子部·雜家類》：『霞西過眼録八卷。清沈復粲撰。清抄本。存四卷（浙中、江右、南中、志事）。』《中國古籍總目·子部·雜家類·雜記之屬》：『霞西過眼録八卷。清沈復粲撰。清抄本（存浙中、江右、南中、志事）。紹興。』

現藏紹興圖書館。

## 鄉賢緘翰記一卷 （清）沈復粲輯　稿本　蔡名衡批校并題記

一册。每半葉九行，行二十一字。烏絲欄，左右雙邊。黑口，單魚尾。中書口題葉碼。

沈復粲事迹見前《國朝别號録》。

稿本扉葉題『越帖　曼生陳鴻壽』。卷前有目録。正文不分卷，卷端題『鄉賢緘翰記』。首有小序，云：『蕭山𣍯君東山，珍慕鄉先生手牘。一日過訪，見敝笈所存，意欲與其家藏諸迹勒編問世。予嘉其意，因爲録此，間見於親好，亦爲記之。山陰沈復燦。』正文列三十八家書牘，或一人一通，或一人多通，皆先録其原文，後附以題記。題記或長或短，短者僅説明其書體，長者則不僅説明其書體、行數、牋狀、鈐印，且略考其人物及作評述，於原牘閲讀大有裨益。稿本之末有沈復燦題記：『卅八家緘翰披閲記自莫春始，間斷日多，歷今五月十二日午才完此本。』

鈐印：『名衡』白文方印。

現藏浙江圖書館。

## 蘇甘廊手翰不分卷（清）杜煦撰　徐維則輯　稿本

一册。用紙非一，形制非一。

杜煦，字春暉，號尺莊。山陰人。生於清乾隆四十五年庚子（1780），卒於道光三十年庚戌（1850），年七十一。嘉慶十二年丁卯（1807）舉人，道光元年辛巳（1821）舉孝廉方正。性清退好學，博極經史，工詩詞。著有《蘇甘廊集》。事迹詳見宗稷辰《躬恥齋文鈔》卷十《杜徵君墓誌銘》、潘衍桐《兩浙輶軒續録》卷二十四《杜煦》等。

徐維則，字仲咫，號以悉、以孫、貽孫等，會稽人。生於清同治五年丙寅（1866），卒於民國十一年壬戌（1922）。光緒十五年己丑（1889）舉人。博學好古。編有《述史樓書目》《東西學書録》等。

稿本内封題『蘇甘廊手翰』，其左小字題『大凡三十五番七十紙　光緒戊戌六月朔述史居士揮汗題于煙雲過眼室』。内容乃杜煦寫給『詩船』『陸士』之信札三十餘通，多關乎書籍者。『詩船』『陸士』者，蕭山秀才蔡名衡也。蔡名衡，字陸士，號詩船，能詩，著有《小柯亭詩文集》，事迹詳見潘衍桐《兩浙輶軒續録》卷二十四《蔡名衡》。此本中間一托裱上書有徐維則光緒二十四年戊戌（1898）重裝跋語。此本之價值，不獨在其書法，且在於可藉此『往還諸牘，足以見當時訪求之勤』（徐維則跋語）。

鈐印：『尺莊』朱文長印、『蘇甘廊』朱文方印、『尺莊手簡』朱文方印、『尺莊杜煦』朱文方印、『維則學隸』朱文方印、『徐氏』朱文長印、『徐維則印』白文方印。

現藏浙江圖書館。

## 蘇甘廊先生詩稿一卷 （清）杜煦撰 稿本

一册。每半葉九行，行字不等。藍絲欄，四周單邊。白口，單魚尾。

杜煦事迹見前《蘇甘廊手翰》。

此稿無封題，卷端亦無題署。然《盟鷗別業圖》末題『蘇甘氏士甫稿』，作者將『甫稿』二字墨筆圈去；《樓居卅二詠》末題『蘇甘氏士甫稿』；《盟鷗別業三十六詠》末題『庚子春日蘇甘氏士未定草』。《調寄滿江紅・八萬湖山誰分取》詞末題『庚子春日西湖瘦鶴子倚聲』。

稿本乃杜煦詩之未定稿，間收詞，共約一百二十餘。其突出之特色在於多組詩，如《盟鷗別業圖》二首、《盟鷗別業三十六詠》、《眄柯小憩》四首、《居近蓬萊題壁》四首、《衡星老屋題壁》三首等。内容則主要表現隱逸之趣，逸人之懷。其有詩題云《余別舍數椽，開軒面圃，因顔曰擷養菘廬。每當霜露既降，青紫靡漫，一種田家風趣宛在目前。奉世之暇，傲雲中，招清風，延素月，優游偃仰，澹然名利胥忘，自題十六絶，書以補壁，聊抒胸臆，工拙所不計也》，亦可視爲此集之旨趣。

鈐印：『胡圻私印』白文方印。

現藏紹興圖書館。

## 蘇甘廊詞集二卷（清）杜煦撰　稿本

二册。每半葉九行，行二十五字，小字雙行同。朱格，文武邊。黑口，單魚尾。

杜煦事迹見前《蘇甘廊手翰》。

稿本分作上下兩册。第一册爲上，第二册爲下。上册卷端題『蘇甘廊詞集上』，次行題『山陰杜煦』；次爲目録；次即録詞約一百六十首。下册内封藏者題『蘇甘廊詞稿下』，旁題『民國十一年三月藏』；卷端題『蘇甘廊詞集下』，次行題『山陰杜煦』；體例一依上册，録詞約一百二十首。

案：《蘇甘廊詞集》尚有清抄本，抄本卷前爲孫瘦梅校勘記，然在校勘記之前有墨筆另題『蘇甘廊文集卷』，然又將『文』字抹去。校勘記首題作『詞集第一本（字非正體甚多，不摘出）孫瘦梅校』，次題作『詞集第二本』，則孫瘦梅所見《詞集》係兩册者；其題下即標明所見原書葉碼、行數及其當行中應改之誤字正字。次首題『樂府（上卷）。孫瘦梅校』，次題『樂府（下卷）』，即孫瘦梅所見《樂府》乃分爲兩卷者；其題下著述體例同前《詞集》。正文不標卷數，分爲前後兩部分，卷端皆題作『蘇甘廊詞集』，次行題『山陰』。題名下皆先書目録，目録後即接以詞作正文。由此觀之，孫瘦梅所校定者，即其所見之兩册《詞集》本、《樂府》

上下卷，然今抄本《樂府》上下卷已佚。考《詞集》抄本内容，與《詞集》稿本相較，惟目録繁簡有異，孫瘦梅校本簡而稿本繁，個別詞之位置稍有不同，其實質并無差異。相對而言，孫瘦梅校本質量高於稿本。

杜煦雖以經史稱善，然亦諳詞學，所作有名當時。潘曾瑩《小鷗波館文鈔》卷二《與杜尺莊書》云：『足下超然物外，不以利禄爲念，而刻厲爲學，自經史以及諸子百家，無不强識博聞，以歸于有用，可稱「杜萬卷」矣。詞律自宋、元而後已澌成《廣陵散》，足下考據精確，陰陽清濁，不失累黍。生平以白石爲宗，而能自成一家，絶不依傍門户，國朝自小長蘆後，君其嗣響與！昔白石寓水磨頭，與白石洞天爲鄰，或泛小舟，相羊荷花中，新月初出，嘯傲忘倦，讀其詞，可想見其人。今足下山水娱性，煙霞悦魂，佳兒撰杖，小婦焚香，殆亦不減此清致也。』於此集可見之。

現藏浙江圖書館。

## 么絃獨語一卷 （清）曹大經撰　稿本　董壽慈題記

一册。每半葉八行，行十九字，小字雙行同。無版框、界行。

曹大經，字伯綸，號海槎（又寫作海查、海楂），秀水人。《海槎遺詩》卷二《今夏余夫婦同年六十矣，撫今追昔，感愴萬端，率拈四詩，以寓幽懷，不禁涕淚之集也》其二：『花甲周來齒欲殘，柴門闃寂夏猶寒。心灰老驥忘千里，耳順新蟬觸萬端。』詩作於道光二十二年壬寅（1842），據此推斷，約生於乾隆四十八年癸卯（1783），而鄭曰章編輯其一生之詩曰《海槎遺詩》，終於咸豐六年丙辰（1856），疑即卒於是年，年七十四。諸生。以織爲生。好讀書，尤耽吟咏，工倚聲，旁及金石篆刻之學。著有《吟秋館集》等。事迹詳見《海槎遺詩》卷後鄭曰章跋、朱培跋。

稿本外封題大字『么絃獨語』，其下雙行小字題『詞七頁缺　以下皆詩　曹海槎著』，其左旁題『後學董念棻校，兒孝慈讀過』。近書腦處題『海槎手鈔』。正文不分卷。卷端題『么絃獨語』，次行題『海楂倚聲』。類目作『甲戌至癸未』，收録《南浦・送瑜山丈館新塍》《玉壺冰・秋林覓句圖》等二十餘詞作。次爲詩歌，收録《笠亭招遊舞雲觀次韻》《香海禪房詠五色鵑花》等三十餘題詩歌。

案：詞首已標明乃嘉慶十九年甲戌（1814）至道光三年癸未（1823）之作，詩則未標明。考《么絃獨語》中《瘦仙見顧贈詩次韻爲答》《憶西湖舊游因懷雲谷》《讀楊忠愍公集》《七夕立秋同丹厓梅邨雲溪嶧山裘曉樓星曜集星閣醉古山齋以卧看牽牛織女星分韻得女字》《中秋夜同笠亭再過幽湖曾約是夕泛舟邑梅邨客鴛水不果即目有懷》，均在《海槎遺詩》卷一中，并當繫於嘉慶二十三年戊寅（1818），則《么絃獨語》中詩，作時當與其所收詞相近。此稿中詩前闕類目（或曰闕卷端題署），最後一首詩《題唐月山濁小影》：『投筆曾爲萬里游，歸來小隱占樊丘。星精墮地分。』顯然詩不完整，故稿本不僅詩之首或有脱，且其後定有佚。又，此稿中詞與絶大部分詩均不見於現今所知曹大經其他傳世作品集中，彌足珍貴。

現藏浙江圖書館。

## 啣薑集一卷後咏懷一卷　（清）曹大經撰　稿本

一册并一長卷。《啣薑集》一册，每半葉八行，行十九字。《後咏懷》爲《啣薑集》中所夾長卷，共一〇五行，行十九字，小字雙行同。無版框、界行。

曹大經事迹見前《么絃獨語》。

《啣蘆集》卷端題『啣蘆集』，次行題『秀水曹大經伯綸』。類目有『甲午』『乙未』『丁酉』『戊戌』『己亥』，各類目下收録詩歌、詞作，即從道光十四年甲午（1834）至道光十九年己亥（1839）之間的文學作品。

案：此集詩歌言志述懷，其中有富於特殊史料價值者。如曹大經編有《佳日聯吟集》，《曹伯綸叢著十種》第一種即是，然不知編纂時間。此集中『乙未』下有《近纂〈佳日聯吟集〉，鬮紙鈔録，乞諸倜雲，以百枚見贈，并侑以詩，次韻奉酬》《頃彙〈聯吟集〉，遺補蘭〈春興詩〉，今檢得之，并有春日見訪留贈之作，次韻寄懷》二詩，據此，知《佳日聯吟集》當編於道光十五年乙未（1835）。

《後咏懷》卷端題『後咏懷』，録詩三十首，末題『甲辰九秋作，録似，柏泉二兄先生教正。海楂曹大經具稿』。此題《後咏懷》者，是因爲曹大經前有《咏懷》組詩三十首。《咏懷》《後咏懷》後來皆被鄭曰章編入《海楂遺詩》卷二中。

《中國古籍總目·集部·别集類·清代之屬》：『啣蘆集一卷。清曹大經撰。清抄本。浙江。』

鈐印：『大經』白文長印、『海槎』朱文方印、『窮乃工詩卻未然』白文方印。

現藏浙江圖書館。

## 襟上酒痕集一卷（清）曹大經撰　稿本　清汪澍觀款　鄭曰章跋

一册。每半葉八行，行十九字。無版框、界行。

曹大經事迹見前《么絃獨語》。

稿本卷前首爲《序》，尾署『道光二十一年辛丑七月初二日，愚姪董耀拜序』；次爲《題詞》，録董耀、鍾亮采兩人題詩；次爲汪澍題識『道光壬寅十一月冬至前七日於古梅溪館拜讀，弟汪澍』。此本不標卷，然《海槎遺詩》卷二《咏懷》詩中自注：『辛丑春游杭州，得詩一卷，題曰《襟上酒痕集》。』故此稿本所收亦可目爲一卷。卷端題『襟上酒痕集』，次行題『秀水曹大經伯綸』。録詩約三十題，董耀《序》云：『辛丑之春，海槎丈作聖湖之游，始於夜發，終以抵家。其間或解纜而乘流，或捨舟而理策，自北山以至南山，蒼翠重叠，煙靄杳冥，悉領其異，探其奥，盡其奇。勝迹懷古，梵宫參禪。一時吟咏所至，裒然成集。歸而次第編校其詩，自題曰《襟上酒痕集》，可謂得性情之幽曠者矣。』集中賞山玩水之作，不無比興寄託之意。天頭多有汪澍評語。末爲鄭曰章題識，尾署『民國廿有七年秋後學鄭曰章謹識』。據鄭曰章題識，此集『另有寫本待梓』，今未見。此稿本不僅可賞其詩，亦可賞其書藝。

鈐印：『汪澍』白文長印、『曰章』白文方印、『福地塭藏』朱文方印、『福地盦』白文方印、『吟秋館印』白文方印。

現藏浙江圖書館。

## 海槎圖題辭一卷 （清）曹大經輯　稿本　周通彦題簽　鄭曰章跋

一册。每半葉八行，行十九字。無版框、界行。

曹大經事迹見前《么絃獨語》。

稿本外封簽題『海槎圖題辭（廿五年秋日通彦）』。卷前首有序，尾署『道光二十八年歲戊申七月望日世姪沈梓拜題』。正文不分卷。卷端題『海楂圖題詞』，次行題『秋吟館主人録本』。録殷雲樓、鄭馨齋等二十人題詩。次有佚名題贈稿一葉。末爲鄭曰章題識，尾署『民國弟一戊寅秋八月鄭曰章題于滬寓』。

案：是稿乃曹大經友人題其《海楂圖》之詩作。鄭曰章題識記載緣起及編集經過云：『海槎曹先生……嘗倩董樂園先生繪圖徵題。經洪、楊亂，圖佚不可得。今朱君勵深訪得沈北山徵君手書序言，及先生手録殷雲樓等及先從祖馨齋、拙言兩公題辭，凡二十家，又佚名題稿一頁，彙裝一册，丐予識跋。』

鈐印：『海楂手書』白文長印、『沈梓之印』白文方印、『曰章』朱文方印、『通彦』白文方印、『福地塭藏』朱文方印。

現藏浙江圖書館。

## 海槎遺詩四卷 （清）曹大經撰 民國抄本

二册。每半葉九行，行二十一字，小字雙行同。藍絲欄，左右雙邊。白口，單魚尾。上書口題書名，中書口題卷次、當卷葉碼，下書口鎸『榮寶齋』三字。

曹大經事迹見前《么絃獨語》。

抄本作四卷，每卷卷端皆題『海槎遺詩卷某』，次行題『秀水曹大經伯綸』。録曹大經嘉慶十九年甲戌（1814）至咸豐六年丙辰（1856）之詩，雖多酬贈賞玩之作，亦多悲苦之嘆。卷末首爲鄭曰章跋，尾署『民國第一己卯夏五月桐鄉鄭曰章謹跋』；次爲朱培跋，尾署『甲辰仲冬朱培跋，時年六十又七』。

此書之編集，鄭曰章跋云：『惜年遠稿佚，未易遍搜。時余避亂滬濱，朱君勵深來訪，携得沈氏紅藥山房所藏先生遺稿若干册，囑余彙而輯之。一曰《味蓼集》，二曰《拉襍吟》，三曰《餐菊集》，四曰《硯以静壽室詩鈔》，五曰《奇礓瘠篠集》，間有尚未定名者。竊嘆先生詩篇之富無以復加焉，然考其生平所作，當不止此。按以干支編次，中間猶有間斷二十餘年之久。嘗讀先生詩，有「六十年來得萬篇」之句，可概見已，然勵深之意，將以壽世也，固不在多，以故詩篇雖夥，毋寧割愛。爰起自甲戌，迄於丙辰，僅選五百二十首，分爲四卷，署其編曰《海槎遺詩》，蓋先生三十二歲至七十四歲之作也。至《襟上酒痕集》係一時紀游所作，别爲一卷，兹不采入。」

鈐印：『鄭氏曰章』白文方印、『福地盦』白文方印。

現藏浙江圖書館。

## 曹伯綸叢著十種　（清）曹大經撰　稿本

十七册。每半葉八行，行字不等。紙張不一。

曹大經事迹見前《么絃獨語》。

稿本在外封書腦頂端有阿拉伯數字序號，惟第一、第二册闕，第十七册作『四一』，其他連續編成『3』至『16』。

第一册爲《佳日聯吟集》。卷前有『佳日聯吟集唱和姓氏』。卷端題『佳日聯吟集』，次行題『繡水曹大經伯綸輯』，集中收曹大經及其友朋之間唱和之作。其中有夾簽二：一爲夏辛銘《詞二首》，乃與本書無關之浮簽；一爲姓氏録，察其内容，乃第十五册《落葉詩》唱和者姓名録，當是事前所擬邀唱和者。

第二册外封題『海槎遺詩（味蓼集）』，近書腦處題『甲戌時年卅二、乙亥卅三、丙子卅四、丁丑卅五、戊寅卅六』。卷端題『味蓼集卷一』，次行題『秀水曹大經伯綸』。正文中立『甲戌』『乙亥』『丙子』『丁丑』『戊寅』諸類目録曹大經之詩，實乃曹大經嘉慶十九年甲戌（1814）至嘉慶二十三年戊寅（1818）五年間之作。案：《味蓼集》實有二卷，《天津圖書館珍藏清人别集善本叢刊》第四册影印清抄本。考其本，第一卷與此同，其第二卷立有『己卯』『庚辰』『辛巳』『壬午』『癸未』諸類目，即從嘉慶二十四年己卯（1819）至道光三年癸未（1823）之詩歌，此稿本脱佚。

第三册外封題『海槎遺詩』，近書腦處題『庚子五十八、辛丑五十九、壬寅時年六十』。卷端無題，正文中立『庚子』『辛丑』『壬寅』三類目録曹大經詩詞，實乃道光二十年庚子（1840）至道光二十二年壬寅（1842）三年間之作。末有佚名書中藥方、魯嫺仙書札，乃是與本書無關之浮簽。此册外封所題當非其實際卷題。據時間考之，此集當包括《襟上酒痕集》所收之詩，然察其内容，實未收。或如《海槎遺詩》民國抄本鄭曰章所云。

第四册外封題『餐菊集』，近書腦處題『甲辰時六十二』。卷端題『餐菊集卷一』，次行題『秀水曹大經伯綸』。正文中立『甲辰』一類目録曹大經詩詞，乃道光二十四年甲辰（1844）之作。

第五册外封題『餐菊集』，近書腦處題『乙巳六十三歲、丙午六十四』。卷端題『餐菊集卷二』，次行題『秀水曹大經伯綸』。正文中立『乙巳』『丙午』二類目録曹大經詩詞，乃道光二十五年乙巳（1845）至道光二十六年丙午（1846）兩年間之作。

第六册外封題『餐菊集』，近書腦處題『己酉六十七歲、庚戌六十八』。卷端題『餐菊集』，次行題『秀水曹大經伯綸』。正文中立『己酉』『庚戌』二類目録曹大經詩詞，乃道光二十九年己酉（1849）至道光三十年庚戌（1850）之作。

第七册外封題『海槎遺詩』，近書腦處題『辛亥六十九歲』。卷端無題。正文中立『辛亥（咸豐元年）』一類目録曹大經詩詞，乃咸豐元年辛亥（1851）之作。然考寫作時間，此册卷題亦當作『餐菊集』。

第八册外封題『餐菊集』，近書腦處題『壬子時年正七十、癸丑七十一』。卷端題『餐菊集』，次行題『秀水曹大經伯綸』。正文中立『壬子』『癸丑』二類目録曹大經詩詞，乃咸豐二年壬子（1852）至咸豐三年癸丑（1853）兩年間之作。

第九册外封題『海槎遺詩』，近書腦處題『癸丑續編。七十一歲』。卷端題『癸丑續編』。乃咸豐三年癸丑所作之詩。案：所謂『癸丑續編』者，續《餐菊集》『癸丑』之詩詞也，故此卷仍當屬之『餐菊集』。『癸丑續編』與『癸丑』性質一樣，實爲『餐菊集』下内容之類目。

第十册外封題『硯以静壽室詩鈔』，近書腦處題『甲寅七十二歲』。卷端題『硯以静壽室詩鈔』，次行題『秀水曹大經亦翁』。亦翁蓋曹大經本年新取之别號。正文中立『甲寅』一類目録曹大經詩詞，乃咸豐四年甲寅（1854）之作。

第十一册外封題『硯以静壽室詩鈔』，近書腦處題『乙卯七十三歲』。此册實際上包括兩部分：前爲《硯以静壽室詩鈔》。卷端題『硯以静壽室詩鈔』，次行題『秀水曹大經亦翁』。正文中立『乙卯』一類目録曹大經咸豐五年乙卯（1855）所作之詩。後爲《么絃獨語》。卷端題『么絃獨語』，次行題『海槎學譜』。正文中立『乙卯』一類目録曹大經咸豐五年乙卯（1855）所作之詞。

第十二册外封題『硯以静壽室詩鈔』，近書腦處題『乙卯二編，七十三歲』。此册實際上包括兩部分：前爲《硯以静壽室詩鈔》。卷端題『硯以静壽室詩鈔』，次行題『秀水曹大經亦翁』。正文中立『乙卯二編』一目録曹大經咸豐五年乙卯（1855）所作之詩。後爲《續么絃獨語》。録詞二首，然闕卷端題名，有尾題『續么絃獨語（《乙卯二編》右行）』。

第十三册外封題『硯以静壽室詩鈔』，近書腦處題『乙卯三編，七十三』。此册實際上包括兩部分：前爲《硯以静壽室詩鈔》。卷端題『硯以静壽室詩鈔』，次行題『秀水曹大經亦翁』。正文中立『乙卯三編』録曹大經咸豐五年乙卯（1855）所作之詩。後爲《續么絃獨語》。卷端題『續么絃獨語』，次行題『海槎填詞』。正文中立『乙卯三編』一類目録曹大經咸豐五年乙卯（1855）所作之詞。

第十四册外封題『硯以静壽室詩鈔』，近書腦處題『年七十四　丙辰　奇礓瘠篠集』。卷端題『硯以静壽室詩鈔』，次行題『奇礓瘠篠集　秀水曹大經賸叟』。正文中立『丙辰』一類目録曹大經咸豐六年丙辰（1856）所作之詩。

第十五册外封題『落葉詩』，近書腦處題『庚辰，卅八歲』。卷端題『落葉詩』，卷中在『女史汪趙次鴻（棻）』前卷端亦題『落葉詩』，乃曹大經所輯録鍾賢禄、徐桐文等人有關秋風落葉之唱和詩，曹大經詩亦在其中，乃嘉慶二十五年庚辰（1820）所作。其相關之目録則原存於第一册，爲夾簽。

第十六册外封題『銷夏詩（附秋懷詩）』；近書腦處題『壬午』，小注云『按戊寅有《消夏吟詩》，或即是戊寅所作』，然書者删去，重寫云『按《詠懷詩》注「歲壬午同作香海禪房避暑詩」，當是壬午年作』。此册實際上包括兩部分：前爲《消夏詩》，卷端題『消夏詩』；後爲《秋懷詩》，卷端題『秋懷詩』。皆鍾賢禄、曹大經等人的唱和詩。

第十七册外封題『拉襍吟』；近書腦處題『乙未』，小注云『閲《後水性》詩注，知是册係乙未作，當是五十三歲』。卷端題『拉襍吟』，次行題『秀水曹大經伯綸』，收録曹大經道光十五年乙未（1835）所作之詩詞。

概言之，此十七册稿本所收，包括曹大經一生所撰所輯之絶大部分作品，所撰有：《味蓼集》（第二册），佚名集（第三册），《餐菊集》（第四册、第五册、第六册、第七册、第八册、第九册），《硯以静壽室詩鈔》（第十册、第十一册前部分、第十二册前部分、第十三册前部分、第十四册），《么絃獨語》（第十一册後部分、第十二册後部分、第十三册後部分），《拉褋吟》（第十七册）。所編有《佳日聯吟集》（第一册），《落葉詩》（第十五册），《消夏詩》（第十六册前部分），《秋懷詩》（第十六册後部分）。總計十種。

鈐印：『海楂手書』白文長印、『福地塭藏』白文方印、『福地盦』白文方印。

現藏浙江圖書館。

## 衎石齋遺牘一卷　（清）錢儀吉撰　清抄本　邵瑞彭題簽

一册。每半葉十行，行二十八字。朱欄，四周單邊。

錢儀吉，初名逵吉，字衎石，號心壺、新梧，嘉興人。生於清乾隆四十八年癸卯（1783），卒於道光三十年庚戌（1850），年六十八。嘉慶十三年戊辰（1808）進士。選翰林院庶吉士，改户部主事，纍遷至工科給事中，後主講粵東學海堂、河南大梁書院。沉潛經史，博通群籍，亦工文。著有《三國晉南北朝會要》《衎石齋記事稿》，編有《碑傳集》等。事迹詳見佚名《清史列傳》卷七十三《錢儀吉傳》、趙爾巽等《清史稿》卷四八六《錢儀吉傳》、閔爾昌《碑傳集補》卷十蘇源生《書先師錢星湖先生事》等。

抄本外封題『衎石齋遺牘』。卷端題『錢衎石與蘇菊村手札』。蘇菊村即蘇源生，字泉沂，蘇菊乃其號，鄢陵人。生於嘉慶十四年己巳（1809），卒於同治九年庚午（1870），年六十二。道光二十年庚子（1840）河南鄉試副榜貢生。爲錢儀吉弟子。編有《鄢陵文獻志》《國朝中州文徵》《中州詩紀事》等。事迹詳見孫衣言《遜學齋文鈔》卷五《蘇菊村墓表》、方宗誠《柏堂集後編》卷十一《蘇菊邨傳》等。此抄本所録即錢儀吉道光二十三年癸卯（1843）至道光二十八年戊申（1848）間寄蘇菊村信札七通，内容涉及錢氏編纂《中州詩集》取名、編選設想、借書找書等。

案：錢儀吉在道光二十三年信中云：『再四斟酌，欲稱《中州百家詩存》，或稱《中州百家詩鈔》。』道光二十六年丙午十一月初四日信中又云：『《中州詩集》因鈔録《河嶽集》及王蓼航《知咫堂集》未竣。』平步青《霞外攟屑》卷六『錢新梧』載錢儀吉有《中州詩集》，然不明卷數。蓋其所編，名曰《中州詩集》，疑未刊行。

鈐印：『次公』朱文長印。

現藏浙江圖書館。

## 旅逸續稾四卷定廬集四卷　（清）錢儀吉撰　清抄本　存七卷（卷一至四、二至四）

五册。每半葉十行，行二十五字，小字雙行同。無版框、界行。

錢儀吉事迹見前《衎石齋遺牘》。

抄本第一、二册爲《旅逸續稾》四卷，第一册爲卷一、卷二，第二册爲卷三、卷四。第一册外封題『旅逸續稾四卷裝二册　山陰諸氏證帰宦著録之一，合定廬集均未刊本也。大至并記』。卷前爲『旅逸續稾目録』，作『卷一（丙申至戊戌）古今體詩五十四首』『卷二（己亥庚子）古今體詩七十首』『卷三（辛丑）古今體詩七十四首』『卷四（壬寅癸卯）古今體詩六十四首』。第一卷卷端題『旅逸續稾卷一』。其下依次録《舊有山谷詩註南康謝氏栞本失去二十年偶爲許學使乃普言之學使甫購得即坐中手贈且索予詩疊用山谷謝王仲至惠洮州礪石黄玉印材詩韻奉酬三首（丙申）》乃至《垢道人詩畫歌爲楊桂山按察振麟作》，乃丙申之詩；次録《桂山屬題訶林送別圖庚寅冬去惠潮道任時作（丁酉）》乃至《食筍》，乃丁酉之詩。第二卷卷端題『旅逸續稾卷二』。其下依次録《新鄉李魏諸君新正擔負果蔬視予汴城兒輩食棗有作余亦繼詠（戊戌）》乃至《雪後登吹臺寄懷桂山介侯關中》，乃戊戌之詩；次録《四月八日四女北上（己亥）》乃至《牛鏡堂中丞鑑分餉賜鹿賦謝》，乃己亥之詩。次録《生春二十首用元微之韻》乃至《棣士答詩仍次答》諸詩，案：此部分乃庚子之詩，倘據其前之體例，當在《生春二十首用元微之韻》詩題下添小注曰『庚子』，然實闕。第三卷卷端題『旅逸續稾卷三』。其下依次録《得警石弟書郃寄三首并簡金岱峯（衍宋）……》乃至《嘲鍾泉一絶》。此當爲辛丑詩，然《得警石弟書郃寄三首并簡金岱峯（衍宋）……》詩題下闕此『辛丑』小注。第四卷卷端本無題，抄者於天頭用墨筆書『卷四』二字，然被朱筆抹去。正文依次録《正月十九日長孫婦得男志喜》乃至《贈洪幼懷（符孫）六十鄒鍾泉爲置酒同集》諸詩。諸詩題下皆闕時間小注，然據其中所寫内容推斷，此卷係壬寅、癸卯之詩。案：第一册庚子詩部分有粘簽，用戲鴻堂仿古箋紙書寫詩二首『我友撚髭處』『東窗日欲盡』，尾題『拙句録贈念齋仁兄，即乞教政。濬男待定』。

第三、四、五册爲《定盧集》四卷，然佚第一卷。第三册爲卷二。扉葉背墨筆分三行書抄寫格式提示：『第一行「定盧藁卷三」。第二行補寫「嘉興錢儀吉新梧〇〇〇」。第三行題「亡妻所居」。』卷端題『定廬集卷二』。其下依次録《亡妻所居黄回山中風物清曠而松竹尤美留京師十餘年每暇語未嘗不及之也今已矣妻兄友石屬岱雨寫其意當升屋之復而予系之三詩時辛巳六月二十二日》乃至《除夜玉水復和再次答》，乃辛巳之詩。次録《元日書感（以下壬午）》乃至《十二月二十四日立春玉水招飲》，乃壬午之詩。第四册爲卷三。卷端題『定廬集卷三』。次行題『癸未』二字，其下録《觀曝書亭投贈墨迹卷朱洌泉（聲廉）屬記其後》乃至《表忠觀》，乃癸未之詩。次録《吾廬（辛酉）》《朱侍講母汪太宜人挽詞二首（壬午冬）》《廢宅（辛巳）》《哀陳梅軒先生》《白蓮》《題顧南雅先生（蕤）滇南紀游圖》《寄答楊芸士時客孫相國金陵幕府（癸未七月）》《和友人秋閨怨（癸未）》《走馬燈（甲戌正月）》《雨後陳友石（世杰）蒯聃生（芬）過舍同游江亭（癸未）》《宿遷道中（乙丑）》《雨後至東平同兄弟雲壽棫從子合敔（梲）》《過舊縣（乙丑南歸時）》《三月二十日書（甲戌）》《詠錢和稚圭二首（甲戌）》《南池謁杜文貞祠（戊辰）》《寄題舅氏餘齋先生寶硯圖》《次韻馥林先生小乘禪室牡丹（丙寅）》《寄輓梓廬朱先生（壬申冬）》《不寐（甲戌）》《題伏生像（甲戌）》《觀竹垞先生康熙丁丑八分書瑞蓮詞稾（庚辰）》《登仙霞嶺憩雨花菴用壁間周櫟園侍郎韻四首》《山行遇雨》《舟中雨》《送楊蘆墅明旌客淮上》諸詩；此一部分既有辛巳、壬午、癸未詩，又有辛酉、乙丑、丙寅、壬申、甲戌、庚辰詩，如《朱侍講母汪太宜人挽詞二首（壬午冬）》《廢宅（辛巳）》、《雨後陳友石（世杰）蒯聃生（芬）過舍同游江亭（癸未）》《宿遷道中（乙丑）》、《雨後至東平同兄弟雲壽棫從子合敔（梲）》《過舊縣（乙丑南歸時）》《三月二十日書（甲戌）》皆將不同年代之詩抄寫於同一半葉上，絶非裝倒所致，而是編排錯雜，此一部分最爲雜亂。次録《元日丑時得孫名之曰絳四時志喜（以下丙戌）》乃至《曹黄門家積字甕予嘗爲贊者玉水屬野雲圖之復成四韻》，乃丙戌之詩。第五册爲卷四。卷端本無題，抄者於天頭用墨筆書『卷四』二字。卷端有『丁亥』二字，其下依次録《春晚》乃至《冬日晨起過野雲》，乃丁亥之詩。次卷端有『戊子』二字，其下依次録《春園寄贈近刻二種并侑嘉詠次韻奉酬》乃至《十月二十七日晡後過法源寺作》，乃戊子之詩。次卷端有『己丑』二字，其下依次録《至公堂階下槐三絶句》乃至《冬夜同人賦風栗憶阿巧病中索此予禁之女曰止乞二枚嚼而不咽旋即化去甫踰三期婉惠不育追悼一首》，乃己丑之詩。

總言之，《旅逸續稾》乃道光十六年丙申至二十三年癸卯之詩，編排整齊。《定盧集》則包括嘉慶六年辛酉至道光九年己丑之詩，編排雜亂。倘據時間而言，《定盧集》中詩歌寫作時間在《旅逸續稾》之前。

又，《旅逸續稾》行間有朱筆校改。《定盧集》則不僅行間有墨筆或朱筆校改，且天頭或行間空白處有粘簽，上用墨筆或朱筆書，多爲書寫格式提示。在第一册卷前《旅逸續稾目録》葉右下方近訂縫處有朱筆題曰『辛巳十二月幼舲借觀并挍一過』并旁鈐『景端』白文方印，故抄本中朱筆批校當是吕景端所爲。

鈐印：『山陰諸氏著録』朱文方印、『景端』白文方印、『迦特記莂』白文方印、『宗元』朱文方印。

現藏杭州圖書館。

## 錢氏疏草二卷 （清）錢瑞徵原輯 （清）錢儀吉輯 （清）錢志澄再輯 清抄本

一册。每半葉十行，行二十五字，小字雙行同。無版框、界行。

錢瑞徵，字鶴庵、野鶴，號髯公，嘉興人。據錢保塘《歷代名人生卒録》卷八推斷，約生於明萬曆四十八年庚申（1620），卒於清康熙四十一年壬午（1702），年八十三。康熙二年癸卯（1663）舉人。官西安儒學教諭。工書擅畫，喜吟咏。著有《忘憂草》。事迹詳見王彬等《［光緒］海鹽縣志》卷十六《錢瑞徵傳》、阮元等《兩浙輶軒録補遺》卷二《錢瑞徵》等。

錢儀吉事迹見前《衎石齋遺牘》。錢志澄，字伊甫，嘉興人。生於清道光二十六年丙午（1846），卒於光緒三十年甲辰（1904），年五十九。屢試不第，納貲爲官，歷知荆溪、鎮洋、青浦等地。事迹詳見趙惟崳等《［光緒］嘉興縣志》卷二十二《錢志澄傳》、吴之秀等《［民國］吴縣志》第七十六上《錢志澄傳》等。

抄本外封題『錢氏疏草』。卷前首爲王崇簡《錢氏疏草序》；次爲《鶴庵府君畫竹詩》；次《甘泉公畫竹册跋》，尾署『道光二十年歲在庚子春分後十日，泰吉謹識於海昌學舍之可讀書齋』，『泰吉』二字闕末筆避諱；次《重輯錢氏疏草序》，綴以錢志澄案語。次爲第一卷《錢氏疏草目次》。第一卷卷端題『錢氏疏草卷一。鶴庵府君諱瑞徵原輯。（來孫儀吉重輯，仍孫志澄謹再輯）』。正文首列類目『臨江府知府琦』，附以《家乘》《浙江通志》有關錢琦事迹小傳；次即抄録錢琦《諫巡遊疏》并附以錢志澄案語，《恤新縣疏》《建縣議》《吏治議》《揭詳設縣事宜》并附以錢志澄案語，《築城議》并附以錢志澄案語。第二卷卷端題『錢氏疏草卷二。鶴庵府君諱瑞徵原輯。（來孫儀吉重輯，仍孫志澄謹再輯）』。正文首列類目『永州府知府芹』，綴以《家乘》有關錢芹事迹小傳；次即抄録錢芹《鞏治平疏》《陳治安要議疏》，并各附錢志澄案語。

案：《重輯錢氏疏草序》云：『儀吉謹求諸史乘、家集及傳録諸稿重輯之，得臨江府君疏二首，永州府君疏二首，太常府君疏十七首，侍御府君疏二首，合而第之爲四卷。』以今再輯本考之，雖錢琦文有增加，然亦已佚去後兩卷。又，此抄本卷一、卷二卷端題名中『瑞徵』『儀吉』『澄』俱闕筆避諱，當是錢氏後人所抄。《中國古籍善本書目·史部·詔令奏議類》：『錢氏疏草二卷。明錢琦、錢芹撰。清錢儀吉輯。清錢志澄重輯。清抄本。』《中國古籍總目·史部·詔令奏議類·奏議之屬》：『錢氏疏草二卷。明錢琦、錢芹撰。清錢儀吉輯。清錢志澄重輯。清抄本。上海。』

現藏上海圖書館。

## 遊仙百詠註三卷 （清）厲鶚撰 （清）汪鉽注 稿本 清管元耀題簽、跋并過録 清管庭芬跋

一册。每半葉十行，行十六字。無版框、界行。

汪鉽，字式金，號劍秋，仁和人（或曰錢塘人）。諸生。生於清乾隆五十九年甲寅（1794），卒於咸豐五年乙卯（1855），年六十二。家貧嗜學，尤工填詞。著有《二如居贈答詩》《二如居贈答詞》等。事迹詳見汪鉽《二

如居贈答詩・二如居贈答詞》末附曾唯《跋》、潘衍桐《兩浙輶軒續録》卷三十二《汪鉽》。

此稿内封題『厲太鴻遊仙詩（仁和汪劍秋注）』，近書腦處題『渟溪老屋藏本』。卷前首爲杭世駿《遊仙集序》；次爲《前後遊仙百詠自序》，尾署『康熙癸巳季夏八日錢唐厲鶚題于寄圃之半舫齋』。卷端題『悔少集。仁和汪鉽劍秋注』。正文不分卷，然有三部分。一即名爲『遊仙百詠』者，二即名爲『續遊仙百詠』者，三即名爲『再續遊仙詩百首』者，各録詩一百首，共計三百首。汪鉽注大多書於天頭，少量書於行間，皆博引文獻，尋繹出典。後爲厲鶚自題二：首一尾署『康熙庚寅六月樊榭山人自題』，此題在《樊榭山房集》中爲《遊仙百詠序》；次二尾署『癸巳暮春又識』。次爲西溪漁者自題。次爲厲鶚題識，此文在《樊榭山房集》中爲《再續遊仙詩百詠序》。次管庭芬跋；末爲管元耀題識，尾署『宣統元年九月九日，海昌管元耀書於静得軒』。

案：厲鶚《遊仙詩》三百詠在別集《樊榭山房集・集外詩詞曲・集外詩》。楊鍾羲《雪橋詩話餘集》卷四云：『浙中詩派多宗樊榭山民，往往繪圖祀之。……朱朗齋、孫雨人先後輯先生詩譜未成。仁和汪鉽劍秋嘗擬注先生詩。』此即其本也。注本遊仙詩原文與別集同，序次偶異。稿本又比別集多出厲鶚一題識。汪注對於理解樊榭原詩大有裨益。

鈐印：『荒江老屋舊書生』白文方印。

現藏浙江圖書館。

## 樊榭山房集注不分卷　（清）厲鶚撰　佚名注　稿本

一册。每半葉十二行，行二十字；小字雙行，行字不等。烏絲欄，文武邊。白口，單魚尾。

稿本外封題『樊榭山房集殘本』。内無卷數、題名。首爲《吳長公自梁溪移家來杭用沈陶菴題石田有竹莊韻奉簡》《晚春感興》《京口聞蟬》三詩。三詩之後，接詩歌殘句『鞭瘦竹餘竛竮。吳淞漁具吾早辦，可容煙艇携笭箵』及詩『前年記賦滄浪詩』，此兩首係組詩，然佚詩題，其詩題當作《滄浪亭次阮亭先生韻二首》，見宋犖《滄浪小志》下卷，其作者爲錢塘吳陳琰；次自《題漫堂先生年譜二首》《七夕譙集深浄軒》《題鄭所南畫蘭》，訖《曉發》《憩桃花洞待日出二首》《渡雙溪至蘭溪》諸詩：此兩部分詩皆非厲鶚詩，而當爲吳陳琰之作。次自《游無門洞》《花塢二首》《秋夜宿葛嶺涵青精舍二首》，訖《早春同人集讓公南屏山房分韻》《新晴探梅南屏山中同江聲龍泓讓公作》《趙氏西池看海棠同施自勗作三絶句》諸詩，皆爲厲鶚詩；其中《二月十七日重游洞霄宮探大滌洞天》詩天頭有粘簽，爲墨筆所書徐觀海小傳。

此注不知作者。其注釋多注典故出處，偶注僻字生詞。如《放船自孤山至湖心寺作》『山螺翠寫午晴餘，艇子沿緣興未疏。草比裹腰猶淺淡，水如鏡面更空虚。載來雙笛楊公濟，坐共孤禪孫太初。前輩風流應不遠，倚闌斜日爲躊躕。』行間墨筆注：『《泊宅編》：「楊蟠宅在錢唐湖上，晚罷永嘉郡，浩然挂冠。每從親賓乘月泛舟，使二笛婢侑尊，悠然忘返。沈注贈一闋，有曰：『竹閣雲深，巢居人閑，幾年湖上音塵寂。風流今有使君家，月明夜夜聞雙笛。』」人咨賞其清逸。』『按《〔萬曆〕杭州府志》，楊蟠，字公濟，章安人，貫杭州，登慶曆六年第。』即注『載來雙笛楊公濟』句出典。地脚墨筆注：『《列朝詩集傳》：孫一元，字太初，秦人。嘗棲太白之巔，故稱太白山人。風儀秀朗，元巾白袷，以鐵笛鶴瓢自隨，所至傾動其士大夫。嘗入吳會，遂棲遲不去。費宏罷相，訪之南屏山中，值其晝寢，就卧内與語，送之及門，了不酬謝。出語人曰：「吾一生未嘗見此人也！」』即注『孫太初』。天頭朱筆注：『白香山詩：「誰開湖寺西南路，草緑群腰一道斜。」注云：「孤山在湖洲中，草緑時望如帬腰。」』即注『草比裹腰猶淺淡』。其他《吳長公自梁溪移家來杭用沈陶菴題石田有竹莊韻奉簡》《京口聞蟬》《題漫堂先生年譜二首》《題鄭所南畫蘭》等有注者皆類此，極爲簡略。亦有多詩僅録詩歌本文，無注。

案：厲鶚詩有董兆熊注。將董注與此稿本佚名注相較，二者各有側重，然董注較詳，而此佚名注較略。

又，稿本有倒次。細繹其詩歌順序，乃依年編次，故稿本順序當爲：自《游無門洞》至《趙氏西池看海棠同施自昜作三絶句》，次接自『鞭瘦竹餘竛竮』葉以訖《渡雙溪至蘭溪》。《京口聞蟬》與『鞭瘦竹餘竛竮』句之間有脱葉。簡言之，次接《吴長公自梁溪移家來杭用沈陶菴題石田有竹莊韻奉簡》《晚春感興》《京口聞蟬》，此稿本乃錢塘詩人厲鶚與吴陳琰詩之合集。

鈐印：『徐觀海印』白文方印、『雩賓』朱文方印、『李準』朱文方印。

現藏浙江圖書館。

## 浣香山房吟草一卷 （清）董滋本撰 清會稽董氏行餘講舍抄本

一册。每半葉十行，行二十字。烏絲欄，四周雙邊。白口，單魚尾。下書口鎸『會稽董氏行餘講舍』。

董滋本，或寫作董知本，字培之，會稽人。道光二十四年甲辰（1844）董滋本所寫《五十初度感懷四律》其三云『大衍數幾希』，咸豐二年壬子（1852）秋所寫詩《壬子清和自題山陰歸棹圖小影》自注『時年五十有八』，據此推斷，董滋本生於乾隆六十年乙卯（1795）前後，與《董氏族譜》所載合；據《董氏族譜》卷六《世系·滋本》，滋本卒於咸豐八年戊午（1858），年六十四。先後在大同、蘄春、武昌等地游幕。著有《浣香山房詩鈔》。事迹詳見董良玉《楚生文存·先伯培之公傳》。

抄本不分卷，實爲五部分：其一，卷端題『浣香山房吟草』，其下録嘉慶十九年甲戌（1814）至道光二十四年甲辰（1844）春間詩作。《壬子清和自題山陰歸棹圖小影》詩中自注：『余自甲戌中元起身北上，大人送至蕭山，船中諄囑家事。』此部分之首，諸如《春日雜詠》《春水》《春草》《自題齋舍》《白蝴蝶》《試竹簾》《鳳仙花》《花有類虞美人者因爲賦之》《遊寄園》《春閨八首》《夏日即事》《秧馬》諸詩，即其甲戌中元起身之前尚在家鄉時所作；其後自《秋葵》《甲戌季冬保陽旅邸接家言知内子於中秋前三日得舉一子》訖《三月十八日偕鶴來舟赴咸寧縣任》即前往三晉途中、居停三晉期間、離開三晉前往咸寧縣途中所作；自《咸署園亭即事》訖《五十初度感懷四律》即其爲董炳楠幕時所作。

其二，卷端題『鄖鄉小草』。次題『甲辰』二字，其下録《八月二日鄖陽之役與鶴來舍弟臨別口占》訖《除夕作》諸詩。次題『乙巳』二字，其下録《鄖鄉元旦作》訖《八月中鄖陽起身旋省途中口占（由襄陽漢陽抵武昌）》諸詩。此卷中有《余向遊幕三晉，因舍弟鶴來宰楚，勸令偕游，未及一年，遽遭萱背。承朱竹菴世叔見召，勷理鄖鄉，極主賓相得之樂。今夏瓜期已届，竹菴以留別鄖鄉近作見示，率賦四律，即次元韵》詩題交代相關事件緣由甚明。簡言之，此《鄖鄉小草》即董滋本道光二十四年甲辰（1844）至道光二十五年乙巳（1845）兩年間離開咸寧到鄖陽游幕間所作。

其三，卷端題『永陽小草（永陽即應山縣）』。丙午年，其弟董炳楠守制結束，補應山縣，故董滋本重入董炳楠幕。此卷所收，即作者道光二十六年丙午（1846）至道光二十八年戊申（1848）間於董炳楠幕間詩作。

其四，卷端題『蘄春小草』。庚戌年，董炳楠署蘄春，董滋本隨之。此卷即董滋本道光三十年庚戌（1850）間詩作。

其五，卷端題『壽昌小草』。辛亥年，董炳楠調武昌縣，董滋本隨之。此卷收作者咸豐元年辛亥（1851）至二年壬子（1852）秋間所作詩。《楚生文存・先伯培之公傳》：『晚年，公弟武昌公官楚北，迎致廨宇，吟牋讌牘，互相商略，更闌小飲，怡怡如也。咸豐初，粤逆事起，送公歸。』詩即至此。

末有董春生題識，尾署『同治元年東坡生日，春生偶筆』。

現藏紹興圖書館。

## 葉文定公年譜不分卷　（清）孫衣言撰　稿本

二册。每半葉十行，行二十四字，小字雙行同。藍絲欄，左右雙邊。黑口，雙魚尾。

孫衣言，字劭聞，號琴西，瑞安人。生於清嘉慶二十年乙亥（1815），卒於光緒二十年甲午（1894），年八十。道光三十年庚戌（1850）進士。改翰林院庶吉士，歷編修、安徽按察使、湖北布政使、江寧布政使、太僕寺卿。因病不復出，著書講學。工詩文。著有《遜學齋詩文鈔》《甌海軼聞》，補輯《永嘉學案》等。事迹詳見閔爾昌《碑傳集補》卷七姚永樸《孫太僕家傳》、孫延釗《孫衣言孫詒讓父子年譜》。

稿本不分卷。第一册内封題『葉文定公年譜』。卷端題『葉文定公年譜』，其下按照年月依次叙述葉適生平事迹，起自宋高宗紹興二十年（1150）葉適出生，訖於嘉定十六年（1223）卒。其體例，一般先列年月及葉適事迹，次廣引史籍别集諸文獻，并施以考訂。此譜係據葉嘉棆《葉文定公年譜》增訂而成，故比葉譜豐富精密，然亦存在繫年之誤。天頭、行間多墨筆批語。卷末首爲另筆所書《劉宰挽葉水心侍郎》三首，從劉宰《漫塘集》卷三十六抄出；次爲粘簽。

案：此譜原本未署撰者。粘簽云：『《[民國]瑞安縣志》卷二十三第二十九頁著録：「葉文定公年譜一卷，清孫衣言撰。惜硯樓芏鈔本。」案：孫衣言《與戴子高書》，稱有重輯水心年譜之語。原稿未署作者姓氏，但眉間及塗乙處皆係衣言手筆，蓋即其定本也。邑中林氏惜硯樓從方氏購得，矜爲枕秘。』姑依之。

鈐印：『瑞安林氏惜硯樓收藏書畫金石印』朱文方印、『瑞安林氏惜硯樓收臧書畫金石經籍印』白文方印。現藏浙江圖書館。

## 古金石文字叢著二十種 （清）龔橙撰　稿本　清何紹基觀款并跋　清寶琦觀款　高時顯題簽

一函二十二册。每半葉行數、行字不等。多種紙型寫成。

龔橙，本名龔孝拱，名公襄，好改名字，曰刷刺、橙、太息、小定、昌匏等，龔自珍之子，仁和人。生於清嘉慶二十二年丁丑（1817），卒於光緒四年戊寅（1878），年六十二。監生。湛深經術，精於小學。著有《龔孝拱遺劄》。事迹詳見王韜《淞濱瑣話》卷五《龔蔣兩君軼事》、楊靜盦《記龔半倫》、陳乃乾《『記龔半倫』補遺》《趙烈文言行摘記》。

函套上簽題『龔先生遺稿（野侯珍秘）』。

稿本第一本外封著者簽題『詩三百五篇』，乃重新釐定《詩經》三百五篇，次序與通行之毛本有異。

第二本外封著者左右三行題『六經傳記逸詩逸書韻表二卷　論語諸子均二卷　鄭典一卷』。然實際上，内有《六經傳記逸詩周書韻表》二卷、《重訂易韻十二類》不分卷、《論語諸子屈原韻表》一卷。

第三本外封藏者題『六經傳記逸詩周書均（上卷　下卷）』。卷端著者題『六經傳記逸詩周書均』，欄外近裝訂處著者題『此稾寫古文不便學者重録勿依』，此實爲第二本《六經傳記逸詩周書韻表》二卷之另本，然此第三本僅部分耳。

第四本外封左右雙行題『理董許書　六典』，近書腦處題『第五稿　咸豐六年』。内收兩書：首爲《六典》，次爲《理董許書》。末有著者跋。第五本外封著者左右雙行題『理董許書　六典』，近書腦處題『此弟六稾』，其下有小字書『咸豐六年　二』。首爲序。正文首爲《六典》，次爲《理董許書》。末有著者跋。此兩本實爲一書，差異在於第四本爲第五稿，第五本爲第六稿。所收《六典》《理董許書》後來作者亦因繼續修訂而各自别行，其中《六典》别行者乃第六本（外封左右雙行題『六典』『此弟七稾，此後始爲定本』），《理董許書》别行者爲第七本（外封題『里董許書全』），然不因繼續修訂而益善，反而没有前此之本層次清楚。考《六典》，内容分文典、形典、事典、意典、音典、誼典，不分卷。《理董許書》則分爲九個類目：《理董許書》之一爲『改次部首』，之二爲『重次部目』，之三至九均爲『改次部目』；一至九類目之下再分『改誤俗字』『并正文字』『補許古文』『删俗誤字』等子目述之（此子目在前後稿本、同一稿本不同類目下略有不同）。

第八至第十本，外封著者各題『古俗一覽（一之四）』『古俗一覽（五六七畢）』『古俗一覽（下餘）』。從題名言，此三本著者名之曰《古俗一覽》；考其内容，實乃《六典》第七稿後之重録重修稿，然與《六典》相較，《古俗一覽》内容僅存部分。

第十一本外封藏者題『器銘文録（册一至四上）』。扉葉背有閲者題識『乙丑三月蝯叟讀於上海』。内封葉著者粘拓紙『鼎彝文録　阮元』并『阮元印』白文方印，蓋欲以此爲書名也。前有序：首爲《自叙器名文録》，尾署《咸豐十一年十二月序于上海城内》；次《自序二》，次《自序三》，次《自序四》，次《自序五》，次《自序六》，皆無尾署。正文不分卷，卷端題作『器銘文録册一』，其後依次僅題『册二』『册三』『册四』。第十二本外封藏者題『器銘文録（册四下至册十四）』。無序無題名，直接即爲『册四下』，其後依次爲『册五』乃至『册十四』，其中『册六』之後有『册六下』。第十三本外封藏者題『器名文録（册一—册十四）』，内封著者簽題『古器文録（内有補字，勿集入正册）』。前有序：首爲《自序古器文録》，然自改爲《自序器銘文録》，尾署

『咸豐十一年十二月序于上海城内』；次《自序二》，次《自序三》，次《自序四》，次《自序五》，皆無尾署。正文不分卷，卷端題作『鼎彝文録册一』，然自改爲『器名文録册一』，其後依次僅題『册二』『册三』，乃至『册十四』，其中『册六』之後還有『册六之下』，有兩『册十二』。案：此三册實爲一種書：第十一本、第十二本爲《器銘文録》之清謄本，而第十三本爲《器銘文録》之草稿本；《器銘文録》不分卷，以册命其卷次，爲十四册。

第十四本外封藏者題『秦漢金石刻録文一卷　秦汗金石篆隸記誤　汗石文録補遺一卷　魏晉北魏宋梁東魏北齊周隋石刻録文一卷　唐金石刻録文一卷』。外封背著者簽題『秦漢金石録文一卷　秦漢金石篆隸記吴一卷　漢石録文補遺一卷　魏晉南北隋唐石刻録文一卷』。正文依次著録《秦漢金石刻録文》一卷、《秦漢金石篆隸記吴》一卷、《漢石文録補遺》一卷、《魏晉北魏宋梁東魏北齊周隋石刻録文》一卷、《唐金石刻録文》一卷，與外封藏者所題一致，而與外封背著者簽題不一。

第十五本外封藏者題『石刻字録一卷　汗隸記誤卷二　汗碑用經傳異字』。扉葉有著者重閲題識。正文中前兩種書寫作『石刻彣字録丅卷』『漢隸記吴卷丄』，『丅』『丄』此二字實乃『下』『上』指事字。這兩種書實從《隸釋》《隸續》中録出，故著者分作二卷，然因是稿本，未寫定，故卷下在前而卷上在後，藏者題名實非其義。故此本實際上包含三書，即《石刻文字録》一卷、《漢隸記誤》一卷、《漢碑用經傳異字》不分卷，三書材料皆主要來自《隸釋》《隸續》。

第十六本外封藏者題『石刻字録（漢魏晉一　南朝至隋二）』，著者簽題『録石記字（秦漢魏吴晉宋梁魏齊周隋）』。扉葉背有著者題記。卷内前卷卷端題『石刻彣字録（漢魏晉一）』，後卷卷端題『石刻文字録（宋梁魏齊周隋二）』。第十七本外封藏者題『金石文字録（唐三）』，著者簽題『録石記字（唐）』。卷前有著者序。卷端題『金石文字録唐三』。案：此兩本實爲一書，即《録石記字》，包括漢魏晉一、南朝至隋二、唐三共三部分。

又此第十七本中『金石文字録（唐三）』與第十四本中『唐金石刻録文一卷』實際内容有異，即『金石文字録（唐三）』録原字，而『唐金石刻録文一卷』釋所録之字。

第十八本外封藏者題『石刻文録（一　二）』，著者左右雙行題『石刻文字』『光緒四年成書』。卷前有著者序。卷内前卷卷端題『石刻文録一』，後卷卷端題『石刻文録二』。第十九本外封藏者題『石刻文録三』。卷内前卷卷端題『石刻文録三』，後卷卷端題『石刻文録四』。此兩册實爲一書，即《石刻文録》一至四。

第二十本外封著者簽題『金石文録識餘四卷』，内有蝯叟粘簽題識。

第二十一本外封著者簽題『金石識余一册』，内有竇琦題識。

第二十二本外封著者題『象義七册』，其内容，首爲《象義》七篇，篇末有題識，云『光緒四年九月寫成於上海』。次爲『識事』。次爲會意。後有著者題識，云『時大清光緒四年九月既望，龔橙直夌自爲寫成於上海夷場租屋』云云。末爲夾簽，乃羅汝懷與龔老爺之短札。從題名言，此本著者名爲《象義》；考其内容，亦屬《六典》。據卷端『戊寅秋日重録定本』之題語及篇末跋語時間推斷，此本乃《六典》最後所成之本；然與《六典》相較，此本僅部分。從寫作過程來説，雖然《古俗一覽》《象義》皆相當於《六典》之重録重修稿，然《古俗一覽》在前而《象義》在後，《象義》是直接對《古俗一覽》的修訂，但作者并不將它們標爲《六典》之第八稿、第九稿，而是題爲『古俗一覽』『象義』，蓋欲就其中象形作爲專題而擴展深入研究，從而别爲一書爾。

簡言之，稿本所含有：

《詩三百五篇》不分卷。

《六經傳記逸詩周書韻表》二卷，有完帙、部分兩個本子。

《重訂易韻十二類》不分卷。

《論語諸子屈原韻表》一卷。
《六典》不分卷，有第五稿、第六稿、第七稿三個本子。
《古俗一覽》不分卷，原標作一至七及下餘。
《理董許書》不分卷，原標作一至九，有第五稿、第六稿、第七稿三個本子。
《器銘文録》不分卷，原標作十四册，有草稿本、清謄本兩個本子。
《秦漢金石刻録文》一卷。
《秦漢金石篆隸記誤》一卷。
《漢石文録補遺》一卷。
《魏晉北魏宋梁東魏北齊周隋石刻録文》一卷。
《唐金石刻録文》一卷。
《石刻文字録》一卷，原標作卷下。
《漢隸記誤》一卷，原標作卷上。
《漢碑用經傳異字》不分卷。
《録石記字》不分卷，原標作漢魏晉一、南朝至隋二、唐三。
《石刻文録》不分卷，原標作一至四。
《金石文録識餘》四卷。
《金石識餘》不分卷，原標作一册。
《象義》不分卷，原標作七册或七篇。

以題名言，有二十一種；察其内容分合，實有二十種，即將《古俗一覽》《象義》視爲一種著作之前後兩個本子；據其版本，則有二十七種。

《中國古籍善本書目·史部·金石類》：『古金石文字叢著□□卷。清龔橙撰。稿本。清何紹基跋。詩三百五篇不分卷。六經傳記逸詩逸書韻表二卷，鄭典一卷，論語諸子韻二卷。六經傳記逸詩逸周書韻二卷。六典理董許書不分卷。六典理董許書第五槀不分卷。六典理董許書第六槀不分卷。六典理董許書第七槀不分卷。古俗一覽象義不分卷。器銘文録不分卷。秦漢金石録文一卷。秦漢金石篆隸記誤一卷。漢隸記誤一卷。漢石録文補遺一卷。漢碑用經傳異字一卷。石刻文録四卷。金石文録識餘四卷。』《中國古籍總目·史部·金石類·叢編之屬》：『古金石文字叢著。清龔橙撰。稿本（清何紹基跋）。詩三百五篇不分卷。六經傳記逸詩逸書韻表二卷。鄭典一卷。論語諸子韻二卷。六經傳記逸詩逸周書韻二卷。六典理董許書不分卷。六典理董許書第五槀不分卷。六典理董許書第六槀不分卷。六典理董許書第七槀不分卷。古俗一覽象義不分卷。器銘文録不分卷。秦漢金石録文一卷。秦漢金石篆隸記誤一卷。漢隸記誤一卷。漢石録文補遺一卷。漢碑用經傳異字一卷。石刻文録四卷。金石文録識餘四卷。』

鈐印：『古微堂藏書印』朱文橢圓印、『蝯叟眼福』朱文方印、『金山縣印』漢滿朱文印、『高野侯』朱文方印。

現藏浙江圖書館。

## 章鋆詩文稿不分卷　（清）章鋆撰　稿本

二册。每半葉行數、行字不等。紙張不一。有草稿，有清謄稿。部分爲粘簽。

章鋆，字酡芝，號采南，鄞縣人。生於清嘉慶二十五年庚辰（1820），卒於光緒元年乙亥（1875），年五十六。咸豐二年壬子（1852）進士一甲一名。官至國子監祭酒。嗜學能詩。著有《閩儒學則》《望雲館詩文稿》。事迹詳見孫德祖《國子監祭酒廣東學政章公行狀》、劉秉璋《清故國子監祭酒廣東學政章公墓誌銘》、葛祥熊《祭酒章公家傳》（俱見章鋆《望雲館文詩稿》卷前）等。

雖然此稿本裝作兩册，然實僅爲雜纂成册。相對而言，第一册前部分多爲他人寫贈之作，有吴文錫、李文瀚、張洵等人。第一册後部分、第二册爲章鋆之作，其作或詩或文，題贈之作居多。章鋆爲晚清書法名家，於此可領略之。

《中國古籍善本書目·集部·清別集類》：『章鋆詩文稿不分卷。清章鋆撰。稿本。』《中國古籍總目·集部·別集類·清代之屬》：『章鋆詩文稿不分卷。清章鋆撰。稿本。浙江。』

鈐印：『臣章鋆印』白文方印、『酡芝』朱文方印、『臣章鋆』白文方印、『采南』朱文方印、『章』白文方印、『鋆』朱文方印、『臣鋆』白文方印。

現藏浙江圖書館。

## **望雲山館賦稿不分卷** （清）章鋆撰　抄本

一册。每半葉八行，行二十字。朱格，文武邊。白口，單魚尾。上書口鐫『鴻遠書屋』，下書口鐫『嘉泰號製』。

章鋆事迹見前《章鋆詩文稿》。

抄本外封簽題『章采南太夫子賦稿』，近書腦處墨筆大字題『望雲山館賦稿』。扉頁閲者題『《望雲山館賦藁》

一册，爲鄞章采南祭酒鋆在翰林院館課之作。甲午二月，林德祺目此見贈，云出自祭酒手筆。馮貞羣記』。馮貞羣，鄞上著名藏書家。正文不分卷，録章鋆課試之作近六十篇。天頭多評注，文末亦多有潘祖蔭、杜聯、汪承元、馬恩溥、黄圖南、袁承業、薛春黎、顔宗儀評注。

案：章廷瀚《望雲館文詩稿跋》云：『右《望雲館文稿》一卷《詩稿》一卷，先大夫佚存作也。』（章鋆《望雲館文詩稿》卷末）然將《望雲館文詩稿》與此本《望雲山館賦稿》相較，後者所收皆不見於《望雲館文詩稿》。

現藏寧波市天一閣博物館。

## 小匏庵隨筆八卷 （清）吴仰賢撰　稿本　存七卷（卷一至三、五至八）

八册。每半葉九行，行字不等，小字雙行同。紙張不一。

吴仰賢，字牧騶，魯儒，嘉興人。生於清道光元年辛巳（1821），卒於光緒十三年丁亥（1887），年六十七。咸豐二年壬子（1852）進士。歷官雲南浪穹縣知縣、迤東兵備道。宦滇七年，乞病歸，主講鴛湖書院。擅詩。著有《小匏庵詩存》《小匏庵詩話》等。事迹詳見吴仰賢《小匏庵詩存》卷首俞樾《小匏庵詩序》及衛榮光《小匏庵詩序》、趙惟崳等《［光緒］嘉興縣志》卷二十二《吴仰賢傳》、潘衍桐《兩浙輶軒續録》卷四十二《吴仰賢》。

此稿之名，前後頗不一。第一册外封題『雜録　小匏庵手訂』，内闕卷端題名。第二册外封題『隨筆雜録（第二）　小匏庵手訂』，卷前有『隨筆雜録二册總目』，卷端題『小匏庵隨筆』。第三册外封題『小匏庵雜録（第三）　小匏庵主牧騶訂』，卷端題『小匏庵隨筆』。第五册外封題『隨筆雜録（卷五）　小匏庵訂』，卷端題

『小匏庵隨筆』。第六册外封題『隨筆雜録（卷六）小匏庵訂』，卷端題『小匏庵隨筆』。第七册外封題『隨筆雜録（卷七）小匏庵訂』，内容分作前後兩部分：前部分闕卷題，後部分卷端題『小匏庵隨筆』。第八册外封題『隨筆雜録（卷八）。小匏庵手訂』，闕卷端題名。末有吴仰賢題識『同治戊辰夏四月小匏庵主牧騶父録畢』。然第四册外封題『小匏庵雜著』，闕『手訂』字樣，亦無卷題，與其他七册異。

考第二、三、五、六、七册卷題，皆作《小匏庵隨筆》，故以此四册及第一册内容言，『隨筆』一名即可賅。然第八册之内容，皆爲摘録他人之文，未可指爲『隨筆』，而名之曰『雜録』則可，故作者又取《隨筆雜録》之名以賅此二者。其内容頗叢脞，既有考訂人物、事物、典籍、藝文等雜事者，又有節録古文者，然如《明儒備考》等内容，略有價值。至於第四册《小匏庵雜著》，所收乃作者所撰碑銘序跋、人物小傳，惜内容較少。

《中國古籍善本書目·子部·雜家類》：『小匏庵雜録不分卷。清吴仰賢撰。稿本。』《中國古籍總目·子部·雜家類·雜學雜説之屬》：『小匏庵雜録不分卷。清吴仰賢撰。稿本。浙江。』

鈐印：『牧騶』朱文方印、『臣仰賢印』白文方印、『小匏庵』朱文長印。

現藏浙江圖書館。

## 小匏庵詩草不分卷　（清）吴仰賢撰　稿本

一册。每半葉九行，行字不等，小字雙行同。青絲欄，文武邊。

吴仰賢事迹見前《小匏庵隨筆》。

此稿外封題『小匏庵詩草』，其下小字題『丙寅、丁卯、戊辰、己巳、庚午、辛未、壬申、癸酉、甲戌、乙亥、丙子』，右旁近書腦處題『牧騶甫著』。内不分卷。卷端題『小匏庵詩草　嘉興吳仰賢牧騶著』。録作者所撰詩歌，然并不完全依照外封所題時間前後編次。如《磔鼠行》注『辛未』，緊接其下《爰居謡》注『庚午』，其後隔一詩爲《貪狼行》，注『辛未年作』。蓋封題云云，非全書編集之次，而恐僅指明《小匏庵詩草》一書包含同治五年丙寅（1866）至光緒二年丙子（1876）間之詩。集中詩多寫農村景象，不乏嘆時之意。

案：吳仰賢詩有刻本《小匏庵詩存》，編次與此《小匏庵詩草》異。如《小匏庵詩草》裏的《磔鼠行》與《爰居謡》，《小匏庵詩存》則以《爰居謡》在前，并注『庚午感天津事』，次《磔鼠行》，并注『感江寧節署事』（見吳仰賢《小匏庵詩存》）。以此而言，《小匏庵詩存》對其稿本不僅進行了順次上之調整，且對於寫作背景也多有補充。

鈐印：『牧騶吟艸』朱文方印、『臣仰賢印』白文方印、『牧騶』朱文方印。

現藏嘉善縣圖書館。

## 癡蟲吟稿兩種

（清）鮑存曉撰　稿本　清俞廷颺批并跋　清鄭錫田批校　清馮寶昌　鄭錫田跋

二本。一本：每半葉九行，行字不等。無界行，文武藍邊。白口，單魚尾。上書口藍筆題『癡蟲吟稿』，書口下方藍筆題『雪潔蘭馨室』。另一本：每半葉八行，行二十字，小字雙行同。朱絲欄，文武邊。白口，單魚尾。上書口朱筆題『癡蟲吟稿』，下書口朱筆題『雪潔蘭馨室著』。

鮑存曉，字寅初，會稽人。生於道光三年癸未（1823），卒於光緒十年甲申（1884），年六十三。同治七年戊辰（1868）進士，改翰林院庶吉士，授編修。著有《鮑太史詩集》。事迹詳見徐世昌《晚晴簃詩匯》卷一六四

《鮑存曉》。

稿本實際上是早晚不同時間編成的兩種本子。一本外封簽題『癡蟲吟稿』。卷前首爲粘簽，乃俞廷颺題識。次鮑存曉《癡蟲吟稿自叙》，尾署『咸豐三年癸丑秋日古越癡蟲氏書於雪潔蘭馨室』。正文不分卷，然有類目。首爲『歷年吟稿（起道光戊戌止咸豐壬子凡一十五年）』，其下依次爲『癸丑年吟稿』『甲寅年吟稿』『乙卯年吟稿』『丙辰年吟稿』『丁巳年吟稿』『附辛酉吟稿暫存』，皆録詩；次爲『癡蟲詞鈔』，録詞作。此本爲早。

另一本外封題『壬午年重抄癡蟲吟稿（八卷）』，近書腦處題『光緒壬午後卷至癸未、甲申』。正文不分卷，有類目『癸未年』『甲申年』，『癸未年』後有『附詩餘三首』。該本正文前有脱，以《鮑太史詩集》八卷刻本相較，稿本至少脱去六卷多。正文後附有題辭：首爲馮寶昌《題鮑太史詩集後》；次爲《鮑寅初太史所著癡蟲吟稿將付梓，冬夜校閲再過，率題誌感》，尾署『時光緒十年十月，玉屏小弟鄭錫田拜讀題詞於東江鹽署』；次亦爲鄭錫田撰《三次校訂故人鮑太史詩稿既畢，再題卷末》，文後有小注；末爲《附録哭太史詩》，鄭錫田撰。此本爲晚。

案：以此二本與《鮑太史詩集》八卷刻本相較，内容多不同，可互爲參酌。

《中國古籍總目·集部·別集類·清代之屬》：『癡蟲吟稿不分卷。清鮑存曉撰。稿本（清鄭錫田批并跋，清陶方琦批）。浙江。』

鈐印：『錫』『田』朱文方印、『荔草生』朱文方印。

現藏浙江圖書館。

## 達叟文稿不分卷 （清）嚴辰撰 稿本

四册。正文每半葉十行，行二十一字。無版框、界行。

嚴辰，原名仲澤，號緇生，桐鄉人。生於清道光二年壬午（1822），卒於光緒十九年癸巳（1893），年七十二。咸豐九年己未（1859）進士。授庶吉士，授刑部主事，乞假還里，以改善地方事務爲任，多所興革。著有《墨花吟館詩鈔》《墨花吟館時文》，修《桐鄉縣志》等。事迹詳見嚴辰《桐溪達叟自編年譜》、此稿本夾簽盧學溥跋文、盧學溥《[民國]烏青鎮志》卷二十九《嚴辰傳》。

稿本前有嚴辰光緒十六年庚寅（1890）《達叟時文自序》。正文不分卷，録所作策、序、記、論、啓等文。第一册有夾簽二葉，係盧學溥跋文。《達叟時文自序》云：『文之爲體衆矣，有散體，有駢體，有騷體，有賦體。凡列在蕭《選》者皆謂之古文，而以散體爲尤古，故非著作名手，不敢率爾操觚。……因裒録生平所作散體文字藏之家塾以示後人，而題其端曰《達叟時文》。如爲人所見而訾其不合古文作法，則謹謝之曰：「此固時文也。」……從此牽古文時文而混同之。「作俑」之譏，亦所不辭矣。』盧學溥跋云嚴辰『凡邑中書院、嬰堂、祠宇、橋梁，靡不興舉，而於冬漕弊端革除尤盡力』，此文稿收録相關之文，可見其情懷。

《中國古籍善本書目·集部·清别集類》：『達叟文稿不分卷。清嚴辰撰。稿本。清盧學溥跋。』《中國古籍總目·集部·别類·清代之屬》：『達叟文稿不分卷。清嚴辰撰。稿本（盧學溥跋）。上海。』

鈐印：『武林葉氏藏書印』朱文長印、『船西經眼』白文方印。

現藏上海圖書館。

## 白鶴峰詩屋初稿四卷存稿二卷欲寡過齋詩存二卷存稿二卷 （清）楊象濟撰 稿本

五册。由數種稿紙抄成，款式不一。

楊象濟，字利叔，號汲庵，秀水人。生於清道光五年乙酉（1825），卒於光緒四年戊寅（1878），年五十四。咸豐九年己未（1859）舉人。嘗游於曾國藩、丁日昌幕府。工詩文。著有《汲庵文存》《汲庵詩存》等。事迹詳見《汲庵文存》卷首李道悠《楊君利叔行述》、繆荃孫《續碑傳集》卷八十一《楊象濟傳》等。

稿本除第四册之外，其他四册外封皆題有書名：第一册題作『鶴峰詩屋稿』，第二、三册題作『鶴峰詩屋稿』，第五册題作『欲寡過齋存稿』。每册含兩卷，連續分卷。每卷卷端題書名卷次，唯第一卷在次行多署『秀水楊象濟調一』七字。具體而言，第一、第二、第三卷卷端題『白鶴峰詩屋初稿』及卷次，第四卷卷題脱『峰』字；第五、第六卷卷端題『白鶴峰詩屋存稿』及卷次；第七卷卷端題『欲寡過齋詩存』及卷次，第八卷卷端題『欲寡過齋存詩』及卷次，即將『詩存』倒作『存詩』；第九、第十卷卷端題『欲寡過齋存稿』及卷次。即是説，是書内容，實際上包括《白鶴峰詩屋初稿》及《白鶴峰詩屋存稿》、《欲寡過齋詩存》及《欲寡過齋存稿》四部分。

稿本第一册、第二册、第三册正文之前多有閲者題識，并鈐印；第四册不僅正文之前有多人閲記并鈐印，正文後亦有范祝嵩閲記并鈐印；第五册僅正文後有韓森寶、李敬壽題識并鈐印。稿本空處多有圈點、評語，以及『删』『已刻』『不刻』『不抄』『未刻』等標注，非一人所爲。其卷中正文内容，第一卷首列《蚊》《銀河》《虎邱懷古》三首，其下依次按照『壬寅』（1842）、『甲辰』（1844）、『乙巳』（1845）、『丙午』（1846）、『丁未』（1847）、『戊申』（1848）、『己酉』（1849）、『庚戌』（1850）『辛亥』（1851）的時間順序編次，則《蚊》《銀河》《虎邱懷古》三首當是道光二十二年壬寅以前所作；又，卷九『辛亥』下所列詩作，實際上包括辛亥後壬子（1852）、癸丑（1853）、甲寅（1854）這三年裏的詩作，但未按照年代編次，而是直接與辛亥之詩綴在一起。

案：光緒八年壬午（1882）李道悠云：『吾友楊君利叔詩稿，庚申之難，焚毁無存。其明年，君在楚北，以所記憶者刻兩卷，曰《燼餘草》，然多脱落紕繆處。厥後，又刻《鹿門遊草》《南歸草》《吹簫集》各一卷，皆亂後作也。道悠時時得君舊作，必手録之；迨戊寅十月君弃世後，更多方搜訪；庚辰秋，復得蔣君希伯處百數十首，君詩於是克全。稍編次先後，鈔成六卷，仍名曰《燼餘》，志其舊也；《覆巢集》一卷，有序無詩，爲取庚申以後暨《鹿門草》所未刻者以實之；《鹿門草》等三卷悉存其舊，而增近作數首：都爲十卷，曰《汲庵詩存》。』（楊象濟《汲庵詩存》卷末）李道悠所言十卷本，是當時所見最全者，但是秦緗業認爲，『詩貴精不貴多。利叔晚年，不無可芟之作』，故加以抉擇，編爲八卷而刻之（楊象濟《汲庵詩存》卷首秦緗業《汲庵詩存序》）。以刻本《汲庵詩存》與稿本相較，稿本所存，主要是早歲即咸豐三年癸丑以前之作，甚至包括道光二十三年癸卯（1843）『以詩文質於同郡沈司空鼎甫先生』（楊象濟《汲庵詩存》卷首《燼餘草自序》）以前之作。稿本收詩，與《汲庵詩存・燼餘草》有少部分同，但大部分爲《燼餘草》所不備。

《中國古籍善本書目・集部・清別集類》：『白鶴峰詩屋初稿六卷欲寡過齋存稿四卷。清楊象濟撰。稿本。』

《中國古籍總目・集部・別集類・清代之屬》：『白鶴峰詩屋初稿六卷。清楊象濟撰。稿本。上海。』『欲寡過齋存稿四卷。清楊象濟撰。稿本。上海。』

鈐印：『六舟』朱文方印、『墨王樓』白文方印、『學訒』白文長印。

現藏上海圖書館。

## 愛經居經說不分卷附詩賦　（清）黄以恭撰　稿本

一册。每半葉八行，行二十五字左右。部分朱格，文武邊。白口，單魚尾；部分無版框、界行。

黄以恭，字質庭，號竹亭。定海人。據黄以周《儆季雜著五・文鈔・愛經居雜著叙》載，以恭生於清道光八年戊子（1828），卒於光緒九年癸未（1883），年五十六。少從黄式三學。光緒元年（1875）舉人。光緒六年（1880）與以周同赴禮部會試，不售。後與黄以周同受聘修《定海廳志》，然刊未及半而病逝。以恭之學，以經學爲主，精《尚書》《毛詩》。著有《尚書啓蒙疏》《讀詩管見》《愛經居雜著》等。事迹詳見黄以周《儆季雜著五・文鈔・先兄質庭志傳》、史致馴等《［光緒］定海廳志》卷十《黄以恭傳》、佚名《清史列傳》卷六十九《黄式三傳》附《黄以恭傳》、徐世昌等《清儒學案》卷一五四《黄先生以恭》等。

稿本外封題『愛經居經說』，近書腦處題『後附詩賦』。卷前爲《愛經居經說目録》。無卷端題名。正文不分卷，首爲經說，次爲詩賦文。卷末，首爲柯汝霖所撰文，無題名，文末署『時光緒貳年歲次丙子季秋之月上澣穀旦，辛巳恩科舉人前錢塘教諭補授烏程縣教諭内閣中書銜平湖柯汝霖拜撰（時年八十有五）』，旁另筆題『黄次宗（字緒祖，號榮爵，行一）』。次爲文，無題名，亦不署撰人，文内多改訂，且前後中間皆有脱，文中云：『余自壬戌（『壬戌』二字旁書『辛酉』）避粤匪，僑居定海（『僑居定海』四字旁書『航海至定』），主包君炙鄉，因而得晤。……余今年八十有五。』據陳訓正等《［民國］定海縣志・人物志第十・表九游寓・柯汝霖》載，柯汝霖『粤變時，避亂寓舟山青隩，顔所居曰延青山館，吟詠無虚日』，且此最末之文與前柯汝霖文内容有重合之處，則末文當爲柯汝霖所撰草稿，而前文乃定稿，將定稿與草稿相較，定稿改動頗大。以其内容考之，可名曰《包久香夏愷賡姜敬鄉黄竹亭四君合壽序》。

此書之内容，究其性質，多爲課藝。官課，如『羲和重黎考』下原注『甲戌胡學憲觀風題』，『鐵門限』文後所附評語下注『詁經官課原評』，『海客談瀛洲賦』文後所附評語下注『東□官課原評』，表明這些是官課時黄以恭之課作。絶大部分則爲師課，如『篝勤也解』『庾弓之庾讀爲庚説』『閔子騫閔子馬是否一人考』『每懷靡及解』『古大夫士有樂無樂考』『月令土數五獨舉生數説』『伯益伯翳是否一人考』『擬恭進皇上龍飛親理萬幾頌』文後所附評語下注『俞山長評』，『老彭解』文後所附評語下注『俞山長』，『天孫雲錦賦』文後所附評語下注『顔太尊小課評』，皆表明這些是師課時黄以恭之課作。尤需注意者，『漢書引經異攷』文後所附評語，既有『詁經官課評』，又有『俞蔭甫評』。俞蔭甫、俞山長皆指俞樾，時爲詁經精舍山長。又，『良馬四之良馬五之良馬六之解』、『兩馬掉鞅解』第二、『豳風録周公詩説』文後附有元同評語，元同即黄以周。『汝后稷汝作朕虞解』第二文後所附評語下注『何松拜讀』，『擬朱子孟子集注序』文後所附評語下注『四明劉風章評』，『問三家緒言爲朱子詩傳所取者有幾』文後所附評語下注『藝蘭』二字。此外，『豳雅豳頌辨』、『汝后稷汝作朕虞解』第一文後有評語，然不注評主。『述黄文潔先生學派』文後所附評語下注『原評』，亦不知何人所評。

據書中『述黄文潔先生學派』文下注『以下仲梓氏未定稿』，即『述黄文潔先生學派』『述袁正獻公家學』『跋北溪字義』『擬朱子孟子集注序』『讀陳止齋集策問弟六』『讀少儀外傳書後』『問三家緒言爲朱子詩傳所取者有幾』『司馬温公書儀書後』皆爲未定稿。而前面部分，其實尚未謄清，如『老彭解』『羲和重黎考』『五十以伯仲説』『公追戎于濟西説』『高禖考』『齊人來歸鄆讙龜陰田解』『釋序内序北』或有删，或有改，或有補。且是書經説正文與目録中題名有異：第二條『庾弓之庾讀爲庚説』，目録裏將『庾弓』誤作『庾公』；第十三條『公追戎于濟西説』，目録裏將『濟西』誤倒作『西濟』。詩文第三十二條『擬朱子孟子集注序』，目録裏漏列。總言之，是書尚未最後寫定。

《中國古籍善本書目·經部·群經總義類》：『愛經居經説不分卷。清黄以恭撰。手稿本。』《中國古籍總目·經部·群經總義類·傳説之屬》：『愛經居經説不分卷詩賦不分卷。清黄家橋撰。稿本。上海。』

鈐印：『仲梓』朱文方印。『黄家橋印』白文方印。

現藏上海圖書館。

## 夏子松先生函牘一卷 （清）夏同善撰　稿本

一册。花箋紙。用紙非一，形制非一。

夏同善，字舜樂，號子松，仁和人。約生於清道光十一年辛卯（1831），卒於光緒六年庚辰（1880），年五十。咸豐六年丙辰（1856）進士。改庶吉士，授編修，歷官翰林院侍講學士、詹事府詹事、兵部右侍郎兼刑部左侍郎、吏部右侍郎。卒謚文敬。事迹詳見夏庚復《先考子松府君年譜》及其卷末所附張謇《清故吏部侍郎仁和夏公神道碑銘》、譚廷獻《清故光禄大夫吏部右侍郎江蘇學政夏公墓誌銘》，趙爾巽等《清史稿》卷四四一《夏同善傳》，潘衍桐《兩浙輶軒續録》卷四十四《夏同善》，齊耀珊等《〔民國〕杭州府志》卷一二六《夏同善傳》。

稿本外封題『夏子松先生手書函牘墨寶』。内中收録夏同善與少伯書六通，皆官員間請托及友朋交往雜事，内容實無足稱。然夏同善爲晚清名臣，其於風詭雲譎之時，冀挽狂瀾於方倒，『忠愛懇誠，通達治體』（唐文治《茹經堂文集二編》卷五《夏文敬公年譜并遺詩後序（丙寅）》）則此稿本所含史料，對於知人論世尚有裨益焉。

《中國古籍總目·集部·別集類·清代之屬》：『夏子松函牘一卷。清夏同善撰。稿本。浙江。』

現藏浙江圖書館。

# 石門詩存不分卷 （清）屈元爔輯 稿本

八册。每半葉九行，行二十一字，小字雙行同。藍絲欄，文武邊。白口，單魚尾。

屈元爔，字祉堂，石門人。生年不詳，卒於清光緒十四年戊子（1888），年五十餘。廪生。嗜書籍，喜爲詩文。著有《春帷雜誌》《雨樓賸語》《南除筆記》《學圃巵言》等。事迹詳見陸心源《儀顧堂集》卷九《祉堂屈君墓誌銘》、潘衍桐《兩浙輶軒續録》卷五十《屈元爔》。

稿本内封簽題，中間直格題『石門詩存』，右直格題『光緒戊子十月』，左直格題『瞿鴻禨篆首』。卷前首爲秦緗業光緒八年序；次粘簽，朱格紙書三十一人姓名，邊欄外書『石門（已查過，阮刻所未收）』。次《石門詩存凡例》。正文不標卷數。卷端偶有題名『石門詩存初選』。其中類目曰『宋』『元』『國朝』『方外』『閨秀』等；『方外』下還分『宋』『元』『明』『國朝』，『閨秀』下分『元』『國朝』諸子目。類目或子目下收録詩人詩作。一般先立姓名，下列小傳，其後列其詩歌。據秦緗業序：『此屈君祉堂《石門詩存》則又甄録石門一邑之詩也。今之一邑，當古之一國，分而編之，猶不失三百篇遺意。石門詩人，宋以陳簡齋爲冠，明以貝清江爲冠，本朝以吴孟舉爲冠，餘皆一鱗半爪，殊不足存，不知五嶽四瀆自成大觀，一邱一壑亦足引人入勝，何可以單章剩句而弃之？』據現存之本，所選詩家有九十餘人。

陸心源《儀顧堂集·祉堂屈君墓誌銘》云，屈元爔『又采輯元明以來石門鄉先輩詩爲《石門詩存》凡八卷』，潘衍桐《兩浙輶軒續録·屈元爔》引余麗元語：『余宰斯土，重修志乘，祉堂纂輯甚勤。成書後，復取人物各門著述，以及二百餘年行世專集、家藏稿本，博搜精選，成《石門詩存》八卷，闡發幽潛，厥功偉矣。』此稿本抄寫整齊，似已經編定。然此本中闕有明一代石門詩人之詩，其中卷題亦不統一。由此而言，此本似尚未編定。

所謂八卷，恐是臆以一册爲一卷，不足據。又，此稿『國朝』詩人中有『闕名』詩人，其下小傳云：『沈繫《謁輔墓》至《耦耕》七首注「石門人」。今得全稿，依次附入。或疑爲國初明王太常都所著，俟考。』次後四册所録皆此『闕名』詩人之詩。案：實皆爲吕留良之詩。

《中國古籍善本書目·集部·總集類》：『石門詩存不分卷。清屈爔輯。稿本。』《中國古籍總目·集部·總集類·郡邑之屬》：『石門詩存不分卷。清屈爔輯。稿本。雲南。』

鈐印：『督學之江』白文方印。

現藏雲南省圖書館。

## 寄槃詩稿不分卷 （清）陶在銘撰 稿本

一册。每半葉十行，行字不等。朱絲欄，四周單邊。白口，無魚尾。

陶在銘，字仲彝，會稽人。據樊增祥《陶仲彝七十壽序》『余二十三歲，與仲彝四兄締交，君長余二年』（樊增祥《樊樊山詩集·樊山集外》卷七）記載推斷，約生於清道光二十四年甲辰（1844），至少活到民國二年癸丑（1913）前後，然具體卒年不詳。同治九年庚午（1870）舉人。仕至江西候補道。擅詩。纂有《會稽陶氏族譜》。事迹詳見秦國經《中國第一歷史檔案館藏清代官員履歷檔案全編》第七册『陶在銘』、劉春堂等《［民國］高淳縣志》卷十六《名宦·陶在銘傳》等。

稿本外封有陶方琦所題書名『寄槃詩稿』并署名及鈐印兩方。正文不分卷。卷端分别題有：『丙寅詩藁』，次行題『初學集』;『壯游草(戊辰季秋)』;『壯游草(己巳)』。其下各自收録多首詩歌。次有《庚午秋試歸里呈勉師》詩二首。皆爲同治五年丙寅(1866)至九年庚午(1870)間之詩。詩後有草稿,字迹潦草,塗抹删改甚多,其中有雜文《樊鑑庭年伯六十壽序》,乃爲樊增祥父樊燮所作壽序。陶在銘亦曾爲樊增祥作《樊山續集序》,見《樊山續集》卷首;樊增祥詩文集中則有《感懷呈陶在銘仲彝四兄》《寄仲彝》《得仲彝徐州書悵然有寄》等相關作品頗夥(俱見樊增祥《樊樊山詩集》)。可見陶在銘與樊增祥交誼之契。

《中國古籍總目・集部・別集類・清代之屬》:『寄槃詩稿不分卷。清陶在銘撰。稿本。紹興。』

鈐印:『方琦讀過』朱文方印、『陶大田印』白文方印、『大田珍藏』白文方印。

現藏紹興圖書館。

## 課餘札記稿二卷 (清)戴穗孫撰　稿本　存一卷(卷一)

一册。每半葉八行,行字不等。藍絲欄,文武邊。白口,雙魚尾。

戴穗孫,原名戴所恒,字同卿,戴熙第四子(見繆荃孫《續碑傳集》卷五四邵懿辰《戴文節公行狀》),錢塘人。優貢生。據戴熙《習苦齋畫絮》卷二『戊申歲杪』條、戴穗孫《春到廬詩鈔》卷一《悼儷詞》自注、戴爾恒等《戴氏遷杭族譜・傳》之戴穗孫傳記載,生於道光二十年庚子(1840),卒於光緒二十八年壬寅(1902)。曾任龍泉縣訓導、永康縣儒學教諭等。著有《鄭司農年譜》,編有《嘯園詩鐘》等,事迹詳見戴爾恒等《戴氏遷杭族譜・傳》之戴穗孫傳。

稿本外封題『課餘札記(第一本)』。卷端題『課餘札記稿卷一　解經後衣穗孫學』。正文首爲小序,述編集緣起。正文立條目近八十條,條目名稱皆列於天頭,逐條予以考訂。所考訂者,爲《易》《書》《詩》《周禮》《左傳》《論語》《孟子》《爾雅》諸經，以及《漢書》《後漢書》《三國志》《晉書》等所載史實。其中『穎説』條風格稍顯特別，然亦不悖全文旨趣。

戴穗孫小序云：『穗孫自十六歲後，日侍先文節公旁，聞經史考據諸説，心識不敢忘，輒于日課之餘，拾短札記焉，名曰《課餘札記》。庚申、辛酉，吾杭兩遭兵燹，家中書籍化爲烏有，此稿在從子兆登處，携至粤中。甲子夏首因編次得兩卷，而以雜説附焉。穎季自識于潮郡。』則此本當爲兩卷，然今已佚去第二本即卷二矣。

鈐印：『生于庚子』朱文方印、『春到廬』白文方印。

現藏浙江省博物館。

## 課餘札記二卷 （清）戴穗孫撰　清同治三年（1864）稿本

一册。每半葉九行，行二十四字。無版框、界行。

戴穗孫事迹見前《課餘札記稿》。

稿本卷前首爲《課餘札記自序》，尾署『時同治三年歲在甲子錢塘戴穗孫識于潮州客館』；次爲《課餘札記目録》。正文作二卷，皆題曰『課餘札記卷某　錢塘戴穗孫學』，其下考訂《尚書》《周易》《詩經》《左傳》《周禮》《論語》《孟子》《爾雅》《説文》《史記》《漢書》《後漢書》《三國志》《晉書》等近一百二十條，内容叢脞，皆博引諸説，斷以己意，或以時言證古語，篇幅則或長或短，形式較爲靈活。

案：《課餘札記自序》記述此作之緣起云：『穗孫嘗侍先文節公側，聞經史考據諸説，輒心識不敢忘，每于日課之餘，拾短札記焉。』即此稿乃其平日受教所記。迨至避難潮州府海陽縣入王芝田幕府後，因客居多暇，始經理之，其《春到廬詩鈔》卷三《韓江吟・海陽縣齋書懷》之二云：『鄉關睽隔嘆頻年，筆墨猶餘未了緣。立説自慙牙後慧，吟詩聊當口頭禪。身經險阻名心淡，理澈循環妄念捐。兀坐書窗無一事，嗤同脉望守殘編。』所言之事即此修訂札記事。此本乃前《課餘札記稿》之修訂本，《課餘札記稿》有闕而《課餘札記》則全。

現藏浙江圖書館。

## 龍泉讀書記二卷　（清）戴穗孫撰　稿本

一册。每半葉十六行，行字不等。朱欄，文武邊。白口，單魚尾。

戴穗孫事迹見前《課餘札記稿》。

稿本外封簽題『龍泉讀書記（巢林隨筆、寒氊迂論坿）』，其中『巢林隨筆』由『樟林叢談』墨筆圈改而成。首爲《龍泉讀書記自序》，尾署『時光緒紀元乙亥仲冬，錢唐戴穗孫自志于樟下僑廬』。卷端題『龍泉讀書記二卷』，次行題『寒氊迂論、樟下偶談二種附内』。正文有二十條，每條起首皆高一格書寫，條目天頭處有書『俱入龍泉札記中』『迂』『偶』諸字，其意即此中辨别各條之歸屬。此殘卷除去歸入《龍泉札記》《寒氊迂論》《樟下偶談》内容外，則《龍泉讀書記》一條不剩矣。

據《龍泉讀書記自序》載，戴穗孫於同治十二年癸酉（1873）八月選銓授龍泉縣學訓導，十三年三月抵任。因縣署久圮，乃借居於樟下林監生家。因諸生請教，讀書之暇，偶有管見，乃别紙記之，遂名曰《龍泉讀書記》。此本所載内容實爲戴氏其後《龍泉札記》《横塾叢談》之源。

現藏浙江省博物館。

## 龍泉札記八卷 （清）戴穗孫撰　稿本　存二卷（卷一至二）

一册。每半葉十行，行字不等。青絲欄，左右單邊。白口，單魚尾。

戴穗孫事迹見前《課餘札記稿》。

稿本外封題『龍泉札記』，近書腦處題『光緒庚寅長夏清本』。首有《龍泉札記自序》，尾署『時光緒七年辛巳長夏，錢唐戴穗孫識于龍泉學舍之擁書寮』。正文作兩卷，卷端皆題『龍泉札記卷某』，次行題『錢唐戴采孫同卿述』。其下皆逐條考訂古書之誤，或補證古語。

案：據《龍泉札記自序》，作者爲龍泉縣學訓導八載，『讀書之暇，偶有管見，輒别紙記之。歲月侵尋，積成八卷』，此序乃《龍泉讀書記自序》修改而成。就《龍泉讀書記》與此《龍泉札記》内容而言，在《龍泉讀書記》的前四條之天頭書『俱入龍泉札記中』，此《龍泉札記》之首即列此四條，并名曰『作乂』『力政』『許用史游語』『略』，其後接以新撰之内容。《龍泉札記自序》云《龍泉札記》有八卷，然此稿本僅二卷，則其後有脱。

現藏浙江省博物館。

## 横塾叢談二卷 （清）戴穗孫撰　稿本

一册。每半葉十行，行字不等。朱絲欄，文武邊。上黑口，單魚尾。

戴穗孫事迹見前《課餘札記稿》。

稿本外封題『學舍叢談』，『學舍』二字旁書『横塾』，據卷題可知，『學舍』當作『横塾』。近書腦處題『庚辰臈月同卿録於劍川之聚英講堂』，庚辰乃光緒六年（1880）。正文作兩卷，卷端皆題『横塾叢談卷某』，次行題『錢唐戴穗孫著』，其中『横塾』二字乃『學舍』二字更改而成。故可推知，此稿本名《學舍叢談》，後改今名。其下皆逐條叙述人、物、事，共七十條左右。

與《龍泉札記》相較，此本内容考古少而記近世之事多；所載與處州、龍泉有關文人、詩文著述，尤可寶貴。又，《横塾叢談》中有來自《龍泉讀書記》中標明歸於《樟下偶談》者，如卷二『龍泉有古樟二本』『余以訓導衙齋久圮』條。

現藏浙江省博物館。

## 指遠録一卷 （清）戴穗孫撰　稿本

一册。每半葉八行，行二十字。朱格，四周單邊。白口，單魚尾。

戴穗孫事迹見前《課餘札記稿》。

稿本外封題『指遠録』。卷端題『指遠録』，次行題『錢唐戴穗孫同卿輯』。原文不分卷。全書從陳其德《垂訓樸語》、吴顥《杭郡詩輯小傳》、王雲廷《寶言堂家訓》、史震林《西青散記》、《陸清獻年譜》、高道淳《最樂編》、俞文豹《吹劍録外集》、《温氏母訓》、申涵光《荆國語録》、張英《聰訓齋語》、吴兆麟《鐵叟遺言》、董含《蓴鄉贅筆》、費衮《梁谿漫録》等書中節録條目，依次排列而成。《陸清獻年譜》不署撰者，陸清獻即陸隴其。《温氏母訓》亦不署撰者，然有注：『穗孫案：温氏爲温忠烈之母，姓陸。忠烈名璜，原名以介，字寶忠，烏程人。』

此稿内容乃有關修身養性者。其性質與編排皆類乎明清時期盛行之清言。雖不無陳腐之言，然如云：『凡人縱以百年爲期，十歲以前，尚屬童蒙。五十以後，又屬衰耗。止有四十年可用精力者，而夜復當其半，歲時伏臘、冠昏喪祭公務，大略又費十年。以此思之，真所謂一刻千金。』以此勉人惜陰愛時，亦箴言善語。蓋作者既爲學師，録之以爲督促諸生、勉勵學子之用爾。

現藏浙江省博物館。

## 春到廬詩鈔六卷（清）戴穗孫撰　稿本　清夏曾傳跋

二册。每半葉八行，行二十四字，小字雙行同。朱絲欄，四周單邊。

戴穗孫事迹見前《課餘札記稿》。

稿本卷前首爲夏曾傳題識；次爲粘簽，亦爲夏曾傳題識。正文作六卷，卷端皆題『春到廬詩鈔卷某　錢唐戴穗孫』。卷下有小題，其中卷一下有『燹餘稿』，卷二下有『梅涇小草』『羊城集』，卷三下有『韓江吟』，卷四下有『古榕書舍草』，卷五下有『困中吟』『壺廬稿』，卷六下有『螺螄山館稿』『行篋草』。各小題下首爲小序，叙述該小集撰述緣起，次録詩。

《燹餘稿》卷首小序云：『余自十歲學詩以來，所作約計五百餘首。咸豐庚申、辛酉，杭州兩次城陷，遭燹者太半，間有零星賸稿在行篋中者，不忍令其散弃，掇而存之，亦有從記憶得之者，隨憶隨録，不分先後，總名曰《燹餘稿》。同治紀元壬戌九月，穗孫識於南海寓廬。』即《燹餘稿》乃早年至咸豐十一年辛酉（1861）之作。《梅涇小草》則爲同治元年壬戌（1862）春避亂居梅涇時與友人的唱和之作。《羊城集》爲作者壬戌年中避亂由上海乘船走寓羊城，寓居於羊城期間之作。《韓江吟》爲作者壬戌年年底到同治二年癸亥由羊城乘船赴潮州海陽縣，擬爲縣令王芝田幕途間所作。《古榕書舍草》則爲同治三年甲子在海陽縣及其年底由海陽返回羊城期間之作。《困中吟》爲同治四年乙丑閏五月從羊城返回故里之作。《壺盧稿》爲同治五年丙寅里居之作。《螺螄山館稿》爲同治六年丁卯在螺螄山下錢氏宅課徒攻舉期間之作。《行篋草》爲丁卯年冬游吳及同治七年戊辰游金陵、經上海、入都、歸里等行旅期間之作。簡言之，稿本所收詩，起自早年，終於同治七年戊辰，實當作者自傳，其中頗多感懷時事、咏歎身世之作。

案：《困中吟》小序云：『許洨長《説文》云：「困，故廬也。」余遭庚申、辛酉劫後，出辟嶺南，今夏旋里，重到先人敝廬，尚堪栖宿，既自憐，亦自幸也。偶寄吟詠，名以「困中」者，欲由此困心衡慮以冀舊業復興。若云侘傺尠歡，藉詩以舒其鬱勃之氣，則余豈敢！乙丑又五月菂洲生自識。』小集第一首爲《乙丑閏五月由粵挈眷旋里重住觀巷舊屋感賦》，中有《乙丑十月偕子謙從弟謁皋亭山墓感賦》。小序天頭撰者書云：『乙丑夏自嶺南旋里，見故家有王伯厚先生所輯《論語鄭注》，假録一通。越歲，會稽趙撝叔孝廉之謙以宋大令翔鳳《論語鄭注輯本》見詒，校王本爲賅備。余因欲疏證鄭注爲《論語述鄭》一書，久未脱稿。婦以「述鄭」顔余齋，以爲他日成書之券云。凡乙丑夏至丁卯秋所作之詩，編爲《述鄭齋草卷》。』即作者擬將《困中吟》《壺盧稿》《螺螄山館稿》三小集合爲《述鄭齋草卷》。

《中國古籍總目・集部・别集類・清代之屬》：『春到盧詩鈔六卷。清戴穗孫撰。抄本。浙江。』

鈐印：『醉犀生』白文方印、『忍』朱文圓印。

現藏浙江圖書館。

## 劍川集二卷　（清）戴穗孫撰　稿本

一册。『文泰製』箋。每半葉十行，行字不等，小字雙行同。朱格，文武邊。上黑口，單魚尾。

戴穗孫事迹見前《課餘札記稿》。

稿本外封題『劍川集甲編（甲戌、乙亥年稿）』，近書腦處題『内鈔先世行狀志傳』。卷前首爲《戴府君行狀》，尾署『大清道光二十二年十月張廷濟謹狀』；次爲《戴府君墓誌銘》，尾署『誥授資政大夫禮部右侍郎曾國藩譔』；次《皇清敕書安人元配王安人行略》，尾署『道光十五年十一月杖期先戴道峻謹略』；次《二世祖奢公遷陽基遺囑》；次《東原先生震公族支譜序》；末《誥授光禄大夫贈尚書銜謚文節兵部右侍郎戴公行狀》，然有題無文。正文分作甲、乙二編：甲編卷端題作『劍川集甲編。錢塘戴穗孫』，次行題『閼逢閹茂』，即同治十三年甲戌（1874）；乙編卷端題『劍川集乙編。錢塘戴穗孫』，次行題『旃蒙大淵獻』，即光緒元年乙亥（1875）。此集所録即作者同治十三年至光緒元年兩年中之詩。

現藏浙江師範大學圖書館。

# 引用書目

（據撰者姓名漢語拼音順序排列）


A

**安岐**

《墨緣彙觀録》，（清）安岐撰，影清咸豐刻《粤雅堂叢書》本，收入《續修四庫全書》第一〇六七册，上海：上海古籍出版社，二〇〇二年。

B

**班固**

《漢書》，（漢）班固撰，（唐）顔師古注，北京：中華書局，二〇一三年。

**鮑存曉**

《鮑太史詩集》，（清）鮑存曉撰，影清光緒十二年刻本，收入《清代詩文集彙編》第六八八册，上海：上海古籍出版社，二〇一〇年。

C

**曹大經**

《味蓼集》，（清）曹大經撰，影清抄本，收入《天津圖書館珍藏清人別集善本叢刊》第四册，天津：天津古籍出版社，二〇〇九年。

**曹昭**

《新增格古要論》，（明）曹昭著，舒敏編，王佐增，收入《叢書集成新編》第五〇册，臺北：新文豐出版公司，一九八四年。

**陳光熙**

《明清之際温州史料集》，陳光熙編，收入《温州文獻叢書》，上海：上海社會科學院出版社，二〇〇五年。

**陳敬璋**

《查他山先生年譜》，陳敬璋撰集，見（清）查慎行著，周劭標點《敬業堂詩集》，收入《中國古典文學叢書》，上海：上海古籍出版社，一九八六年。

**陳乃乾**

《『記龔半倫』補遺》，陳乃乾撰，見《古今》第十六期。

《趙烈文言行摘記》，陳乃乾撰，見《古今》第十七期。

**陳田**

《明詩紀事》，（清）陳田輯撰，上海：上海古籍出版社，一九九三年。

**陳訓正**

《[民國]定海廳志》，陳訓正、馬瀛等纂，影民國十三年鉛印本，收入《中國地方志集成・浙江府縣志輯三八》，上海：上海書店，一九九三年。

**陳兆崙**

《紫竹山房文集・詩集・附録》，（清）陳兆崙撰，影清乾隆刻本，收入《四庫未收書輯刊》第九輯第二十五册，北京：北京出版社，一九九八年。

## D

**戴爾恒**

《戴氏遷杭族譜》，（清）戴爾恒修，戴兆衡續修，戴兆鑾再續，民國三十二年刻本，上海圖書館藏。

**戴璐**

《吳興詩話》，（清）戴璐撰，影民國吳興劉氏嘉業堂刻本，收入《叢書集成續編》第二〇〇册，臺北：新文豐出版公司，一九八九年。

**戴枚**

《[同治]鄞縣志》，（清）戴枚修，（清）徐時棟、張恕、董沛等纂，影清光緒三年刻本，寧波市鄞州區地方志辦公室整理，杭州：浙江古籍出版社，二〇一五年。

**戴熙**

《習苦齋畫絮》，（清）戴熙撰，影清光緒十九年刻本，收入《續修四庫全書》第一〇八四册，上海：上海古籍出版社，二〇〇二年。

**丁丙**

《善本書室藏書志》，（清）丁丙撰，影清光緒二十七年錢塘丁氏刻本，收入《清人書目題跋叢刊》之二，北京：中華書局，一九九〇年。

**董金鑑**

《會稽漁渡董氏族譜》，（清）董金鑑纂修，清末抄本，紹興圖書館藏。

**董良玉**

《楚生文存》，（清）董良玉撰，影清光緒三十二年會稽董氏刻本，收入《叢書集成三編》第四〇册，臺北：新文豐出版公司，一九九七年。

**杜煦**

《蘇甘廊詞集》，（清）杜煦撰，清抄本（孫瘦梅校），國家圖書館藏。

F

**范曄**

《後漢書》，（劉宋）范曄撰，（唐）李賢注，北京：中華書局，二〇一二年。

**樊增祥**

《樊樊山詩集》，（清）樊增祥著，涂曉馬、陳宇俊校點，收入《中國近代文學叢書》，上海：上海古籍出版社，二〇〇四年。

《樊山續集》，（清）樊增祥撰，影清光緒二十八年西安臬署刻本，收入《清代詩文集彙編》第七六二册，上海：上海古籍出版社，二〇一〇年。

**方苞**

《方苞集》，（清）方苞著，劉季高校點，收入《中國古典文學叢書》，上海：上海古籍出版社，一九八三年。

**方觀承**

《敕修兩浙海塘通志》，（清）方觀承等修，（清）查祥等纂，影清乾隆刻本，收入《續修四庫全書》第八五一册，上海：上海古籍出版社，二〇〇二年。

**方棨如**

《集虛齋學古文》，（清）方棨如撰，影清乾隆十九年刻本，收入《四庫全書存目叢書》集部第二六三册，濟南：齊魯書社，一九九七年。

**方薰**

《山静居遺稾》，（清）方薰撰，影清嘉慶八年刻本，收入《清代詩文集彙編》第三八九册，上海：上海古籍出版社，二〇一〇年。

**方宗誠**

《柏堂集後編》，（清）方宗誠撰，影清光緒六年至十二年刻本，收入《清代詩文集彙編》第六七二册，上海：上海古籍出版社，二〇一〇年。

**豐坊**

《萬卷樓遺集》，（明）豐坊撰，影明萬曆四十五年豐建刻本，收入《北京圖書館古籍珍本叢刊》第一〇九册，北京：書目文獻出版社，一九八八年。

**馮可鏞**

《［光緒］慈谿縣志》，（清）馮可鏞修，（清）楊泰亨纂，影清光緒二十五年刻本，收入《中國方志叢書・華中地方》第二一三號，臺北：成文出版社有限公司，一九七五年。

**符璋**

《［民國］平陽縣志》，符璋、劉紹寬等纂修，影民國十四年刻本，收入《中國方志叢書・華中地方》第七二號，臺北：成文出版社有限公司，一九七〇年。

G

**葛嗣浵**

《愛日吟廬書畫續録》，（清）葛嗣浵撰，見（清）葛金烺、葛嗣浵撰，慈波點校《愛日吟廬書畫叢録》，收入《中國藝術文獻叢刊》，杭州：浙江人民美術出版社，二〇一二年。

**顧農**

《與魯迅有關》，顧農著，南京：鳳凰出版社，二〇一四年。

**顧清**

《東江家藏集》，（明）顧清撰，見《景印文淵閣四庫全書》第一二六一册，臺北：臺灣商務印書館，一九八六年。

## H

**杭世駿**

《道古堂文集》，杭世駿著，見《杭世駿集》第二册，蔡錦芳、唐宸點校，收入《浙江文叢》，杭州：浙江古籍出版社，二〇一五年。

《道古堂集外詩》，杭世駿著，見《杭世駿集》第五册，蔡錦芳、唐宸點校，收入《浙江文叢》，杭州：浙江古籍出版社，二〇一五年。

《杭世駿集》，（清）杭世駿著，蔡錦芳、唐宸點校，收入《浙江文叢》，杭州：浙江古籍出版社，二〇一五年。

**洪若皋**

《[康熙]臨海縣志》，（清）洪若皋等纂修，影清康熙二十二年刻本，收入《中國方志叢書·華中地方》第五〇九號，臺北：成文出版社有限公司，一九八三年。

**洪頤煊**

《讀書叢録》，（清）洪頤煊撰，收入《叢書集成初編》，上海：商務印書館，一九三九年。

**胡廣慈**

《山陰張川胡氏宗譜》，（清）胡廣慈等纂修，清光緒十二年敦睦堂木活字本，上海圖書館藏。

**胡天游**

《石笥山房集》，（清）胡天游撰，影清咸豐二年刻本，收入《續修四庫全書》第一四二五册，上海：上海古籍出版社，二〇〇二年。

**胡玉縉**

《許廎經籍題跋》，胡玉縉撰，見吳格整理《續四庫提要三種》，上海：上海書店出版社，二〇〇二年。

**胡震亨**

《海鹽縣圖經》，（明）樊維城修，（明）胡震亨等纂，影明天啓四年刻本，收入《中國方志叢書・華中地方》第五八九號，臺北：成文出版社有限公司，一九八三年。

**黃炳垕**

《黃氏世德傳贊》，（清）黃炳垕撰，清清光緒十六年留書種閣刻本，上海圖書館藏。

**黃世崇**

《［光緒］利川縣志》，（清）黃世崇等纂修，影清光緒二十年刻本，收入《中國方志叢書・華中地方》第三二七號，臺北：成文出版社有限公司，一九七六年。

**黃以周**

《儆季雜著》，（清）黃以周著，見詹亞園、韓偉表主編《黃以周全集》第十册，上海：上海古籍出版社，二〇一四年。

**黃璋**

《大俞山房詩藁》，（清）黃璋撰，影清乾隆五十二年刻本，收入《清代詩文集彙編》第三六三册，上海：上海古籍出版社，二〇一〇年。

**黃宗羲**

《宋元學案》，（清）黃宗羲原著，（清）全祖望補修，陳金生、梁運華點校，北京：中華書局，一九八六年。

《明儒學案》，（清）黄宗羲原著，沈芝盈點校，北京：中華書局，一九八五年。

《南雷詩文集》，（清）黄宗羲撰，見沈善洪主編，平慧善、吴光校點《黄宗羲全集》（第十—十一册），杭州：浙江古籍出版社，一九九三年。

## J

**嵇曾筠**

《［雍正］浙江通志》，（清）嵇曾筠、李衛等修，（清）沈翼機等纂，浙江省地方志編纂委員會編，北京：中華書局，二〇〇一年。

**蔣寅**

《金陵生小言》，蔣寅著，桂林：廣西師範大學出版社，二〇〇四年。

**江左樵子**

《樵史通俗演義》，（清）江左樵子編輯，影清初寫刻本，收入《古本小説集成》第二輯，上海：上海古籍出版社，一九九二年。

**焦玉**

《火龍神器陣法》，題（明）焦玉撰，影清抄本，收入《中國兵書集成》第十七册，北京：中國人民解放軍出版社，一九九四年。

**金福曾**

《［光緒］吴江縣續志》，（清）金福曾修，（清）熊其英纂，影清光緒五年刻本，收入《中國地方志集成·江蘇府縣志輯二〇》，南京：江蘇古籍出版社，一九九一年。

**靳貴**

《戒庵文集》，（明）靳貴撰，影明嘉靖十九年靳懋仁刻本，收入《四庫全書存目叢書》集部第四五册，濟南：齊魯書社，一九九七年。

## L

**李慈銘**

《越縵堂讀書記》，（清）李慈銘著，由雲龍輯，上海書店重編，上海：上海書店出版社，二〇〇〇年。

**李亨特**

《［乾隆］紹興府志》，（清）李亨特總裁，（清）平恕等修，影清乾隆五十七年刻本，收入《中國方志叢書·華中地方》第二二一號，臺北：成文出版社有限公司，一九七五年。

**李銘皖**

《［同治］蘇州府志》，（清）李銘皖等修，（清）馮桂芬等纂，影清光緒八年江蘇書局刻本，收入《中國地方志集成·江蘇府縣志輯七—九》，南京：江蘇古籍出版社，一九九一年。

**李時漸**

《三臺文獻録》，（明）李時漸輯，影明萬曆五年刻本，收入《北京圖書館古籍珍本叢刊》第一一九册，北京：書目文獻出版社，一九八八年。

**李鄴嗣**
《杲堂詩文集》，（清）李鄴嗣著，張道勤校點，收入《浙江文叢》，杭州：浙江古籍出版社，二〇一三年。
**李以琰**
《［乾隆］嵊縣志》，（清）李以琰等纂修，清乾隆七年刻本，國家圖書館藏。
**李元度**
《國朝先正事略》，（清）李元度纂，易孟醇點校，收入《湖湘文庫》，長沙：岳麓書社，二〇〇八年。
**李贄**
《李贄文集》，（明）李贄著，張建業主編，北京：社會科學文獻出版社，二〇〇〇年。
**厲鶚**
《樊榭山房集》，（清）厲鶚著，（清）董兆熊注，陳九思標校，收入《中國古典文學叢書》，上海：上海古籍出版社，一九九二年。
**梁同書**
《頻羅庵遺集》，（清）梁同書撰，影清嘉慶二十二年陸貞一刻本，收入《續修四庫全書》第一四四五册，上海：上海古籍出版社，二〇〇二年。
**梁小玉**
《古今女史自序》，（明）梁小玉撰，見胡文楷著《歷代婦女著作考》，北京：商務印書館，一九五七年。
**林虙**
《西漢詔令》，（宋）林虙編，見《景印文淵閣四庫全書》第四二六册，臺北：臺灣商務印書館，一九八六年。

**林欣**

《孫敬軒先生遺稿識語》，（清）林欣撰，見（清）孫詒讓撰，潘猛補校補《温州經籍志》，收入《温州文獻叢書》，上海：上海社會科學院出版社，二〇〇五年。

**劉春堂**

《〔民國〕高淳縣志》，劉春堂修，吳壽寬等纂，影民國七年刻本，收入《中國地方志集成・江蘇府縣志輯三四》，南京：江蘇古籍出版社，一九九一年。

**劉向**

《古列女傳・續古列女傳》，（漢）劉向撰，見《景印文淵閣四庫全書》第二〇六册，臺北：臺灣商務印書館，一九八六年。

**劉宰**

《漫塘集》，（宋）劉宰撰，見《景印文淵閣四庫全書》第一一七〇册，臺北：臺灣商務印書館，一九八六年。

**樓昉**

《東漢詔令》，（宋）樓昉編，見《景印文淵閣四庫全書》第四二六册，臺北：臺灣商務印書館，一九八六年。

**陸心源**

《三續疑年録》，（清）陸心源撰，影清光緒五年刻本，收入《續修四庫全書》第五一七册，上海：上海古籍出版社，二〇〇二年。

《儀顧堂集》，（清）陸心源著，王增清點校，收入《浙江文叢》，杭州：浙江古籍出版社，二〇一五年。

**盧學溥**

《[民國]烏青鎮志》，盧學溥續修，影民國七年鉛印本，收入《中國地方志集成·鄉鎮志專輯二三》，上海：上海書店，一九九二年。

**吕祖謙**

《吕氏家塾讀詩記》，（宋）吕祖謙撰，見黄靈庚、吴戰壘主編，梁運華點校《吕祖謙全集》第四册，杭州：浙江古籍出版社，二〇〇八年。

## M

**毛亨**

《毛詩注疏》，（漢）毛亨傳，（漢）鄭玄箋，（唐）孔穎達疏，（唐）陸德明音釋，朱傑人、李慧玲整理，見《十三經注疏》，上海：上海古籍出版社，二〇一三年。

**毛奇齡**

《西河文集》，（清）毛奇齡撰，影清康熙刻《西河合集》本，收入《清代詩文集彙編》第八十七—八十九册，上海：上海古籍出版社，二〇一〇年。

**閔爾昌**

《碑傳集補》，閔爾昌編，影民國十二年燕京大學國學研究所鉛印本，收入《清代碑傳全集》，上海：上海古籍出版社，一九八七年。

**繆荃孫**

《續碑傳集》，（清）繆荃孫纂録，影清宣統二年江楚編譯書局刻本，收入《清代碑傳全集》，上海：上海古籍出版社，一九八七年。

《繆荃孫全集·筆記》，（清）繆荃孫著，張廷銀、朱玉麒主編，南京：鳳凰出版社，二〇一三年。

**莫栻**

《小爾雅廣注》，（清）莫栻撰，影清高氏辨蟫居抄本，收入《續修四庫全書》第一八九册，上海：上海古籍出版社，二〇〇二年。

N

**倪元璐**

《倪文貞奏疏》，（明）倪元璐撰，見《景印文淵閣四庫全書》第一二九七册，臺北：臺灣商務印書館，一九八六年。

P

**潘曾瑩**

《小鷗波館文鈔》，（清）潘曾瑩撰，影民國二十六年吴縣潘氏歲可堂刻《小鷗波館集四種》本，收入《清代詩文集彙編》第六二九册，上海：上海古籍出版社，二〇一〇年。

**潘衍桐**

《兩浙輶軒續録》，（清）潘衍桐編纂，夏勇、熊湘整理，杭州：浙江古籍出版社，二〇一四年。

**彭藴璨**

《歷代畫史彙傳》，（清）彭藴璨撰，影清道光五年吳門尚志堂彭氏刻本，收入《續修四庫全書》第一〇八三册，上海：上海古籍出版社，二〇〇二年。

**平步青**

《霞外攟屑》，（清）平步青著，上海：上海古籍出版社，一九八二年。

## Q

**祁彪佳**

《祁彪佳日記》，（明）祁彪佳著，張天杰點校，收入《浙江文叢》，杭州：浙江古籍出版社，二〇一五年。

**齊耀珊**

《［民國］杭州府志》，齊耀珊修，吳慶坻等纂，影民國十一年鉛印本，收入《中國地方志集成·浙江府縣志輯一—三》，上海：上海書店，一九九三年。

**錢保塘**

《歷代名人生卒録》，（清）錢保塘輯，收入《叢書集成續編》第三十册，上海：上海書店，一九九四年。

**錢陳羣**

《香樹齋詩集·詩續集·文集·文集續鈔》，（清）錢陳羣撰，影清乾隆刻本，收入《四庫未收書輯刊》第九輯第十八—十九册，北京：北京出版社，一九九八年。

**錢聚仁**

《紫雲先生年譜》，錢聚仁輯，影清光緒十三年刻民國七年印本，收入《北京圖書館藏珍本年譜叢刊》第七十三册，北京：北京圖書館出版社，一九九九年。

**錢廉**

《東廬遺稿》，（清）錢廉撰，影清康熙四十三年李暾等刻本，收入《四庫未收書輯刊》第八輯第十七册，北京：北京出版社，一九九八年。

**錢謙益**

《列朝詩集小傳》，（清）錢謙益著，上海：上海古籍出版社，一九五九年。

**錢肅樂**

《錢肅樂集》，（明）錢肅樂著，卿朝暉點校，收入《浙江文叢》，杭州：浙江古籍出版社，二〇一四年。

**錢維喬**

《［乾隆］鄞縣志》，（清）錢維喬修，（清）錢大昕纂，影清乾隆五十三年衙署刻本，收入《續修四庫全書》第七〇六册，上海：上海古籍出版社，二〇〇二年。

**錢儀吉**

《碑傳集》，（清）錢儀吉編，影清光緒十九年江蘇書局刻本，收入《清代碑傳全集》，上海古籍出版社，一九八七年。

《文端公年譜》，（清）錢儀吉編，影清光緒二十年刻本，收入《北京圖書館藏珍本年譜叢刊》第九十三册，北京：北京圖書館出版社，一九九九年。

**秦國經**

《中國第一歷史檔案館藏清代官員履歷檔案全編》，秦國經主編，上海：華東師範大學出版社，一九九七年。

**屈大均**

《女官傳》，（清）屈大均編纂，見（清）蟲天子輯《香艷叢書》第二册，北京：人民文學出版社，一九九二年。

**全祖望**

《鮚埼亭集内編》，（清）全祖望撰，見《全祖望集彙校集注》，朱鑄禹彙校集注，上海：上海古籍出版社，二〇〇〇年。

《鮚埼亭集外編》，（清）全祖望撰，見《全祖望集彙校集注》，朱鑄禹彙校集注，上海：上海古籍出版社，二〇〇〇年。

《續甬上耆舊詩》，（清）全祖望輯，沈善洪等點校，杭州：杭州出版社，二〇〇三年。

R

**阮元**

《揅經室集》，（清）阮元撰，鄧經元點校，北京：中華書局，一九九三年。

《兩浙輶軒録》，（清）阮元撰，見（清）阮元、楊秉初輯，夏勇等整理《兩浙輶軒録》，收入《浙江文叢》，杭州：浙江古籍出版社，二〇一二年。

《兩浙輶軒録補遺》，見（清）阮元、楊秉初輯，夏勇等整理《兩浙輶軒録》，收入《浙江文叢》，杭州：浙江古籍出版社，二〇一二年。

《淮海英靈集》，（清）阮元輯，影清嘉慶三年小琅嬛僊館刻本，收入《續修四庫全書》第一六八二册，上海：上海古籍出版社，二〇〇二年。

## S

**邵懿辰**

《四庫全書簡明目録標注》，（清）邵懿辰撰，（清）邵章續録，上海：上海古籍出版社，一九七九年。

**邵瑛**

《説文解字群經正字》，（清）邵瑛撰，影民國六年邵啓賢影印清嘉慶二十一年桂隱書屋刻本，收入《續修四庫全書》第二一一册，上海：上海古籍出版社，二〇〇二年。

**邵友濂**

《［光緒］餘姚縣志》，（清）邵友濂修，（清）孫德祖等纂，影清光緒二十五年刻本，收入《中國方志叢書・華中地方》第五〇〇號，臺北：成文出版社有限公司，一九八三年。

**沈赤然**

《五硯齋詩鈔・五硯齋文鈔》，（清）沈赤然撰，影清嘉慶刻增修本，收入《續修四庫全書》第一四六五册，上海：上海古籍出版社，二〇〇二年。

**沈德符**

《清權堂集》，（明）沈德符撰，影明刻本，收入《續修四庫全書》第一三七七册，上海：上海古籍出版社，二〇〇二年。

**沈復粲**

《鳴野山房書目》，（清）沈復粲編，潘景鄭校訂，收入《中國歷代書目題跋叢書》，上海：上海古籍出版社，二〇〇五年。

**沈珩**

《耿巖文選》，（清）沈珩撰，影清康熙十五年沈氏古慧居刻本，收入《四庫全書存目叢書》集部第二一八册，濟南：齊魯書社，一九九七年。

**沈季友**

《檇李詩繫》，（清）沈季友編，見《景印文淵閣四庫全書》第一四七五册。臺北：臺灣商務印書館，一九八六年。

**沈元泰**

《〔道光〕會稽縣志稿》，（清）沈元泰等撰，影紹興王氏抄本，收入《中國方志叢書·華中地方》第五五一號，臺北：成文出版社有限公司，一九八三年。

**沈曰富**

《沈端恪公年譜》，（清）沈曰富編，影清光緒二十二年江蘇書局刻《沈余遺書》本，收入《北京圖書館藏珍本年譜叢刊》第九十册，北京：北京圖書館出版社，一九九九年。

**史致馴**

《〔光緒〕定海廳志》，（清）史致馴等修，陳重威、黄以周等纂，影清光緒十一年黄氏刻本，收入《中國地方志集成·浙江府縣志輯三八》，上海：上海書店，一九九三年。

**釋幻輪**

《釋鑑稽古略續集》，（明）釋幻輪彙編，收入（日）高楠順次郎等編《大正新修大藏經》第四十九卷，東京：大正一切經刊行會，一九二二—一九三四年。

**釋念常**

《佛祖歷代通載》，（元）釋念常集，收入（日）高楠順次郎等編《大正新修大藏經》第四十九卷，東京：大正一切經刊行會，一九二二—一九三四年。

**宋犖**

《滄浪小志》，（清）宋犖撰，影清康熙刻本，收入《四庫全書存目叢書》史部第二四五册，濟南：齊魯書社，一九九七年。

**孫延釗**

《明季温州抗清事纂》，孫延釗撰，見陳光熙著《明清之際温州史料集》，收入《温州文獻叢書》，上海：上海社會科學院，二〇〇五年。

《孫敬軒先生年譜》，孫延釗撰，見周立人、徐和雍編《孫延釗集》，收入《温州文獻叢書》，上海：上海社會科學院出版社，二〇〇六年。

《孫衣言孫詒讓父子年譜》，孫延釗撰，徐和雍、周立人整理，收入《温州文獻叢書》，上海：上海社會科學院出版社，二〇〇三年。

**孫衣言**

《甌海軼聞》，（清）孫衣言撰，張如元校箋，收入《温州文獻叢書》，上海：上海社會科學院出版社，二〇〇五年。

《遜學齋文鈔》，（清）孫衣言撰，影清同治十二年刻增修本，收入《續修四庫全書》第一五四四册，上海：上海古籍出版社，二〇〇二年。

**孫在豐**

《孫司空詩鈔》，（清）孫在豐撰，影清乾隆十二年刻本，收入《清代詩文集彙編》第一六三册，上海：上海古籍出版社，二〇一〇年。

## T

**臺北『故宮博物院』**

《宮中檔乾隆朝奏摺》，臺北『故宮博物院』編，臺北：臺北『故宮博物院』，一九八二年。

**唐文治**

《茹經堂文集二編》，唐文治著，見《民國叢書》第五編第九四册，上海：上海書店，一九九六年。

**唐熙春**

《［光緒］上虞縣志》，（清）唐熙春等修，（清）朱士黻等纂，影清光緒十七年刻本，收入《中國方志叢書·華中地方》第六三號，臺北：成文出版社有限公司，一九七〇年。

**陶元藻**

《全浙詩話（外一種）》，（清）陶元藻輯，蔣寅點校，杭州：浙江古籍出版社，二〇一七年。

**田藝蘅**

《詩女史》，（明）田藝蘅編，影明嘉靖三十六年刻本，收入《四庫全書存目叢書》集部第三二一册，濟南：齊魯書社，一九九七年。

**屠勳**

《屠康僖公文集》，（明）屠勳撰，影明萬曆四十三年刻清初重修本，收入《四庫全書存目叢書》集部第四〇册，濟南：齊魯書社，一九九七年。

W

**萬言**

《管村文鈔内編》，（清）萬言撰，民國四明張氏約園刻《四明叢書》本。

**萬承勳**

《千之草堂編年文鈔》，（清）萬承勳撰，民國四明張氏約園刻《四明叢書》本。

**萬承式**

《濠梁萬氏宗譜内集》，（清）萬承式等纂修，清乾隆三十七年刻本，上海圖書館藏。

**汪啓淑**

《續印人傳》，（清）汪啓淑撰，見（清）周亮工等撰，于良子點校《印人傳合集》，收入《中國藝術文獻叢刊》，杭州：浙江人民美術出版社，二〇一四年。

**汪鉽**

《二如居贈答詩·二如居贈答詞》，（清）汪鉽撰，見（清）費丹旭撰《依舊草堂遺稿》，影清同治七年汪氏振綺堂刻本，收入《清代詩文集彙編》第六一〇册，上海：上海古籍出版社，二〇一〇年。

**王彬**

《［光緒］海鹽縣志》，（清）王彬修，（清）徐用儀纂，影清光緒二年刻本，收入《中國方志叢書·華中地方》第二〇七號，臺北：成文出版社有限公司，一九七五年。

**王欽豫**

《一笑録》，（明）王欽豫著，鄉著會抄本，見陳光熙著《明清之際温州史料集》，收入《温州文獻叢書》，上海：上海社會科學院，二〇〇五年。

**王思任**

《祁忠敏公年譜》，（明）王思任原著，（清）梁廷枏、龔沅補編，影民國二十六年鉛印《祁忠敏公日記》本，收入《北京圖書館藏珍本年譜叢刊》第六十三册，北京：北京圖書館出版社，一九九九年。

**王韜**

《淞濱瑣話》，（清）王韜著，劉文忠校點，收入《清代筆記小説叢刊》，濟南：齊魯書社，一九八六年。

**王衍梅**

《緑雪堂遺集》，（清）王衍梅撰，影清道光刻本，收入《清代詩文集彙編》第五一七册，上海：上海古籍出版社，二〇一〇年。

**魏禧**

《魏叔子文集》，（清）魏禧著，胡守仁、姚品文、王能憲校點，北京：中華書局，二〇〇三年。

**翁方綱**

《復初齋文集》，（清）翁方綱撰，影清李彦章校刻本，收入《續修四庫全書》第一四五五册，上海：上海古籍出版社，二〇〇二年。

**吴節**

《吴竹坡先生文集》，（明）吴節撰，影清雍正三年吴琦刻本，收入《四庫全書存目叢書》集部第三三册，濟南：齊魯書社，一九九七年。

**吴寬**

《家藏集》，（明）吴寬撰，見《景印文淵閣四庫全書》第一二五五册，臺北：臺灣商務印書館，一九八六年。

**吴騫**

《愚谷文存》，（清）吴騫撰，影清嘉慶十二年刻本，收入《續修四庫全書》第一四五四册，上海：上海古籍出版社，二〇〇二年。

**吴慶坻**

《蕉廊脞録》，（清）吴慶坻撰，張文其、劉德麟點校，收入《清代史料筆記叢刊》，北京：中華書局，一九九〇年。

**吴昇**

《九華新譜》，（清）吴昇編，清末鉛印本，浙江圖書館藏。

《九華新譜》，（清）吳昇編，影國學扶輪社輯《古今説部叢書》本，上海：上海文藝出版社，一九五一年。

**吳仰賢**

《小匏庵詩存》，（清）吳仰賢撰，影清光緒四年刻本，收入《續修四庫全書》第一五四八册，上海：上海古籍出版社，二〇〇二年。

**吳之秀**

《〔民國〕吳縣志》，吳之秀等修，曹允源等纂，影民國二十二年鉛字本，收入《中國方志叢書・華中地方》第十八號，臺北：成文出版社有限公司，一九七〇年。

**伍承吉**

《〔同治〕雲和縣志》，（清）伍承吉等修，（清）王士鈖纂，影清同治三年刻本，收入《中國方志叢書・華中地方》第七一號，臺北：成文出版社有限公司，一九七〇年。

## X

**夏庚復**

《先考子松府君年譜》，夏庚復等編，影民國九年上海聚珍仿宋書局鉛印本，收入《北京圖書館藏珍本年譜叢刊》第一七一册，北京：北京圖書館出版社，一九九九年。

**夏良勝**

《〔正德〕建昌府志》，（明）夏良勝纂修，影明正德刻本，收入《天一閣藏明代方志選刊》第三四册，上海：上海古籍書店，一九六一—一九六六年。

**項聖謨**

《中國畫大師經典系列叢書・項聖謨》，（明）項聖謨繪，北京：中國書店，二〇一一年。

**項士元**

《秋籟閣藏書記》，項士元撰，見浙江省通志館編《浙江省通志館館刊》第一卷第三期，一九四五年。

**謝鐸**

《桃溪净稿》，（明）謝鐸撰，影明正德十六年台州知府顧璘刻本，收入《四庫全書存目叢書》集部第三八册，濟南：齊魯書社，一九九七年。

**謝國楨**

《增訂晚明史籍考》，謝國楨著，見謝小彬、楊璐主編《謝國楨全集》第一册，北京：北京出版社，二〇一三年。

《江浙訪書記》，謝國楨著，見謝小彬、楊璐主編《謝國楨全集》第五册，北京：北京出版社，二〇一三年。

**徐珂**

《清稗類鈔》，徐珂編撰，北京：中華書局，一九八四年。

**徐乾學**

《憺園文集》，（清）徐乾學撰，影清康熙刻冠山堂印本，收入《續修四庫全書》第一四一二册，上海：上海古籍出版社，二〇〇二年。

**徐時棟**

《煙嶼樓文集》，（清）徐時棟撰，影清光緒元年松竹居葛氏刻本，收入《續修四庫全書》第一五四二册，上海：上海古籍出版社，二〇〇二年。

**徐世昌**

《清儒學案》，徐世昌等編，沈芝盈、梁運華點校，北京：中華書局，二〇〇八年。

《晚晴簃詩匯》，徐世昌編，民國十八年徐氏退耕堂刻本。

**徐元梅**

《［嘉慶］山陰縣志》，（清）徐元梅等修，（清）朱文翰等纂，影民國二十五年紹興縣修志委員會校刊鉛印本，收入《中國方志叢書·華中地方》第五〇九號，臺北：成文出版社有限公司，一九八三年。

**許傅霈**

《［民國］海寧州志稿》，（民國）許傅霈等原纂，朱錫恩等續纂，影民國十一年排印本，收入《中國方志叢書·華中地方》第五六二號，臺北：成文出版社有限公司，一九八三年。

**許嘉猷**

《許順庵老人自述年譜》，（清）許嘉猷撰，影清道光海寧許氏刻本，收入《北京圖書館藏珍本年譜叢刊》第一二一册，北京：北京圖書館出版社，一九九九年。

**許瑶光**

《［光緒］嘉興府志》，（清）許瑶光修，（清）吳仰賢等纂，影清光緒五年刻本，收入《中國方志叢書·華中地方》第五三號，臺北：成文出版社有限公司，一九七〇年。

**許顗**

《彦周詩話》，（宋）許顗著，見（清）何文焕輯《歷代詩話》，北京：中華書局，一九八一年。

**許楹**

《罔極録》，（清）許楹著，收入《秘書集成》第十六册，北京：團結出版社，一九九四年。

**薛鍾斗**

《東甌詞徵》，薛鍾斗編輯，余振棠校補，收入《温州文獻叢書》，上海：上海社會科學院出版社，二〇〇四年。

## Y

**嚴辰**

《桐溪達叟自編年譜》，（清）嚴辰撰，影清光緒刻本，收入《北京圖書館藏珍本年譜叢刊》第一六五册，北京：北京圖書館出版社，一九九九年。

**嚴可均**

《説文校議》，（清）嚴可均、姚文田撰，影清嘉慶二十三年冶城山館刻《四録堂類集》本，收入《續修四庫全書》第二二三册，上海：上海古籍出版社，二〇〇二年。

**楊象濟**

《汲庵文存・汲庵詩存》，（清）楊象濟撰，收入《清代詩文集彙編》第七〇〇册，上海：上海古籍出版社，二〇一〇年。

**楊静盦**

《記龔半倫》，見《古今》第十五期。

**楊鍾羲**
《雪橋詩話餘集》，楊鍾羲撰集，劉承幹參校，康奉、李宏、周南點校，北京：北京古籍出版社，一九九二年。
**姚文田**
《邃雅堂集》，（清）姚文田撰，影清道光八年刻本，收入《續修四庫全書》第一四八二册，上海：上海古籍出版社，二〇〇二年。
**葉覺邁**
《[民國]東莞縣志》，葉覺邁修，陳伯陶纂，影民國十年鉛印本，收入《中國方志叢書·華南地方》第五二號，臺北：成文出版社有限公司，一九六七年。
**佚名**
《嘉靖二年進士登科録》，佚名編，見龔延明主編，邱進春點校《天一閣藏明代科舉録選刊·登科録（點校本·中）》，寧波：寧波出版社，二〇一六年。
**佚名**
《清史列傳》，（清）佚名編，王鍾翰點校，北京：中華書局，一九八七年。
**永瑢**
《四庫全書總目》，（清）永瑢等撰，北京：中華書局，一九六五年。
**俞樾**
《[光緒]鎮海縣志》，（清）俞樾纂，影清光緒五年刻本，收入《中國方志叢書·華中地方》第一八三號，臺北：成文出版社有限公司，一九七四年。

**喻長霖**

《[民國]台州府志》，喻長霖修，影民國二十五年鉛印本，收入《中國地方志集成・浙江府縣志輯四四—四五》，上海：上海書店，一九九三年。

**袁枚**

《隨園詩話》，（清）袁枚著，顧學頡校點，收入《中國古典文學理論批評專著選輯》，北京：人民文學出版社，一九八二年。

## Z

**曾唯**

《東甌詩存》，（清）曾唯輯，張如元、吴佐仁校補，收入《温州文獻叢書》，上海：上海社會科學院出版社，二〇〇六年。

**查揆**

《篔谷詩鈔・篔谷文鈔》，（清）查揆撰，影清道光十五年菽原堂刻本，收入《續修四庫全書》編纂委員會編《續修四庫全書》第一四九四册，上海：上海古籍出版社，二〇〇二年。

**查容**

《漸江詩鈔附詩餘》，（清）查容撰，影清抄本，收入《清代詩文集珍本叢刊》第一二九册，北京：國家圖書館出版社，二〇一七年。

**查慎行**

《廬山紀遊》，（清）查慎行著，見（清）查慎行著，范道濟輯校《新輯查慎行文集》，鄭州：中州古籍出版社，二〇一二年。

**張庚**

《國朝畫徵録·國朝畫徵續録》，（清）張庚撰，影京都墨林齋藏版，收入《續修四庫全書》第一〇六七册，上海：上海古籍出版社，二〇〇二年。

**張煌言**

《張蒼水集》，（明）張煌言撰，上海：上海古籍出版社，一九八五年。

《張忠烈公集》，（明）張煌言撰，影清傅氏長恩閣抄本，收入《續修四庫全書》第一三八八册，上海：上海古籍出版社，二〇〇二年。

《張閣學文集》，（明）張煌言撰，（清）潘錫恩校，清道光二十八年刻清同治五年重印《乾坤正氣集》本。

**張美翊**

《甬上屠氏宗譜》，張美翊纂修，民國八年既勤堂木活字本，上海圖書館藏。

**張壽鏞**

《約園雜著三編》，張壽鏞著，收入《民國叢書》第四編第九六册，上海：上海書店，一九九二年。

**張廷玉**

《明史》，（清）張廷玉等撰，北京：中華書局，一九七四年。

**張燕昌**

《金粟箋説》，（清）張燕昌撰，影清道光二十四年沈氏世楷堂刻《昭代叢書癸集萃編》本，收入《續修四庫全書》第一一一五册，上海：上海古籍出版社，二〇〇二年。

**張元禎**

《東白張先生文集》，（明）張元禎撰，影明正德十二年刻本，收入《四庫全書存目叢書補編》第七五册，濟南：齊魯書社，二〇〇一年。

**章撫功**

《吳慶伯先生行狀》，（清）章撫功撰，清勞氏丹鉛精舍抄本，國家圖書館藏。

**章學誠**

《答甄秀才論修志第二書》，（清）章學誠撰，見（清）章學誠撰，葉瑛校注《文史通義校注》，北京：中華書局，一九八五年。

**章鋆**

《望雲館文詩稿》，（清）章鋆撰，影清光緒十四年刻本，收入《清代詩文集彙編》第六七八册，上海：上海古籍出版社，二〇一〇年。

**趙爾巽**

《清史稿》，趙爾巽等撰，北京：中華書局，一九七七年。

**趙懷玉**

《亦有生齋集》，（清）趙懷玉撰，影清道光元年刻本，收入《續修四庫全書》第一四七〇册，上海：上海古籍出版社，二〇〇二年。

**趙惟崳**

《［光緒］嘉興縣志》，（清）趙惟崳修，（清）石中玉、吴受福纂，影清光緒三十四年刻本，收入《中國地方志集成·浙江府縣志輯 一五》，上海：上海書店，一九九三年。

**趙昱**

《愛日堂吟稿·附稿》，（清）趙昱撰，影清乾隆十二年刻本，收入《清代詩文集彙編》第二六五册，上海：上海古籍出版社，二〇一〇年。

**鄭元慶**

《鄭元慶遺集》，（清）鄭元慶撰，清雍正刻本，國家圖書館藏。

《湖録經籍考》，（清）鄭元慶撰，收入《叢書集成續編》第七十一册，上海：上海書店，一九九四年。

**鄭澐**

《［乾隆］杭州府志》，（清）鄭澐修，（清）邵晉涵纂，影清乾隆四十九年刻本，收入《續修四庫全書》第七〇一—七〇三册，上海：上海古籍出版社，二〇〇二年。

**鄭玄**

《周禮注疏》，（漢）鄭玄注，（唐）賈公彦疏，彭林整理，見《十三經注疏》，上海：上海古籍出版社，二〇一〇年。

**周子美**

《嘉業堂鈔校本目録·天一閣藏書經見録》，周子美編，上海：華東師範大學出版社，一九八六年。

**朱方增**

《求聞過齋文集》，（清）朱方增撰，影清光緒二十年刻本，收入《清代詩文集彙編》第五三一册，上海：上海古籍出版社，二〇一〇年。

**朱熹**

《詩集傳》，（宋）朱熹集撰，趙長征點校，收入《中國古典文學基本叢書》，北京：中華書局，二〇一七年。

**朱彝尊**

《點校補正經義考》，（清）朱彝尊原著，張廣慶、馮曉庭、許維萍、游均晶點校，臺北：中研院文哲所籌備處，一九九七年。

《静志居詩話》，（清）朱彝尊著，姚祖恩編，黄君坦校點，收入《中國古典文學理論批評專著選輯》，北京：人民文學出版社，一九九〇年。

**諸葛武侯**

《火龍經》，題（漢）諸葛武侯編輯，見（明）佚名編《火龍經全集》，清咸豐五年刻本。

**諸自穀**

《[嘉慶]義烏縣志》，（清）諸自穀等修，（清）程瑜等纂，影清嘉慶七年刻本，收入《中國方志叢書・華中地方》第八十二號，臺北：成文出版社有限公司，一九七〇年。

**祝光綬**

《海昌祝氏重脩宗譜》，（清）祝光綬等纂修，清光緒七年清淑堂刻本，上海圖書館藏。

**祝廷錫**

《海昌祝氏宗譜續》，祝廷錫纂修，民國二十一年刻本，上海圖書館藏。

**宗稷辰**

《躬恥齋文鈔》，（清）宗稷辰撰，影清咸豐元年刻本，收入《清代詩文集彙編》第五七六册，上海：上海古籍出版社，二〇一〇年。

**宗源瀚**

《［同治］湖州府志》，（清）宗源瀚等修，（清）周學濬等纂，影清同治十三年刻本，收入《中國方志叢書·華中地方》第五四號，臺北：成文出版社有限公司，一九七〇年。

# 後記

這部書稿是在己亥、庚子冬春間瘟疫流行之際定稿的。獨處一室，心懸親友安危，耳聞同胞受難，自身行動受阻。雖身爲無用之身，然心爲受煎之器，纏綿於哀怒，糾結於愛惡。簡言之，自甘墮於煩惱叢林中矣！

本次書志寫作，目的有二：一是對《浙學未刊稿叢編》（第一輯）寫作《提要》已發現而其時未及梳理的問題略作探究，此爲補；二是對《提要》所用文獻資料重作研判，并由此重新審視《提要》中之措辭、結論，此爲改。此一寫作過程拖宕長達近一年之久。因平時有教學任務，雜事亦多，無法請假外出，故將問題集中起來，打算趁寒假外出查閱資料逐一解决。然天不遂人願，瘟疫爆發，各處圖書館先後閉館，交通不便，個人行動亦受到嚴格控制，既造成某些重要文獻無由獲睹，側足窘步，又因已無心揣摩紬繹，交稿時間亦極度緊迫，故原訂的修改計劃衹好適當收縮。故此稿或有闕者，或有述而未盡者，甚至或有誤者，懇請高明誨正。需要特別説明的是，能夠於此時定稿，要深深地感謝黄靈庚先生、徐曉軍先生的不斷督促，特別是李聖華先生、慈波先生、鮑宗偉先生、李義敏先生、張愛芳女史、唐微女史熱忱切實的幫助。

智者大師曾云：『如入寶山，空手而歸，深可傷嘆。』批評的就是像現在的我這樣的情况。儘管《浙學未刊稿叢編》所收古籍多爲難得一見之珍奇，但此時此刻，若無其事地静讀古書實非契機之舉，非不能也，實不願也。此時此刻，乃至餘生，所當爲所願爲者，無乃踵武屈子乎，李杜乎，周樹人乎！

陳開勇

二〇二〇年三月十五日記